U0840292

（蒙汉合璧）蒙古文历史文献汉译

蒙古博尔济吉忒氏族谱

（清）罗密 著

蒙古黄史

佚名 著

乌力吉图 译

内蒙古大学出版社

图书在版编目(CIP)数据

蒙古博尔济吉忒氏族谱/(清)罗密著.蒙古黄史/佚名著;乌力吉图译.—呼和浩特:内蒙古大学出版社,2014.1

ISBN 978-7-5665-0325-1

Ⅰ.①蒙… ②蒙… Ⅱ.①罗… ②佚… ③乌… Ⅲ.①蒙古族—氏族谱系—中国—古代—蒙古语(中国少数民族语言)、汉语 ②蒙古族—民族历史—中国—蒙古语(中国少数民族语言)、汉语 Ⅳ.①K820.9 ②K281.2

中国版本图书馆 CIP 数据核字(2014)第032766号

书名	蒙古博尔济吉忒氏族谱　蒙古黄史
著者	(清)罗密　佚名
译注者	乌力吉图
责任编辑	王晓俊
封面设计	雷青　黄曼
出版	内蒙古大学出版社 呼和浩特市昭乌达路88号(010010)
发行	内蒙古新华书店
印刷	北京彩虹伟业印刷有限公司
开本	710mm×1000mm　1/16
印张	16.75
字数	242千
版期	2014年2月第1版　2014年2月第1次印刷
标准书号	ISBN 978-7-5665-0325-1
定价	66.00元

本书如有印装质量问题,请直接与出版社联系

出版说明

内蒙古大学出版社有限责任公司于2014年倾力出版的《(蒙汉合璧)蒙古文历史文献汉译》丛书,共8册10种书,分别是《蒙古秘史》《蒙古源流》《蒙古黄金史纲》《大蒙古国根本黄金史》《蒙古黄史》《蒙古博尔济吉忒氏族谱》《阿勒坦汗传》《阿萨喇克其史》《内齐托音一世传》《内齐托音二世传》。

本丛书所选的十部蒙古文史著为自13世纪到19世纪在中国和东西方众多国家广为流传的蒙古文史书,国内外已经有了多种文字的翻译本,但至今为止还没有出现"汉译丛书"的出版规模。我们组织出版了这套汉译丛书,希望能弥补这个遗憾。

该套丛书坚持以学术研究为先导,注重历史文献的大众普及,在原本译注的基础上,增加了蒙文原文版本的影印件,突出了"蒙汉合璧"的出版价值。希望这套丛书的出版,能为保护优秀民族文化遗产尽绵薄之力,同时也能为国内外学术同仁提供富有学术价值和参考价值的第一手资料。

由于水平有限,难免会有疏漏和不尽如人意的地方,我们期待广大读者不吝指教,以便以后修订完善。

蒙古文历史文献导论

各国蒙古学家们从18世纪起就开始搜集整理、研究蒙古族的书面文献、石刻文献等等,这不仅为我们今日的研究打下了良好的基础,同时也提供了大量鲜为人知的丰富的文献资料。据我们了解,各国蒙古学家们从1225年的《成吉思汗石》文开始到18世纪末为止所发现的蒙古文历史文献的数量是相当可观的。从这些遗留下来的或全文或残缺不全或点滴散存的各种蒙古文历史文献中,我们可以看出蒙古游牧民族丰富而灿烂的历史、文化的发展和变化的轨迹。为了叙述之方便,我们在本文中以朝代为序,以古代蒙古文历史文献的出土和发现地点为基本线索,对具有一定代表性的、新近发现的蒙古文历史文献作一概要介绍。

一、大蒙古国时期(1206—1271)

13世纪早期,北亚历史上出现了一个神话般的蒙古帝国。在北亚和中亚新生的这一游牧帝国(名称为"大蒙古国")把整个民族带到了一个从"野蛮"转向文明的、充满了向上精神的新时代。这个时代最重要的标志是游牧蒙古人有了自己的文字,也有了自己的文献——蒙古人进入了有文字记载的历史时期。

成吉思汗统一蒙古得力于大量的部落战争,他命令每一个部落都必须由一个直接对蒙古大汗负责的人来统治。然而,就当时在蒙古周边民族的历史发展情况而言,他还需要与另一个文明世界的定居民族发生交往,并且懂得:游牧帝国的移动势力会因为与不能够移动的农业定居文明的势力相联系而导致其帝国的崩溃。另外,为了避免新成立的帝国从内部瓦解,他还制定了一整套可以限制游牧民族贵族们个人实力的扩张所必须遵循的规范制度。当然这套规范制度必须像定居农业民族的政权一样,要以文字的形式出现在人们的面前。

成吉思汗攻打奈曼部落时俘虏了新疆绿洲中的一个畏兀儿(回纥)人,命令他制定畏兀儿蒙古文字,即把蒙古语和畏兀儿字母结合到一起的文字。现代学者们将这种文字称之为"回鹘(畏兀儿)式蒙古文"或"回纥(畏兀儿)蒙古文"。这一名称的意思就是指从畏兀儿人(此为蒙古人的称呼,与汉文所称回鹘人相同)借用粟特体字母表创制的蒙古文,而不是有些人所说的畏兀儿人创制的畏吾儿文字。畏兀儿蒙古文是蒙古人最早的民族文字,现代蒙古文、托忒体蒙古文就是在它的基础上发展而来的,满洲文字母也是从畏兀儿蒙古文脱胎来的。

成吉思汗当时让这位被俘的畏兀儿人教太子及诸王用这种文字书写"国言"(蒙古语);他还建立文官制度,并任用一部分通本国文字的畏兀儿人和一些讲突厥语、波斯语和阿拉伯语的回教徒,使他的继承者在与"从日出之地到日落之地"的所有民族打交道时,尤其是与他们南面的有"围墙"的具有古老文明的定居民族发生关系时,不必再完全依从他们的文官(内地所称谓的士大夫)阶层。这个文官阶层,从蒙古以前的古代北亚游牧民族进入该地区时就开始利用他们的文字来推行政事,致使北方游牧民族的征服者也自然而然地利用他们的文字作为管理新征服地区居民的工具。

成吉思汗与众多蒙古人不一样,在其一生中从未夸耀过自己的功劳和荣誉。我们从成吉思汗创制文字算起,迄今为止所发现的首次用蒙古文字记载的文献,即学界所称《成吉思汗石》(其实该名不准确)中可以看到,碑铭不是歌颂成吉思汗个人的荣誉,而是记载了从 1219 年到 1224 年跟随成吉思汗血战花剌子模国的成吉思汗之弟合萨尔次子也松格(约 1192—1267)的荣誉——他获得了成吉思汗降旨刻碑的殊荣。

蒙古人的历史进入到有自己文字的时代后出现了一系列重要的文献,其中具有直接史料性的历史文献有以下几部:

1.《青册》(阔阔・迭卜帖儿):13 世纪初问世。该书是记录成吉思汗"大札撒"(大法典)的畏兀儿蒙古文笔录,内容为记录大蒙古国所有的司法决议,包括成吉思汗本人的法律训言(bilig)等都被保存起来以备用作将来司法判决的判例,所有有关部众分配的事例也记载在里面。由此可见,《青册》是一部法典与成吉思汗本人的法律训言的真实笔录。该书是在成吉思汗母亲的养子大断事官(Jarquči)失吉忽秃胡的领导下编写而成的。著名旅行家术外尼是唯一知道大札撒内容的波斯史家,他说《青册》里"有很多札撒条文",但他阐述得不多。直到元代时,成吉思汗的法律训言仍然有特别的影响力。据波斯史家拉施特说,当元成宗铁穆耳(1295—1307 年在位)与其长兄晋王甘麻剌为争夺皇位而激烈斗争时,他的母亲阔阔真哈敦提出,"忽必烈合汗曾经吩咐,让那精通成吉思汗的必里克(bilig, 意为法律训言)的人登位"。于是,诸王都背诵成吉思汗的必里克,在场的长辈们据此予以裁决,结果铁穆耳背诵得最好,因此被选作可汗。①由此看来,成吉思汗的大札撒在元代时期仍然被保存的同时也具有很高的威信。据其他学者说,该书的原本保存了三代。

2.《蒙古秘史》(亦称《元朝秘史》):此书原文是畏兀儿体蒙古文,作者佚名。书后写"鼠儿年七月写毕",对这一年份学界有不同看法,分别认为是 1228 年戊子、1240 年庚子、1252 年壬子和 1264 年甲子。该书主要内容为成吉思汗先人谱系、成吉思汗生平业绩和窝阔台汗统治时期的历史,个别内容涉及窝阔台汗以后的史实。看来不是一次成书,而是经过了不止一次的补充和修订。② 原文明初已散佚,在罗藏丹津的蒙古文《黄金史》中遗留了三分之二左右的佚文。现存的汉文音写本是明朝四夷馆的汉文音写本。汉族学者称其为《元朝秘史》。

以蒙古民族典范文献著称的《元朝秘史》(共 12 卷,《永乐大典》收录 15 卷),是研究蒙古历史的重要原始文史资料。该书的原名为《蒙古秘史》,为佚名氏撰。原文系以畏兀儿蒙古文写成,现已佚失,现世传仅有明初洪武年间遵钦命所撰,并附有汉文总译。本书除系统叙述蒙古人的起源、成吉思汗和窝阔台汗时期的事迹、蒙古汗国的建立与对外征服的业绩外,还对当时的社会生活习俗等做了真实的反映。引叙事实多通过传说、故事、谚语、格言、诗歌等形式写出,它不但是蒙古早期

---

① (波斯)拉施德:《史集》第二卷,商务印书馆 1985 年汉译本,第 375—376 页。

② Yekeming γadai Yirincin-u serg ügelte : Mongyul-un ni γuca tobčiyan, koke qoda, 1987, pp. 81 – 83.

的历史巨作，也是一部优秀的文学语言的珍贵文献。与《蒙古黄金史》《蒙古源流》并称为蒙古民族的三大史作。此书不但我国学者做过注释（注：清・李广田：《元朝秘史注》，清末沈曾植：《元朝秘史注释》等），国外学者也很重视。日本史学家称其为蒙古早期历史时期唯一的"金字塔"式的巨作。国外早在19世纪中叶开始已有俄、德、法、日等诸种文字的译文。

在俄国，有俄国驻北京的传教士帕拉迪乌斯（Palladius）译述的《关于成吉思汗的古代传说》一书（俄国驻北京传教士著作集，1866年）最早出版。在欧洲，一直从事蒙古文献语言学研究的德国学者海涅什（E. Hanisch）早在20世纪30年代就进行了译文还原尝试的《元朝秘史》（第一部）（莱比锡，1931）等著作。在法国还有东方史学者伯希和（P. Pelliot）《元朝秘史卷——蒙古语和译文（附译注）》遗稿的出版。该书由于是对蒙古原文进行了还原，并兼及了译注，一时轰动了蒙古史学界。

在日本，也先后出版了一系列有关《蒙古秘史》的研究著述。首先，由那珂通世最早日译的《成吉思汗实录》一书于1907年公开出版，因为穿插以流利文言文笔的蒙古语译文，并兼引了若干汉籍，再加以丰富的译注，而被称为日本明治时代不朽的东方名著（筑摩书房，1907）。其次，进入昭和年代，又相继有小林高次郎日译的《蒙古秘史》（生活社，1940）、《元朝秘史研究》（日本学术振兴会，1954），还有白鸟库吉的《音译元朝秘史》（《东方书文库》丛刊9，1942）等著作出版。这些译著从语言学角度，力求将汉文音译还原成蒙古语，也引起了学术界的极大兴趣，实为语言学研究的巨作。这一时期，学者服部四郎还发表了与小林高次郎《元朝秘史研究》同一主题的《元朝秘史中出现蒙古语言汉字之研究》的专著（日本学术振兴会，1954）。从1984年起，日本小泽重男的《元朝秘史全释》和《元朝秘史全释续考》陆续出版，共6卷，可以说是当今世界《蒙古秘史》研究史中的一座丰碑。

20世纪30年代以来，德国学者海涅什、苏联学者柯津、日本学者白鸟库吉、法国学者伯希和、匈牙利学者李盖提、澳大利亚学者罗依果等先后发表了《蒙古秘史》原文（根据汉字音译）的拉丁字音译本。

3.《金册》（*altan tebter*）：成书约比《蒙古秘史》晚几十年，而论及研究史，则比

《蒙古秘史》早几十年。14 世纪初,波斯史家拉施特(1247—1318)先后受蒙古伊利汗合赞和完者都之命修撰《史集》。这是一部前所未有的世界通史,在当时是当之无愧的亚欧历史的百科全书。他在修撰《史集》的过程中充分利用和研究了当时秘藏于蒙古伊利汗国宫廷金库中的蒙古文《金册》。他是对这部文献最早也是唯一的研究者。用拉施特的话说,该书是蒙古人"逐代均曾用蒙语、蒙文加以记录,唯未经汇集整理,以零散篇章形式[保存于汗的]金库中""秘藏"的"信史","有关蒙古起源的史籍、与蒙古有亲属关系的突厥诸部的世系"。拉施特充分利用并考订、整理了《金册》这部蒙古文古代历史文献。拉施特研究《金册》的年代,应当与《史集》的写作同时进行,即在 1311 年至 1312 年之间。

《蒙古秘史》和《金册》这两部蒙古文历史文献,都在宫廷中被撰写、秘藏、研究过,因此,这两部蒙古文历史文献具有共同的、特殊的地位。

4.《萨迦格言》:又译成《善说宝藏》,吐蕃萨迦派高僧贡噶坚赞(Kun dgav rgyal mtshan,1182—1251)著,原文为藏文,蒙古文译本于 1269 年前完成。关于蒙文译者密咒大师索南戈拉的生平,文献资料没有什么记载,故暂无法做详细介绍。《格言》共 457 段,每段 4 行,共 1 828 行。1921 年至 1931 年间匈牙利蒙古学家李盖提(L. Ligeti)在内蒙古旅行考察期间从喀喇沁旗公爷府获取蒙古文译文。原件今收藏在匈牙利科学院图书馆(布达佩斯国立图书馆)。《萨迦格言》是中世纪蒙古语标准语的重要文献,从 13 世纪以来在藏蒙地区广为流传。

5. 此外,忽必烈于公木虎年(1254)给西藏僧侣的《藏文诏书》(*jav sa bod yig ma*)和鼠年(1264)《珍珠诏书》(*mu tig ma*)等两份文书的原蒙文件虽然丢失,但其完整的内容被保存在藏文文献中,被学界认定为对研究蒙藏佛教关系具有重要意义的珍贵文献。

6. 黑城蒙古文献残片:1907 年到 1909 年间,俄国东方学家柯兹洛夫(P. K. Kozlov,1863—1935)率领俄罗斯皇家地理学会探察队到中亚极东部藏区进行了考察,并从死城哈喇浩特(即"黑城"又名"黑水城",位于今内蒙古阿拉善盟额济纳旗达来呼布镇东南)遗址中发现了大量的西夏文书籍及其残片和西藏、蒙古等民族的文献及其残片。这是 20 世纪轰动世界的重大发现。然而,其中发现的蒙古文文献只有 17 件。对此,过去虽有一些研究,但只是对其文字、内容进行研究而已。然而,直到目前为止,我国学术界知之者很少。匈牙利蒙古学家卡拉·捷尔吉(D. Kara Gyorgy)于 2003 年在俄罗斯科学院东方研究所圣彼得堡分所编写的《东方文献》(第 9 卷,第 2 辑)上发表了从哈喇浩特出土的 19 件(包括回鹘文 1 件)蒙古文印刷品和手稿文书(大部为残片)的全部照片及其拉丁文转写,并撰写了评注,① 为学术界提供了极为珍贵的中世纪蒙古文文本文献,可谓功德无量。这些文献内容极为丰富,其中与蒙古古代历史相关的有早期借贷文契、寺院经济、契约、信件等蒙古社会经济文书,此外也有佛经故事、入官、推官等官方文书,尤其其中发现的成吉思汗与阿鲁剌惕氏的孛斡儿出那颜(G110 背面)、忙兀惕部的智者之间对话的残片是属于成吉思汗至理名言的具有诗歌韵律的早期文献。另有《也先帖木儿给西域火洲之地官员的令旨》是蒙古统治者管理西域的范例之一。

7. 伏尔加河畔发现的桦树皮文献《母子情感歌》:1930 年,在中世纪属于金帐汗国或术赤兀鲁斯(约 1243—1502)领土的苏联伏尔加河右岸下游的一座古墓葬中有一位农民发现了带有装订线的 25 叶桦树皮文献,25 叶中的 13 面写的是畏兀儿体蒙古文。这是 13 世纪末的文献,学术界将其称为《金帐桦树皮文书》,亦称《母子情感歌》。这首情感歌叙写了一个蒙古普通劳动妇女送儿子服兵役时的嘱咐和出发远征的儿子对母亲、家乡的思念之情,其内容与蒙古西征历史有密切联系,并且从其渊源而言是来自民间的一首对唱歌。原件今收藏在俄罗斯圣彼得堡市艾米塔尔(Ermitar)博物馆。

二、元朝时期(1271—1368)

1. 统治波斯的蒙古汗国—伊利汗国的诸王阿巴哈汗(Abaqa khan)、阿鲁浑汗(Argun khan)的两份信函,合赞汗(Qazan khan)、完者都汗(Oljeyitu khan)等于 1267 年(或 1279 年)、1289 年、1290 年、1302 年、1305 年分别致罗马教皇和法国国

---

① G. Kara, Mediaeval Mongolian Documents from Khra Khoto Xiyu in the St. Petersburg Branch of the Institute of Oriental Studies. Manuscripta Orientala, Vol. 9, No. 2 June 2003, St. Petersburg.

王的外交信函。这几份蒙文信函对研究蒙古与欧洲各国的联系有密切的关系，这些文献今分别收藏于梵蒂冈档案馆和法国档案馆。

2.《亚历山大传奇》(*Sulqarnai-yin tuγuji*)：吐鲁番出土蒙古文残篇 13 叶，被认定为 14 世纪初由波斯文译成蒙古文。今收藏于德国科学院东方学研究所图书馆。其对研究蒙古与西域文化交流史有特殊的史料价值。

3. 蒙汉文对译《孝经》(*takimdaqu nom*)：大德十一年(1307)木刻版。今原件收藏于故宫博物院图书馆。这部文献对研究元代蒙古人的语言、文化历史具有重要的文字学价值。

4. 吐鲁番发现的蒙古文文书：从新疆吐鲁番发现的蒙古文文献是在德国人几次进行吐鲁番考察过程中获得的。这些文献是于 1902—1914 年间由德国柏林民族博物馆以及后来的普鲁士科学院吐鲁番委员会先后组织了四次考察队派往新疆吐鲁番地区进行考古挖掘所得的蒙古文文献。通过四次挖掘共获得 105 张蒙古文文稿，其中大部分是元明时期的文书之类。自从艾里希·海涅什(Erich Haenisch) 1959 年发表了《柏林吐鲁番文集》(*Berliner Turfansammlung*)中的大部分蒙古文文献影印件以来其中的许多残页被欧美各国和蒙古国的蒙古学家们研究整理过。其中 1993 年蒙古国的策仁索德纳木(D. Cerensodnom)和德国的陶贝(M. Taube)合作刊行的《柏林吐鲁番文集中的蒙文文献》成为最新的、最完整的研究著作。

从吐鲁番发现的文本文献除了《亚历山大传奇》以外，值得我们注意的是，吐鲁番文献中的统治中亚河中地区的察合台汗国(1221—1508)后裔秃忽鲁帖木儿(1346—1363，中亚文献中出现的蒙古斯坦的第一代汗)于 1352 年给河中三个地域长官们的一份令旨(Uge，共 9 行字)，于 1348 年或 1360 年派遣大臣也先到高昌地区办理公务的令旨(共 16 行)，于 1353 年派遣孛罗海牙(Bolad qay－a)为首的使臣等到某地接纳使臣所需物品的令旨(共 12 行)以及秃忽鲁帖木儿之子亦里牙火者(Ilasqoja，1363—1370 年在位)于 1369 年下达篾儿乞惕将军的有关豁免民户赋税的圣旨(jarliγ，共 20 行)；还有给印度斯坦使臣的羊年圣旨(共 17 行)；察合台汗国第 14 代汗怯别(Kebeg.，1318—1326)于 1326 年颁发黑色印章的解救赔款令旨(共 10 行)；第 21 代汗也孙帖木儿汗(1338—1339 年在位)给驿站的圣旨(共 14

行）等文书都是盖有红色印章或黑色印章的完整的畏兀儿体蒙文官方文书。这些文书是研究河中地区察合台汗国的政治、经济、文化和风土人情等方面有一定意义的重要资料。

5. 关于元代所译《彰所知论》蒙古文版及相关问题。元代，八思巴有一名著，书名为《彰所知论》（藏文为 *shes bya rab tu gsal ba*）。学界对此书的成书年代及藏、汉、蒙古文版本问题至今有不同说法。过去有的学者认为"现在不存西藏语或蒙古语的原书，只传中译本"。经王启龙先生的努力，发现了其藏文原版完整地保存在德格木刻板《萨迦全集》（*sa skyavi bkav vbum*）函中。在这一重要发现的基础上，经他专题研究，对《彰所知论》的藏文原文的写作年代目前可以定论，即"《彰所知论》藏文版中明确说明，八思巴在戊寅年（sa pho stag gi lo，阳土虎年，1278 年）于萨迦寺写成此论的"①。同时王启龙还指出了其汉译本成书于 1306 年以前。至于《彰所知论》的蒙文译本，在学术界至今仍然是个谜，王启龙根据德国蒙古学家海西希（Walther Heissig）教授于 1959 年在德国威斯巴登出版的《蒙古人的家谱与宗教历史文献》（*Die Familien-und Kirchengeschichtsschreibung der Mongolen*）一书的说法，认为"蒙文本时间更晚"，"至于蒙文本是译自藏文原文还是汉译文，尚须考证"。②

海西希以前俄国的蒙古学家科瓦列夫斯基首次提出，17 世纪蒙古著名佛学翻译家锡埒图·固什·绰尔济的一部著作即《必用之全义经》（*čiqula kereglekü tegüs udq-a neretü sasdir*，也有人译成《本义必用经》）是八思巴喇嘛所著《彰所知论》的蒙古文译本或改写本。③ 尤其是我们看到王启龙先生发表的藏文原文后认为，蒙文《必用之全义经》是一部完全独立的著作，而不是八思巴喇嘛《彰所知论》的译本。只要将蒙文《必用之全义经》同《彰所知论》略加对比，便不难看出这一点。锡埒图·固什·绰尔济在其著作中未曾提及八思巴喇嘛的著作，绝非偶然。他在

---

① 王启龙：《八思巴生平与"彰所之论"对勘研究》，中国社会科学出版社，1999，第 239 页。

② 王启龙：《八思巴生平与"彰所之论"对勘研究》，中国社会科学出版社，1999，第 225—226 页。

③ O. M. Kovalevskii，Buddiiskaya kosmologiya. Kazan，1837，p. 13.

《必用之全义经》的“跋语”中指出,作者是“应克穆齐克兀惕(部族)之善胜菩萨为首,明慧者希绕曾格二人以无垢虔诚之心再三请求译之此著,据前圣者之神圣教海与犹如冉冉上升的太阳般照耀之诸种经典之含意进行详实对勘后,名为满洲什礼·固什·锡埒图·绰尔济者,为犹如太阳般弘扬顶圣释迦牟尼之教,实为撰写而成。”要指出的是,海西希等学者所利用和发表的抄本“跋语”与笔者所看到的几种抄本以及内蒙古社会科学院的竹笔抄本之间差别很大。据我们考察,海西希所利用的抄本,无论从其内容还是从版本学角度而言,可以说是一部较劣质的抄本,不足凭据。

就内容和结构而言,锡埒图·固什·绰尔济的这部著作与八思巴喇嘛的著作完全不同。据藏文原文,八思巴喇嘛的著作是由五个部分,即器世界品、情世界品、道法品、果法品和无为法品组成的。而锡埒图·固什·绰尔济的著作可分为四个部分,即佛陀生平及其佛教学说、三界(欲界、色界、无色界)、印藏蒙王统世系、佛陀学说中需要知道的要义。

这样我们首先肯定了国内外现在流传的蒙古文《必用之全义经》不是八思巴喇嘛《彰所知论》的译本。那么《彰所知论》是否有蒙文译本?若有,何时翻译成蒙文?据我们的新近发现,《彰所知论》确实有其蒙古文译本,今藏于俄罗斯圣彼得堡国立大学图书馆,书名为《彰所知论》(*Medegdegün-i belgetey-e geyigülügci ner-e-tü Sasdir*),版心:36.8cm×9.5cm,共1—52a页,每页28—29行字,竹笔抄本。该抄本大约是清代1720—1730年间所抄。但我们根据抄本的句型结构、语言修辞和词法特征以及保持回鹘文书写形式和回鹘式佛教名词术语的多次出现等情况来看具有元代蒙文译经的特点,因此我们认为此抄本的译文属《彰所知论》的元代蒙古文译本的可能性很大。

三、北元时期(1368—1635)

1. 明朝景泰帝蒙古文敕书:汉文称“皇帝敕赐剌儿地面头目咩(yang)力儿吉的诏书”。这是明廷用蒙汉两种文字致伊朗剌儿地区(剌利斯坦 Laristan)长官的诏书,发诏书时间为明景泰三年(1452)十一月二十九日。原件收藏于土耳其国伊斯坦布尔市土布卡皮宫博物馆(Topkapi Sarayi Muzesi)。① 本诏书以及吐鲁番出土的文书证明,明朝最初的百余年里,蒙古文曾是明朝与西域某些国家之间进行联系的外交语言和文字。

2. 阿勒坦汗于1580年用蒙汉文对照的呈明朝皇帝的信札和《高昌馆课》(1407)也属于北元时代的用汉文逐字逐句译写,不顾蒙文语法特点,不懂汉文的蒙古人无法理解的特殊文献,但学术界完全可以理解和利用其内容。

3.《阿勒坦汗传》:原书题曰《名为宝汇集之书》,蒙古文原本为削竹笔手抄本,作者佚名。关于该书的成书年代,据学者们的考证是在1607年。全书共54经卷页,计107面,全书采用韵文体,以押头韵的四行诗为其基本形式。此书原藏于内蒙古乌珠穆沁右翼旗王府家庙内,现藏于内蒙古社会科学院图书馆,成为天下孤本。主要内容为赞扬土默特万户领主阿勒坦汗(1502—1582)一生的业绩,反映了当时蒙古右翼三万户的政治、经济、军事、文化和西藏佛教格鲁派等首次传入蒙古地区的实际情况并提供了很多过去鲜为人知的珍贵资料。

4.《白史》:原名《十善福经白史》。不少研究者根据16世纪著名思想家呼图克台·彻辰·洪台吉(1540—1586)重编的《白史》一书的"前言"认为,该书为元代忽必烈之作。但也有学者不同意此说。最早发现此书的是16世纪下半叶鄂尔多斯部呼图克台·彻辰·洪台吉。据洪台吉说,他从松洲城获得此手抄本后,与畏兀儿人比兰纳识里的旧抄本互校,并写"前言"公布于世。此后《白史》流传于世。从该书的整个内容来说,是一部有关蒙古国家体制与法制方面的典章性著作。

5. 从阿伦苏木(olan süm-e)发现的文书:由日本考古学家江上波夫(Egami Namio)率领的日本考察队先后于1935年、1939年、1941年在阿伦苏木古城(位于今内蒙古包头市达尔罕茂明安联合旗百灵庙镇之北三十余公里)遗址上进行挖掘后发现了200多件蒙古文文献残片。据德国海西希(W. Heissig)等学者研究,认为这些残片属于16—17世纪手稿。原件在日本国保存。1976年,德国海西希教授将其全部残片影印出版,并进行拉丁文转写、识读和考证(其中29件残片无法确

---

① F. W. Kleaves, The Sino-Mongolian Edict of 1453. in the Torkapi Sarayi Mütesi HJAS, XⅢ, 1950,431—446页,1—Ⅷ图片。

认),为蒙古学界首次提供了阿伦苏木古城出土的蒙古文文献。残片的大部分是佛教经典、咒语经的抄本,也有不少有关天文历书、算卦书、格律诗以及与民俗学相关的重要的蒙文文献。

6. 蒙古国发现的《阿勒坦汗赞歌》及17世纪的桦树皮蒙文文献:由蒙古国考古学家H. 普日来(H. Perlee)带领的考察队于1970年在蒙古国布拉干省南部的哈剌布罕·巴尔嘎松城(黑牤牛城)遗址中发掘出1 400多块写有蒙古文和藏文的桦树皮文献。其中只有一部分蒙文法律文书由蒙古国已故学者H. 普日来公开发表,其他文献仍在蒙古国。这些文献学术界认定为17世纪前半叶的产物。1994年7月初,德国波恩大学中亚研究所举办了蒙古桦树皮蒙文文献展览,这是在蒙古国发现的上述桦树皮蒙古文文献中的一部分。在德国展览的桦树皮蒙古文文献是20世纪90年代初从蒙古国运到德国的粘连在一起而成为几乎无法修复和拆开的一大团整块物品。经德国有关专家们的努力,终于得到修复并还原成可以识读的桦树皮文献。德国波恩大学中亚研究所准备将这些桦树皮蒙古文文献全部出版。2000年,他们的首批成果在德国威斯巴登公开出版。根据该出版物,我们看到研究者们对其中的110份文献进行了内容分类、拉丁文转写和关键语词的考订和解释。他们认为这些文献写就时间大约在公元1600年左右。尽管幸存的这些文献大部分是残缺不全的、不连贯的甚至几乎没有一件是完整的,但是,这些文献与内蒙古黑城、阿伦苏木和新疆出土的吐鲁番蒙古文文献一样能够留存到现在,并被发现,最终成为能够使对此感兴趣的学者和读者看到和了解其内容的罕见文献,仅此一点就说明了蒙古人在元代和北元时期曾拥有过很多我们现在不甚知道的蒙古文文献。

从这些文献的内容来看,其绝大部分仍然是宗教经典,但还有一部分是宗教领袖人物、政界领袖的赞颂诗歌和民俗学方面的资料,如:其中的熏祭用品及其礼仪祭词、招魂词及祭火招词、各种民间咒语、历法书、占梦书、星占书等类文献在佛教传入蒙古以前和以后都曾有过,是研究蒙古民俗及风俗习惯不可缺少的资料。

值得特别指出的是,该出版物中有一首《阿勒坦汗赞歌》。这是一部极罕见的文献,尽管它只剩下严重破损而无头无尾的一叶(第6叶)的两面文字残片。残片中我们可以读到以“啊，我们的阿勒坦扯辰汗”一句为隔、四行重复一遍的优美的诗句。诗中描绘了阿勒坦汗的生平业绩，如建寺庙、修建呼和浩特、在平川上耕种农田、远征卫拉特部、从汉地掳掠财物、使自己的人民过上太平富裕生活等语句。据此，我们毫无犹豫地可以肯定，这是一首记录土默特部阿勒坦汗一生业绩的长篇叙事诗。仅此一点，该残片就可以作为在蒙古史及蒙古文学研究上一项具有历史意义的新发现而被载入史册。

7.《黄金史纲》（约1628年成书）：作者佚名，多种抄本流传，有学者认为2002年蒙古国乔伊玛发表的影印本为最佳抄本。该书是继《蒙古秘史》出现后又一部集中反映从古代到林丹汗即位为止的蒙古历史，是研究北元汗系和诺颜、台吉谱系的珍贵资料。

四、清朝时期（1636—1911）

有清一代蒙古人则有了大量的书面历史文献、石刻文献、宗教文献、语言文献、法典文献、翻译文献和文学作品。随之，蒙古文历史文献也出现了一个新的发展高潮。

这个时期重要的蒙古历史文献的产生大部分都与当时东亚政治大局发生的重大变化有关系。当时是满洲贵族征服漠南蒙古地区，宣称他们是蒙古正统可汗，同时对漠北、漠西蒙古怀有继续征服的野心而蒙古民族将要失去独立地位之际。这些著作多数是以编年体为形式，从“奉天命而生的孛儿帖赤那”开始到成吉思汗的黄金家族为主线，将他们后裔的历史写到史家生活的那个时代为止的蒙古人的历史。有的史家由于深受当时正在鼎盛时期的藏传佛教思想的影响，将成吉思汗及其先祖的历史与印度、西藏的转轮王统紧密联系起来，以图阐明自己祖先的圣洁和高贵。这些编年史一方面反映了当时蒙古史家们记录民族存亡危机时刻的复杂的思想情绪，另一方面，也尤为难能可贵的是比较客观地记载了当时蒙古社会的政治、经济、军事、宗教和文化的历史进程。

清代在蒙古地区流传的主要史学文献现有《蒙古源流》（1662）、《黄金史》（1665）、《黄史》（1651—1662）、《阿萨喇克其史》（1677）、《恒河之流》（1725）、《蒙古博尔济吉忒氏族谱》（1735）、《金轮千辐》（1739）、《大蒙古国根本黄金史》

（1765）、《水晶念珠》（1775）、《蒙古王公表传》（1779—1812）、《金鬘》（1817）、《宝贝念珠》（1840）、《水晶鉴》（1850）、《圣主成吉思汗传记》（18 世纪中叶，松巴堪布·也摄斑珠尔著）等。

漠西蒙古卫拉特人被清朝征服的前后也用他们的圣哲扎雅班迪达创制的托忒文编写了几部有价值的史学著作，同样在蒙古地区流传。卫拉特人的著作有其地方特色，他们的所有史学著作几乎全部都是卫拉特地区的历史。我们应该提到的主要著作有《四卫拉特史》（1739），此后又出现了另一部《四卫拉特史》（1819），后者在前者内容基础上增加了一些新的章目。另外还有《土尔扈特诸汗历史》（18 世纪末）、《蒙古溯源史》（19 世纪初）、《乌讷恩素珠克图土尔扈特与青塞特奇勒图新土尔扈特诸汗之世系表》（18 世纪末）、《和鄂尔勒克史》（19 世纪）等以及一些晚近的著作。

19 世纪前后，在贝加尔湖周围生活的布利雅特蒙古人用蒙古文编写了与卫拉特人相同的具有地域特色的部族史。其中应该提到的主要著作有《霍里与阿辉布利雅特源流史》（1863）、《霍里十一父亲的溯源史》（1875）、《色楞格布利雅特史》（1868）、《巴尔虎津布利雅特史》（1887）等。还有一部以 16 世纪民间传说为主要内容的《巴拉珠娜夫人的传说》（约 17 世纪）的几种蒙古文传抄本在布利雅特地区广为流传。

有清一代蒙古人的历史文献中高僧传记文献也很重要。到了清代，蒙古地区的佛教得到前所未有的发展，随之在蒙古地区出现了众多高僧。清代的蒙古文史料中，蒙古高僧的传记是一个非常重要的历史文化宝库。由于这些高僧往往又是蒙古地区的宗教领袖，他们的传记大都有记事准确、时间清楚、涉及蒙古社会各个方面等特点，其中留下了许多珍贵的政治、经济和宗教活动资料，而这些资料又往往被清代的正史所忽略，因而可以弥补正史之不足。清代蒙古文高僧传记主要有：

1.《内齐托音一世传》：额尔德尼毕力衮达赖著，1739 年成书。内齐托音（1557—1653）是卫拉特蒙古土尔扈特部人，著名的宗教活动家，为西藏佛教格鲁派在内蒙古地区的传播做出了巨大的贡献。传记的作者根据内齐托音一世弟子们的备忘录、各种笔记以及当时社会各界的口述而撰。全书分五章，第一章主要叙述了内齐托音的童年,出家赴藏;第二章在西藏札西伦布寺师从班禅学经,经土尔扈特到喀尔喀,然后到呼和浩特的经历;第三章是在呼和浩特地区周围山洞中修行三十余年的苦行僧生活;第四章为内齐托音一世前往东蒙古地区的传教过程:经当时的翁牛特、巴林到盛京,在科尔沁地区传教,清世祖顺治皇帝传其进京,返呼和浩特,再一次东返科尔沁等一系列活动;第五章为记录内齐托音圆寂情况。该传记是研究喇嘛教在内蒙古地区传播的第一手资料,尤其以在内蒙古东部地区的传教过程和佛教与萨满教的斗争记述更具价值。国内有乾隆间木刻版本和今人成崇德、申晓亭汉文译注本(《清代蒙古高僧传译辑》,全国图书馆文献缩微复制中心出版,1990)和金峰的蒙古文《漠南大活佛传》(内蒙古文化出版社,2009)等。

2.《内齐托音二世传》:内齐托音二世弟子达磨三谟陀罗著,1756—1757 年间成书。内齐托音二世(1671—1703),内蒙古茂明安旗人,一生都在漠南地区弘扬佛法,曾以清朝使者身份出使西藏邀请五世班禅(在康熙三十四年,公元 1695 年)。作者根据当时的口碑资料及自己掌握的有关材料撰写了他的童年、出家、学习佛法、奉命出使西藏、跟随皇帝出征厄鲁特等一系列活动,是研究 17 世纪末蒙古地区历史的重要资料。国内有清代手抄本和乌力吉图的汉译本(《清代蒙古高僧传译辑》,全国图书馆文献缩微复制中心出版,1990)和金峰的蒙古文《漠南大活佛传》(内蒙古文化出版社,2009)等。

3.《哲布尊丹巴传记》:据考察《哲布尊丹巴传记》有多种。主要有:①喀尔喀扎雅班第达·罗卜藏普棱列著《哲布尊丹巴一世传》,约成书于 1702 年,该部传记成为后人追叙哲布尊丹巴一世的蓝本。除蒙古文本外还有蒙藏文对照写本。②纳吉旺布喇嘛著《哲布尊丹巴一世传》,成书于 1839 年。此书基本资料出自罗卜藏普棱列著《哲布尊丹巴一世传》,但又增添了许多鲜为人知的细节。有木刻本和手抄本。③《哲布尊丹巴一世至六世传记》,著者纳吉旺布喇嘛,约成书于 1848—1851 年间。此书虽简短,但由于它提供了其他这类传记所没有的哲布尊丹巴一世转世的情况,仍不失为一部颇有价值的著作。④《哲布尊丹巴一世至七世传记》,著者佚名,约成书于 1859 年 。国内外有多种蒙、藏文版本流传。1961 年,英国学者鲍登英译出版了哥本哈根皇家图书馆藏该传记的蒙文抄本(Ch. 鲍登《库伦的哲布尊丹巴》(英文),威斯巴登,1961)。上述传记,对研究17世纪至19世纪喀尔喀蒙古的历史、文化、宗教,尤其是喀尔喀蒙古同清朝、西藏及卫拉特之间的关系,具有第一手资料的价值。在近代蒙古历史上,哲布尊丹巴的政治地位是不容忽视的,但汉文史料所提供的有关他的可靠情况实属微乎其微,甚至连他的名字也有多种讹传。国内有成崇德、申晓亭的汉译校注本(《清代蒙古高僧传译辑》,全国图书馆文献缩微复制中心出版,1990)。

4.《咱雅班第达传》:托忒蒙古文著作,书名为《兰占巴咱雅班第达传——宛如月光一样明亮》,简称《月光》。作者喇德纳巴德喇,成书于17世纪末。据蒙古国学者B.仁亲教授的看法,该传最初是以藏文撰成,后译成托忒文,最后转写为蒙古文。书中详细记载了咱雅班第达(1599—1662)一生的政教活动,同时记述了卫拉特蒙古当时的社会状况、政治变迁以及宗教文化活动,是一部研究17世纪四卫拉特政治、历史、宗教、文化等的重要资料。该书的蒙古文本手抄本最初发现于喀尔喀咱雅班第达图书馆,于1959年在乌兰巴托铅印出版。国内有新疆敖日布的蒙古文本和成崇德、申晓亭汉文译本(《清代蒙古高僧传译辑》,全国图书馆文献缩微复制中心出版,1990)。

清一代蒙古人的历史文献中法律文献也很重要。北元后期由于蒙古诸部的封建割据而致蒙古诸部几乎处于各自为政的状态。因此,清初在蒙古地区没有产生一部全蒙古性质的法律文献即法典。当时在蒙古地区所产生的法典或由北元蒙古某部有权势的汗王所颁定,或由某一地区的封建主们商定颁布。

我们现在发现的16世纪到17世纪的蒙文法典主要有:除了《阿勒坦汗法典》(1578—1581)外,另一些重要的法律文献是喀尔喀诸部制定的一系列大小法典(16世纪后半叶到1639年为止)。这些法典是由蒙古国考古学家H.普日来(H. Perlee)带领的考察队于1970年在蒙古国布拉干省南部的哈剌布罕·巴尔嘎松城(黑犛牛城)遗址中发掘出1 400多块写有蒙古文和藏文的桦树皮文献中发现的。其中发现18份蒙文法律文书,于1974年由H.普日来公开发表。[①] 这是由喀尔喀

① H. Perlee, Qalqyin sine oldson caaz erkemjiin dursγalt bičig (Kh. Perle. Newly discovered juridical Document Khalkha-Mongolia). Ulaanbaatar. 1973. pp. 3-139.

七旗贵族先后在不同盟会上制定的18份法律文书,故学界称其为《喀尔喀七旗法典》,亦称"桦树皮法典" 。其中大部分法律文书前有"小法典"等字样,唯有两部法典冠有"大法典"名称:一是"申年大法典"(1620),共有法律条文92条,H.普日来认为这是指《喀尔喀七旗法典》;此外还有一份《土卯年大法典》(1639),遗憾的是被发现的这部大法典只有一页残片。这一年正是一世哲布尊丹巴升法座之年,而且一世哲布尊丹巴本人和喀尔喀部扎萨克图汗及吐谢业图汗等人都来参加,看来是制定了一项重要的法典。有的学者认为很可能是"申年大法典"的修改或者是补充的大法典。该法典制定的次年即1640年,喀尔喀和卫拉特贵族共同制定了《也克察吉》(《大法典》),其内容突出了调整喀尔喀和卫拉特两部关系、共同抵御外敌和推崇黄教的内容。法典把抵抗侵略者作为全体社会成员的职责,放在相当重要的位置上,这是喀尔喀和卫拉特两部面临清朝和俄国的兼并而做出的应对措施。

我们现在所说的《也克察吉》的最初的文本毫无疑问是畏兀儿体蒙古文,因为当时还没有创制托忒蒙古文,然而迄今为止国内外学者没有发现其最初的托忒蒙古文文本。现在我们所看到的全都是托忒文抄本。① 根据早期托忒文抄本,该法典的原名称,即准确的名称为《也克察吉》(大法典),然而后来人们根据其内容,为《也克察吉》妄加了各种各样的名称,其中最普遍使用的名称便是《喀尔喀—卫拉特法典》。此外,还有《蒙古—卫拉特法典》《卫拉特—蒙古法典》《卫拉特法典》《1640年喀尔喀—卫拉特法典》《1640年法典》《也克察津文书》等。从文献学角度来看,我们应该而且必须用其原来的名称——《也克察吉》(大法典)。②

清朝蒙古法律最初基本上采用蒙古原有的法律形式,是为适应蒙古社会而制定的,但是到后来不断修订,加进了大清律的内容,其中《蒙古律书》最为典型。从

---

① 查阅公开刊行的国内外目录,该法典的托忒文抄本馆藏有5处:1. 莫斯科国家档案馆卡尔米克文馆藏部1部;2. 圣彼得堡东方学研究所图书馆2部;3. 圣彼得堡大学图书馆1部;4. 内蒙古社会科学院图书馆1部。

② К. Голтстунская, Монголо - Ойратские закон 1640. Санктпетербургь, 1880, стр. 2(影印版:《也克察吉》). 此外,苏联的布里亚特学者 с. д. Дылыков 于1981年在莫斯科刊行的《也克察吉》一书同样用了该书的准确的原名 yeke čaγaja.

天聪二年(1629)开始陆续颁布,不断增加内容,由崇德八年(1643)、顺治十四年(1657)、康熙六年(1667)到康熙三十三年(1694)时颁布的《蒙古律书》已经成为152条。① 乾隆六年(1741)重新修订,以后又几次修订,并改译其名为《蒙古律例》,译成满文和汉文。此外还有蒙文《理藩院则理》于嘉庆二十三年(1818)蒙文本刊行。

《喀尔喀·吉鲁姆》(喀尔喀法典),共由24个法令组成,指定时间约在1709年至1770年间。其中主要有《三旗法典》(1709)共25条;《虎年条例》(1722)共3条;《土猴年条例》(1728)共7条;《土谢图赛因汗、达赖车臣汗等商定的龙年条例》(1736)共36条;《乾隆十年条例》(1745)共12条;《供施二主条例》(1746)共25条;《赛马条例》(1729)共13条等等。上述蒙古文法律文献对研究蒙古古典法制及其历史性的延续性和古代蒙古政治史、社会史的研究有重要的史料价值。

有清一代蒙古文历史文献流传范围广,版本繁多,对研究蒙古人的历史有着不可忽视的史料价值。

乔吉

2014年1月于呼和浩特

---

① С. Д. Дылыков, MongGul-un čaγajin-u bi čig. Москва, 1998.

蒙古博尔济吉忒氏族谱

(清)罗 密著

目录

序

（一）

溯我博尔济吉忒氏之始，自西域额纳特克国（即天竺国）嘛哈萨嘛谛汗，递传数千年，至沙尔巴汗子库谆三搭里图，乃去其国，东迁图伯特国，都焉。再八传博尔忒齐诺，又去其国，北行主浙忒之地，择水草而居。又二十四传至成吉思汗，是为元太祖，统各部落而臣之，建国号曰蒙古。再传至世祖呼必赖汗，抚有中国，混一区宇。传之十世，至顺帝拖欢忒睦尔汗，弃中国出塞，乃居蒙古故地。子孙延及，至林丹呼图克图汗，国纪倾颓，所部之众皆分崩离析；未有宁宇。恭逢我太祖高皇帝龙飞东国，蒙古宗支济农、诺音辈，相率归诚，仰叨高厚之恩，抚恤优渥，愿居塞外者，或封王，或封贝勒，各率所属，以藩卫北边；其愿为内臣者，则锡以公、侯、伯世职，或尚公主，或婚郡君，延及子孙，世叨荣宠。又查萨克图汗、图谢图汗、彻臣汗等七旗喀尔喀，为厄鲁特噶尔旦所破，部众逃窜，三汗及众诺音等相率投诚，蒙圣祖仁皇帝开兴废继绝之恩，收纳豢养，特遣官兵，代为招抚散亡，复其三汗故号，封众诺音等为王、贝勒、贝子、公、扎萨克、台吉等有差，又为分旗分佐领以处之。后御驾亲征，灭噶尔旦，使喀尔喀各归故土，数十年来，仰蒙圣恩，复其本业，坐享升平，子孙繁衍，部众富盛，向之所谓七旗者，今已七十旗矣。

计我博尔济吉特氏宗支，今为汗者三，为王者数十，为扎萨克（掌一部之政者）各统一部落者百余人。幸能恪恭奉职，勉效驰驱，皆沐圣代鸿恩，有加无已，故得休养生息，以乐育于光天化日之中也。噫！亦盛矣。

我蒙古自始祖以来，虽盛衰不一，聚散无常，而俗尚简易，服用俭朴，且能勤畜牧，耐劳勚，凡蒙委使，奋勇争先，戮力疆场，克奏伟绩。故迄于今，犹得荷累朝之厚泽，沐列圣之殊恩，重以姻娅，荣忝戚畹，袭以世爵，位列藩屏，共际圣明之世，常依日月之光，岂非我博尔济吉特之厚幸欤?

夫国有史，家亦有乘。蒙古自出塞以后，屡遭威勒忒之变，残编散帙，缺略殊多，各家纪载，每至互相舛错，老成凋谢，文献无征，世远年湮，前人事迹，或致废坠。

密忝蒙古裔孙之列，不揣愚陋，欲述先人支派源流，以垂后祀。缘王事驰驱，未能如愿，今年逾耳顺矣。爰于退食之余，广览博稽，详加考证，删繁摘要，录其次第源流，以备家乘;译以清、汉文字，以便披览。后之子孙，欲求先世支派原委，展阅斯编，了然在目。因以念世泽之绵长，感圣恩之高厚，勉为忠孝，毋至陨越，亦不负余区区述谱之意，是又余之所厚望也夫。

雍正十三年八月朔　都统裔孙罗密谨序

（二）

夫罗公者，抑吾族之中郎欤，抑吾族之董氏欤，何纪事若是之详贯也？罗密字慎夫，幼而聪颖，长而明辩，性耽书史，好学不倦，马足车尘，未尝辍卷。尤喜读史，尝闻评古人之得失，片言即中当时之病，顿剖后世之疑，虽老儒亦不能屈，故纪事详贯，纤微备载焉。

夫博尔济锦氏自元太祖，终于顺帝，凡一十四主，入主中华，共一百六十二年。议礼制度，文献足征。自应昌殂谢，至序事之年，三百有余岁。虽斯文未丧，竹汗犹青，而更遭威勒忒噶尔旦几番劫火，鲜不为断简残编者矣。而罗公乃能于塞上出使之暇，问俗闻风，征其遗载，分晰支源，正误音韵，囊括古今，补缀成帙。上溯太古，下及当时，莫不似茧抽丝，如针贯线。凡入八旗世职罔替者，或休戚相关，或葭莩示宠，仰赖圣明兴灭继绝之鸿慈，高天厚地之大德，使后嗣子孙得知，凡中外我博尔济锦氏之裔，咸含哺于光天化日之下者，皆由皇仁再造之力也。我后嗣子孙，能不涓埃于万一耶？噫！罗公之功，不亦伟乎？

清尝有志欲述家乘，既不能稽古，更陋于寡闻，是以逾年不就，握管茫然。今阅此册，皆清心力所不能及者，可见有志者事竟成也。虽然，中郎逝矣，继起何人？若清也，今四十奇一春矣，而五十年之事，耳之所曾闻，目之所曾见者，敢不勉续之以答罗公述谱之苦心，成自己之夙志耶？今谨按《通志》年表，凡先人职官历任，详注原委，使后嗣子孙得知祖宗创业维难，子孙当思守成不易，以补罗公之不逮，亦不为不无小补也，云尔。

乾隆四十六年岁次辛丑秋八月既望　侣园博清额撰序

天竺国嘛哈萨嘛谛汗

相传上古之时,万物无所专主,嘛哈萨嘛谛汗降世,导民化众,立典兴文,四国俱赖乂安,众共推之为君。此即天竺国开创之君、蒙古之始祖也。子乌遮思库楞嗣。

乌遮思库楞汗

子布燕图嗣。

布燕图汗

子特特昆阿萨拉客漆呼图克图嗣。

特特昆阿萨拉客漆呼图克图汗

子那买库克阿尔祖库尔都图嗣。

那买库克阿尔祖库尔都图汗

子乌遮思库楞图萌衮库尔都图嗣。

乌遮思库楞图萌衮库尔都图汗

子嘛诗乌遮思库楞图济思库尔都图嗣。

嘛诗乌遮思库楞图济思库尔都图汗

子赛音乌遮思库楞图忒睦尔库尔都图嗣。

赛音乌遮思库楞图忒睦尔库尔都图汗

子忒古思乌遮思库楞图嗣。

忒古思乌遮思库楞图汗

子他尔必克齐嗣。

自那买库克阿尔祖库尔都图汗以下五君,俱有劄噶尔洼尔帝之号,显名于时。劄噶尔洼尔帝,即佛经所谓转轮王是也。

他尔必克齐汗

子他尔宾巴里克齐嗣。

他尔宾巴里克齐汗

子寿尼嗣。

寿尼汗

子古式嗣。

古式汗

子衣克古式嗣。

衣克古式汗

子赛音乌遮克齐嗣。

赛音乌遮克齐汗

自汗以后,传至阿尔萨兰乌古察图汗,生有四子:长曰阿里衮衣德格图汗,次曰察汉衣德格图，三曰汤苏克衣德格图，四曰拉诗颜衣德格图。阿里衮衣德格图汗子二：其一释迦牟尼佛，其一乌遮思库楞图，南帝也。察汉衣德格图子二：其一衣拉古克漆，其一特古思赛音也。汤苏克衣德格图子二：其一衣克那拉图，其一乌鲁多赉达克漆也。拉诗颜衣德格图子二：其一帝洼塔德，其一阿难答也。释迦牟尼佛未出家以前，生子曰拉呼里，拉呼里亦出家为僧，无子。嘛哈萨嘛谛汗之裔于佛灭度千有余年后，在天竺国嘛噶答地为君之沙尔巴汗子库谆三搭里图，去其本国，东徙至图伯特国为君。

图伯特国库谆三搭里图汗

汗为天竺国嘛哈萨嘛谛汗之裔、库萨拉汗之孙、沙尔巴汗之第二子也。生而绿发，手足皆骈，目之交睫也，自下而上。沙尔巴汗怪而恶之，盛以铜匣，委之恒河。适有老人居于巴尔布、图伯特两国之界者，于河上得之，启匣而视一孺子，遂育之。及后成立，年十六，于积雪之萨穆布山四顾，欲择善地而往迁焉。图伯特国人遇之，曰：“奚自？”汗以手足指示之。众惊异，咸谓：“此子，殆天之所命。我国中无主，盍谋奉此为主？”乃逆归而立之。此即图伯特国始创之君、蒙古之始祖也。子额尔钦三搭里图嗣。

额尔钦三搭里图汗

子恰扎尔布西巴衮三搭里图嗣。

恰扎尔布西巴衮三搭里图汗

子爱图尔哈阿尔拜三搭里图嗣。

爱图尔哈阿尔拜三搭里图汗

子库里库鲁克噶尔波罗尔三搭里图嗣。

库里库鲁克噶尔波罗尔三搭里图汗

子衮苏宾默林三搭里图嗣。

衮苏宾默林三搭里图汗

子大赉苏宾阿尔祖三搭里图嗣。

大赉苏宾阿尔祖三搭里图汗

汗生三子:长曰波罗楚,次曰师保漆,三曰博尔忒漆诺也。博尔忒漆诺避其两兄,渡滕机思北海,至浙忒之地,择善水草处驻牧。浙忒人叩所从来,知其为嘛哈萨嘛谛汗之后,祖、父皆图伯特国之君也。众遂谋立为主。娶妻瓜嘛拉尔,生子巴泰察汉。巴泰察汉生忒默扯克。忒默扯克生呼里察尔墨尔根。呼里察尔墨尔根生乌哈察穆布古鲁尔。乌哈察穆布古鲁尔生萨里噶尔昭。萨里噶尔昭生衣克尼敦。衣克尼敦生萨穆楚漆。萨穆楚漆生哈拉楚克。哈拉楚克生博尔济机代墨尔根。博尔济机代墨尔根生都拉噶尔津巴燕。都拉噶尔津巴燕生子二:长曰多娑和尔,次曰多波墨尔根。多娑和尔生子四:多耐、多克生、厄墨尼克、额尔克。多娑和尔殁后,其四子与叔多波墨尔根不相睦,流为威勒忒、巴图忒、徽忒、克烈忒四姓焉。

多波墨尔根生二子:布古哈地吉和布古齐萨尔齐。多波墨尔根既殁后,其妻阿伦瓜夜梦白光覆体,有娠,生子曰博丹察尔孟哈克。其二子疑焉,母知之,告以故,曰:"此子想系天命使之辅助尔等耳。"后博丹察尔之子孙,遂因博丹察尔之名,即以博尔济锦为姓焉。其九世孙超齐奇尔嘛虎。后人因奇尔嘛虎之名,名其骨(骨即氏族之分)曰却忒。博丹察尔结发妻生哈必漆巴图鲁,后掳妻生朱尔漆代,因掳时先有孕,故异姓云。

哈必漆巴图鲁生八奇尔巴图鲁。八奇尔巴图鲁生嘛哈图丹。嘛哈图丹生哈齐库鲁克。哈齐库鲁克生海都,生拜双合尔多克深。拜双合尔多克深生敦巴海塞臣。敦巴海塞臣生哈卜尔汗。哈卜尔汗生七子:长曰额钦巴尔思,次曰巴尔达睦巴图鲁,三曰呼图克图孟库尔,四曰和脱拉汗,五曰呼兰巴图鲁,六曰都都根,七曰哈达汗。额钦巴尔思生卓里克图朱尔根。巴尔达睦巴图鲁生四子:长曰孟格图恰,二曰纳昏台史，三曰伊苏格巴图鲁，四曰达里代额齐根。呼图克图孟库尔生布里布库。和脱拉汗生二子：长曰超济，次曰奇尔嘛虎。呼兰巴图鲁生伊克察拉。伊苏格巴图鲁生六子：长曰清机思汗忒木津，次曰哈布图哈萨尔，三曰鄂楚古，四曰噶楚古，五曰白克忒尔，六曰布库博尔格忒。

元太祖清吉思汗忒木津

是时，有肆虐其民者十二国：太绰忒之君曰塔尔呼代溪里尔都忒，朱尔悬之君曰塞臣门溪，古尔颁墨尔格忒之君曰托克托白溪，克雷忒之君曰翁汗，义汉拉忒之君曰扎木哈，哈尔拉古忒之君曰阿尔萨朗，威勒忒之君曰呼图哈白溪，和里土默特之君曰布都惠达尔汉，威古忒之君曰衣忒古忒，乃满之君曰太阳，他他拉之君曰墨古亲搜尔图，朱尔漆代之君曰象崇。皆暴戾无道，民不堪其苦。天生清吉思汗忒木津，依次剪灭十二国，有天下。

先是，汗父伊苏格巴图鲁欲并兼诸国。其讨他他尔国也，执其主忒木津以归。至洼南河，生汗，因名汗曰忒木津。汗生七日，有玄鸟自海中出，集于玄石，长鸣者三昼夜。伊苏格巴图鲁知是瑞征，乃刻石为玉玺，置之净室，以香灯祀之。玄鸟复至，鸣于室上，其音仿佛“清吉思”、“清吉思”也，故以“清吉思”为汗号云。

汗生于壬午岁，丙寅春秋四十有五，大会诸王群臣，建九游白幢，即位于洼南河之源。纳四方贡赋，众咸归焉。先是国号“必达”，至是始号“蒙古”。“蒙古”者，以其剿定诸国，故曰“蒙”；取居中驭外之义，故曰“古”。在位二十四年，灭国四十，平西夏。己丑七月十有二日，崩于萨里川噶老徒之行宫。群臣奉梓宫归葬，不欲使国人知其处，仅葬衣冠焉（相传真陵在布尔汉噶尔丹之地。布尔汉噶尔丹在哈尔哈之汗凹拉山；或曰在阿尔太汗山后、肯忒汗山前地名衣克衣都克者。未知孰是），享寿六十有八。至元三年冬十月，追谥圣武皇帝；至大二年十一月，加谥法天启运圣武皇帝，庙号太祖。其第三子窝阔台嗣。

太祖生四子：长曰朱漆，封在天竺国，为沙徵汗；次曰察哈代，封叶尔克睦国为汗；三曰窝阔台，是为太宗；四曰拖雷，即世祖之父。

汗宽恕仁厚，深沉有大略，用兵如神，故能削平诸国，光前裕后。其勋奇伟绩甚多,时论以剳噶尔洼尔帝美之,谥曰“法天启运”,不亦宜乎!

呼必赖汗尽有中华之地,国号元,推原至此,故称元太祖。

西夏主名李安全,建国在河西之地。其子李晛,以二十二年丁亥来降。

太宗窝阔台汗

汗为清吉思汗第三子,弘吉剌忒哈吞所生。清吉思汗定西域,汗略地攻城之力居多。己丑秋八月,奉清吉思汗遗诏,大会诸王群臣,即位于克尔伦河之库德阿尔兰。始立朝仪,皇族尊属皆拜;颁大札撒(诏也);敕修孔子庙及浑天仪,以孔子五十一世孙袭封衍圣公;集中华儒臣,详定律法;置仓廪,立驿传,政事大修。印度国主、木罗夷国主皆来朝。高丽国王王瞰以其族子入质求和,许之。屡遣皇子及皇侄等伐宋,宋地日蹙。在位十三年。岁辛丑崩于乌忒古呼兰山之行宫,寿五十有六。葬起辇谷。追谥英文皇帝,庙号太宗。子库玉克嗣。

汗有宽宏之量,忠恕之心。继太祖后,能扩大其业,量时度力,事无过举,华夏富庶,羊马成群,商旅行不赍粮,时称平治。

高丽杀使者,汗因命萨里塔率师讨之,取四十余城。高丽王请降,遂分其地。后复和好。是时,已得中原之半,自燕至蜀,皆属版籍焉。

定宗库玉克汗

汗为窝阔台汗长子。母曰乃麻津哈吞,以丙寅年生汗。窝阔台汗尝命诸王西征,次阿苏境,攻围木栅山寨,以三十余人与战,汗与焉。窝阔台汗既崩,乃麻津哈吞临朝称制,凡六年。丙午秋七月,乃立汗,即位于厄尔木克兰之地。汗虽御极,朝政犹出乃麻津哈吞。在位三年,崩于萨嘛施淇,寿四十有三。葬起辇谷。追谥简平皇帝,庙号定宗。拖雷之子孟克嗣。

汗享祚不久,而是时辄遭大旱,河水尽涸,野草自焚,牛马十死八九,人不聊生。自壬寅以来,法度不一,政出多门,太宗之政至是少衰焉。

宪宗孟克汗

汗为清吉思汗孙，拖雷之子。母曰怯烈苏鲁和忒里哈吞，岁戊辰十二月初三日生汗。有黄忽答部知天象者，言汗后必大贵。窝阔台汗为藩王时，养以为子，属嘛妫哈吞育之。既长，娶呼鲁斯都女呼里察为妃。拖雷薨，乃归藩邸。从征伐，立奇功无数。戊申，库玉克汗崩，朝廷未立君者二年，中外汹汹，咸属意于汗；而议者又以为窝阔台汗尝有命，以皇孙失烈门为嗣，今失烈门固在，安得置之？诸王拔图、穆格等坚执不可，遂议定立汗。辛亥夏六月，即位于洼南河。失烈门既至，速孛里等有怨望语，谪而锢之。敕诸王不得擅发牌印，不得擅招民户及驰驵，诸司不得滥征民财。高丽国王、安南国王皆来觐纳贡。亲征中原，屡拔其郡县，抵一字城，攻战未克，以己未秋七月崩于合州之钓鱼山。在位九年，寿五十有一。追谥桓肃皇帝，庙号宪宗。弟呼必赖嗣。

汗雄毅沉断，驭下以严，宫府内外，无敢骄逸。初，太宗朝勋贵擅权，而乃麻津哈吞称制时益甚。汗凡有诏旨，必亲起草，慎重数四，然后行用，是以朝廷肃然。虽性好畋猎，而寡言渊静，不乐燕饮，不好侈靡，抑亦令主也。

睿宗拖雷实录(附)

拖雷汗为清吉思汗第四子，太宗母弟也。清吉思汗崩时，太宗留霍博之地，国事无所属，拖雷实身任之。盗贼屏息，群下咸服。后屡从太宗出征，略定中原，太宗亟称之，以为能继太祖之志。尝破敌钧州，功第一，诸侯王皆极称扬于太宗。太宗按行战地，顾谓拖雷曰："微汝，不能致此捷也。"拖雷从容对曰："此天之威，皇帝之福也，臣何功之有？其不伐如此。"太宗尝有疾且殆，拖雷祷于天，请以身代，病遂愈。拖雷北还，至阿剌哈的思之地薨，寿未至四十。妃怯烈苏鲁和忒里，子十一人，长孟克汗，其弟则呼必赖汗也。孟克汗即位，追谥曰英武皇帝，庙号睿宗。呼必赖汗至元二年，改谥景襄皇帝。

睿宗智勇天锡，谋必中，战必胜，功在社稷，而能不矜不伐，克昌厥后，配享昊天后土，不亦宜乎！

睿宗未尝陟位，以二子立，追崇为汗，故别之而实录其行事。后成宗父真金、泰定帝父甘嘛喇、武宗父答喇八喇，皆仿此。

宪宗二年，合祭昊天后土，以太祖、睿宗配享。

世祖苏图塞嗔呼必赖汗

汗拖雷第四子，母怯烈哈吞，以乙亥岁八月生。及长，仁明英睿，事哈吞至孝，尤善抚下。纳弘吉喇忒氏为妃。在潜邸时，即思大有为于天下，延四方文学之士及藩府旧臣，问以治道。孟克汗即位，同母弟惟汗最长且贤，因委以汉南汉地，军国庶事，皆谘之。数奉命出兵，开疆拓土，军法凛然，无有敢犯。己未春，会诸王伐宋，次江北。九月，亲王穆格自合州钓鱼山遣使以孟克汗凶问来告，且请北归继大统。汗曰："我奉诏南来，岂可无功遽还?"因起兵攻宋，大破之。抵鄂城，围未能下。时朝议有谋立厄里不哥者，拖雷汗第七子，汗之弟也。于是，哈吞密驰报，请速还。庚申二月，移师至燕。三月戊辰朔，至开平。群臣劝进，汗三让，诸王大臣固请。辛卯，乃即大位，建元中统。颁诏告天下，以国宜长君属宗盟推戴不得已而立之意。新政宏远，百凡更始，视先朝规模特备焉。五年改元至元，八年建国号曰"大元"。十三年平宋，尽有中国，天下大治。在位三十五年，以甲午正月二十二日崩于大都，寿八十。谥圣德神功文武皇帝，庙号世祖。陵在起辇谷。皇孙额尔济图帖木尔嗣。

汗度量宽宏，知人善任，以武功定天下，以文德致太平，安不忘危，刚能克欲，立经陈纪，所以定一代之制者，规模宏远矣。

呼必赖汗以前无建元者，故特书之。国号"大元"，取《易经》"乾元"之义。

成宗额尔济图帖木尔汗

汗世祖之孙，皇太子真金第三子，母曰弘吉喇忒哈吞，以至元二年九月生。及长，奉命征叛王合丹，平之。以真金早薨，受皇太子宝，抚军于北边。世祖崩，亲王、诸大臣遣使告哀军中，汗还上都即位。始得玉玺，诏中外。崇奉孔子，更定律令，禁作奸犯科者，赏功旌能，柔远怀迩，察各部落贫乏之主，皆以金钞赐之。各国贡献方物，天下无事。在位十三年，以丁未正月初一日，崩于大都，寿四十有二。葬起辇谷。初，年号元贞，后改大德。谥钦明广孝皇帝，庙号成宗。兄答喇嘛八喇之子库鲁克海山嗣。

汗承天下混一之业，垂拱而治，无少紊乱，可谓善于守成者矣。虽末年寝疾，凡国家政事，内则决于宫壶，外则委于宰臣，而不至于废坠者，则以去世祖未远，成宪具在故也。

御史中丞崔彧得玉玺于宋故臣之家，其文曰："受命于天，既寿永昌"，上之。赐各部落金钞，如安西王阿难答受二十万锭，宁远王阔阔出受六万锭是也，他部落受赐者甚多，未详。

裕宗真金实录(附)

真金汗为呼必赖汗嫡子，弘吉喇忒哈吞所生。中统三年，封燕王，守中书令。四年，兼判枢密院事。勤于治职，尝诣中书。乳母进新服，却之曰："我何用衣美观也?"呼必赖汗及母哈吞或有疾，既忧形于色，夕不能寝。居恒与诸臣讲求治理，惴惴恐后，呼必赖汗极爱重之。十年二月，册为皇太子。敕造东宫香殿，成，侍臣请凿石为池，真金曰："汝欲使我效'酒池肉林'故事耶?"不许。十八年，弘吉喇忒哈吞崩，自猎所奔赴，勺水不入口者累日，设庐帐居之。其在中书莅事既久，明于听断，四方州县科征、造作之役有病民者闻之，即日奏罢。臣下敬惮，中外归心。于是，呼必赖汗春秋既高，言事者请禅位于太子，呼必赖汗不悦，真金惧，未几遂薨，寿四十有三。子额尔济图帖木尔汗即位，追谥文惠明孝皇帝，庙号裕宗。

裕宗孝于亲，慈于众，制节谨度，深求治道。一时儒臣如王恂、许衡辈，咸侍讲幄，汗优礼遇之，德意未尝少衰。虽未登大位，而嘉谟懿行，已足垂裕后昆矣。

武宗库鲁克海山汗

汗世祖太子真金第二子答喇嘛八喇子，母曰弘吉喇忒哈吞，至元十八年七月十九日生。大德间，诏代宁远王阔阔出军于北边。寻封怀宁王，赐金印。成宗既崩，安西王阿难答等潜谋推伯要真哈吞称制。汗弟爱育黎拔力八达卜燕图言于太后曰："祖宗创业艰难，今大行晏驾，威灵渐远，诸王皆疏属；而怀宁王在朔方，此辈潜有异谋，变且不测，不若先事而发。"遂定计，诛诸异谋者，而遣使迎汗。汗至上都即位，赐阿难答等死。改大德十二年为至大元年，诏赦天下，免各路繁重差税三年，存恤征戍军士，凡鳏寡孤独之民，皆以时存问，蠲儒户差役，勉励学校，议贡举、政令得失，许诸人上书直陈。四方承平，各安其业。惟朝官多滥受恩赏。在位五年，崩，寿三十有一。葬起辇谷。谥仁惠宣孝皇帝，庙号武宗。弟爱育黎拔力八达卜燕图嗣。

汗当富有之大业，慨然欲兴利除害而有为，虽封爵太盛，赏赉太隆，至元、大德之政稍稍变更，要不失为励精图治之主也。

朝官滥受恩赏，如赐那木忽里等钞万二千锭，赐拙忽难等钞万五千八十八锭，诸如此类，及遥授之官不可胜记。

仁宗卜燕图汗

汗为答喇嘛八喇第三子，母曰弘吉喇忒哈吞，至元二十二年三月生。大德九年冬十月，成宗不豫，中官秉政，诏汗与太后出居怀州。所过郡县，供帐华侈，悉命撤去；严饬扈从，毋扰于民。十一年春正月，成宗崩，时武宗为怀宁王，总兵北边。汗与太后闻哀，奔赴入内，哭尽哀，复出居旧邸。左丞相阿古代等谋乱，汗执而诛之。诸王阔阔出、牙忽都等曰："太子实世祖之孙，宜早正大位。"汗曰："怀宁王，吾兄也，正位为宜。"乃遣使迎武宗即位。诏立汗为皇太子。时有进《大学衍义》者，命詹事王约等节而译之，曰："治天下，此一书足矣。"至大四年三月十八日即位。遵逾年改元之制，以至大五年为皇庆元年。谕御史大夫曰："凡大臣不法，卿等劾奏毋避，朕自裁之。"谕省臣曰："翰林集贤儒臣，朕自选用，汝等毋辄拟进。人言御史台任重，朕谓国史院尤重；御史台是一时公论，国史院实万世公论也。"诏行科举，以八月天下郡县兴其贤能，充贡有司，次年二月，会试京师，中选者亲试于廷，赐及第出身有差。谓侍臣曰："安百姓以图至治，匪用儒臣，何以至此？"敕卫辉、昌平守臣修殷比干及历代诸贤臣祠，岁时致祭。在位十年，以庚申正月二十一日崩于光天宫，寿三十有六。葬起辇谷。谥圣文钦孝皇帝，庙号仁宗。子格根嗣。

汗天性慈孝，聪明恭俭，通达儒术。尝曰："儒者可尚，以其能维持三纲五常之道也。"服御质素，不崇货利；侍皇太后，终身不违颜色；待宗戚勋旧大臣，始终恩礼;每遇有司奏大辟,辄惨恻移时;至于灾异伤民,尤必加赈恤云。

灾异如德庆路地震;巩昌陇西县山崩,压死居民;畿内大雨;香河、宝坻等县,水没民田庐,皆给粮以赈之。

顺宗答喇嘛八喇实录(附)

答喇嘛八喇汗为裕宗第二子,母曰徽仁裕圣皇后,弘吉喇氏。至元初,裕宗为燕王,顺宗生于燕邸。明年,诏裕宗居潮河。八月,召至京师。凡岁朝贺,未尝不侍裕宗以行。稍长,世祖赐侍女郭氏,其后乃纳弘吉喇氏为妃。二十二年,裕宗薨,答喇嘛八喇以皇孙钟爱两宫优其出阁之礼。二十八年,诏出镇怀州,未至,以疾召还。明年春,世祖北幸,留治疾京师,越两月而薨,年二十有九。子三人,长曰阿水哥,封魏王,郭出也;妃所生者曰海山,是为武宗;曰爱育黎拔力八达卜燕图,是为仁宗。大德十一年秋,武宗即位,追谥曰昭圣衍孝皇帝,庙号顺宗,祔享太庙。

顺宗聪敏仁孝,侍裕宗能得其欢心,世祖亦钟爱之。出镇时,行次赵州,从卒有伐民桑枣者,汗杖之以惩众,并遣臣王倚入奏,世祖大悦,以其爱民,且能断也。不王其身,王其子孙,宜哉!

英宗格根汗

汗为卜燕图汗嫡子,母曰弘吉喇忒哈吞,以大德七年二月甲子生。初,仁宗欲立为太子,汗谒太后固辞,曰:“有兄在,宜立兄,以臣辅之”。不许。延祐三年,立为皇太子。诏命百司庶务必先启太子,然后奏闻。汗谓中书省臣曰:“至尊委我以天下事,日夜寅畏,惟恐弗胜。卿等亦当洗心涤虑,恪勤乃职, 勿有隳坏,以贻君父忧。”仁宗不豫,汗夜焚香吁天,愿以身代。及崩,哀毁过礼,日啜一粥。即位后,有献七宝香带者,因近臣以进,汗曰:“朕登极以来,不闻卿等荐贤而为人进带,是以利诱朕也。其还之!”敕有司,存恤孔子子孙贫乏者。在位四年,被弑于行幄,寿二十有一。谥睿圣文孝皇帝,庙号英宗。从葬诸帝陵。甘嘛喇之子衣孙忒木尔嗣。

汗性刚明,尝以地震减膳、撤乐、避正殿。丞相拜住进曰:“地震乃臣等失职,宜求贤以代”。汗曰:“毋多逊,此朕之过也。”尝御鹿顶殿,谓拜住曰:“朕惟我祖宗栉风沐雨，戡定万方，曾有此锦衣玉食之乐耶？卿元勋之裔，当体朕怀，毋忝尔祖。”又谓大臣曰：“中书选人署事未旬日，御史台即改除之。台除者，中书亦然。今山林之士，遗逸必多，卿等不能尽心求访，惟以亲戚故旧更相引用耳？”其明断如此。然以果于刑戮，奸党畏诛，遂构大变云。

果于刑戮，如司徒刘夔，同佥宣政院事囊加台，坐妄献地土、冒取官钱伏诛之类。

泰定帝衣孙忒木尔汗

汗为世祖太子真金长子晋王甘嘛喇之子，至元十三年十月二十九日，汗生于晋邸。晋王薨，袭封，仍镇北边。成宗、武宗、仁宗之立，咸与翊戴之谋，赐誓词铁券。英宗遇弑，诸王奉皇帝玺绶，北迎汗于镇所。即位于龙居河，大赦天下。诛逆贼铁失等于大都，并戮其子孙，籍其家产。诏百世遵守世祖成宪。敕营缮不急者罢之。遣使诣曲阜，以太牢祀孔子。时天下无事，号称治平，外国殊方，毕献方物。在位六年，以戊辰八月初六日，崩于上都，寿三十有六。葬起辇谷。武宗之子拉扎巴克嗣。

泰定之世，四方治平。君臣之间，恪守祖宗之成法而不敢过，亦足称矣。

显宗甘嘛喇实录（附）

甘嘛喇汗为裕宗长子，母曰徽仁裕圣皇后，弘吉喇氏。甘嘛喇日侍世祖，未尝离左右，畏慎不妄言，言必无隐。至元中，奉旨镇北边，边境以宁。尝出征。会大雪，拥火坐帐内，顾谓左右曰：“今日风雪如是，吾与卿处犹有寒色，彼从士亦人耳，腰弓矢、荷刃周庐之外，其苦可知。”遂令饔人大为肉糜，亲尝而遍赐之。抚循部曲之暇，时命也灭坚以国语讲《通鉴》。戒其近侍太不花曰：“朝廷以藩屏寄我，事有不逮，正在汝等辅助。使百姓安业，主上无北顾之忧，乃所以报国家也。”二十六年，世祖以其居边日久，特命猎于柳林，戒饬从士，民赖以安。北还，觐世祖于上京，世祖甚慰劳之。明年冬，封梁王，授以金印，出镇云南。二十九年，改封晋王，移镇北边，更铸金印授之。明年，置内史府。又明年，世祖崩，晋王闻讣奔赴上都。诸王大臣咸在，晋王曰：“昔皇祖命我镇抚北边，以卫社稷，久历边事，愿服厥职。母弟帖木尔仁孝，宜嗣大统。”于是成宗即帝位，而晋王复归藩邸。六年正月薨，年四十五。子三人：曰衣孙忒木尔，曰松山，曰迭里哥尔不花。汗薨后十年，仁宗即位，定谥献武。又十一年，英宗遇弑，衣孙忒木尔汗以嗣晋王即皇帝位，追尊曰光圣仁孝皇帝，庙号显宗，祔享太庙。

显宗天性仁厚，御下有恩。元贞初，藩邸属守审伯年老，请以其子代之，内史言于汗，汗曰：“惟天子所命。”其自守如此，故尤为朝廷所重云。

明宗拉扎巴克呼图汗

汗为库鲁克汗长子，母曰奕乞烈忒哈吞，以大德四年十一月生。武宗入继大统，立仁宗为皇太子，命以次传于汗。武宗崩，仁宗立，议建东宫，时丞相铁特木尔欲固位取宠，乃议立英宗为皇太子，而封汗为周王，出镇云南。后英宗被弑，晋王衣孙忒木尔自立为皇帝，改元泰定。汗弟图特睦尔以怀王出居建康。泰定帝崩，倒喇沙专权自用，逾月不立君，朝野疑惧。时佥枢密院事燕特穆尔留守京师，遂谋义举。召百官集兴圣宫，兵皆露刃，号于众曰：“武宗有令子二人、孝友仁文，天下归心，大统所在，当迎立之，不从者死！”时汗方远在沙漠，猝未能至，虑生他变，乃迎汗弟怀王入京师，以正大统，固让而后即位，是为文宗。次年，迎汗，即位于和宁。谕燕特穆尔等曰：“凡京师百官，朕弟擢用者，悉仍其旧。”立文宗为皇太子，诏谕中书省臣：“凡国家钱谷、铨选诸大政事，先启皇太子，然后以闻。”是岁八月庚寅，汗暴崩，年三十。葬起辇谷。谥翼孝景孝皇帝，庙号明宗。弟图特木尔嗣。

汗孝友性成，洞达治体，从谏如流。尝谕台臣曰：“政有阙失，卿必以闻，朕不尔责。”又曰：“修德应天，乃君臣当为之事，朕未尝斯须忘于怀也。”其孜孜求治如此。享国日浅，未竟其业，惜哉。

文宗图特睦尔库萨拉汗

汗为库鲁克汗次子，母曰唐古忒哈吞，以大德八年春正月癸亥生。明宗崩于途，越四日，汗复即帝位于上都，大赦天下，节妇孝子皆旌其门。御史彻里不花等上言：“朝廷政务，赏罚为先，功罪既定，天下斯定。国家自铁特木尔等专权，纪纲已亲;泰定爵赏滥颁,尤非正理。虽曰兵兴用人甚急,然赏罚安可不严也?"汗嘉纳举行之。临御以来,六服宾贡,贞烈之受旌扬者,指不胜屈。在位五年,寿二十有九崩。葬起辇谷。谥圣明元孝皇帝,庙号文宗。兄子林亲巴尔嗣。

汗性明敏,尊儒重道,追封孔子父启圣公叔梁纥为启圣王,颜、曾、思、孟并加封公爵。立奎章阁,置学士员,日以祖宗明训、古往治乱得失陈说于前。又命以国语译《贞观政要》,镌板模印,颁赐百官。凡旌节表忠、蠲租赐赈诸善政,莫不具举。四方来享来王,诚有以感之也。

宁宗林亲巴尔汗

汗为拉扎巴克呼图克图汗次子,母乃嘛津哈吞。天历二年,封汗为鄜王。文宗崩,皇后导扬末命,申固让初志,传位于明宗之子。时汗兄拖欢忒睦尔出居于静江,而汗以文宗眷爱之笃留京师。丞相燕特穆尔请立汗以继大统。十月,即位于大明殿。遂下令蠲免民间逋欠差税课程。在位五月崩,年七岁。葬起辇谷。谥冲圣嗣孝皇帝,庙号宁宗。兄拖欢忒睦尔嗣。

汗冲龄践祚,政务咸启中宫取进止。凡学校农桑、孝义忠节、科举取士、国学贡试,并依旧制,抑亦守成之主也。惜不永其年,无所表现云。

顺帝拖欢忒睦尔乌哈哈图汗

汗为拉扎巴克呼图克图汗长子,母曰哈禄鲁忒哈吞,以延祐七年四月丙寅生于北方。至顺元年,拉扎巴克呼图克图汗哈吞八不沙被谗遇害,从汗于高丽,居大青岛中,不与人接。阅一载,移于广西静江。宁宗崩,燕特木尔请立燕特古思,文宗哈吞曰:"吾子尚幼,拖欢忒睦尔在广西,年十三矣,且系拉扎巴克呼图克图汗长子,宜立。"于是,迎汗于静江。至迁延数月,而国事皆决于燕特穆尔,奏文宗哈吞行之。及燕特穆尔死,乃定议立汗,汗遂即位。连年灾异迭见,盗贼四起,兵费不给,城邑屡陷。汗不能有所振作,颇耽音乐娱悦之物,倦于政事,中华地土骎骎乎危矣。

明兵进京城,汗率哈吞、皇子从蒙古十万众出古北口,至克尔伦河之北,筑巴尔斯城居焉。从此,遂失中华。

自元世祖大都即位以来，凡一百有八年。汗避位出京时，弘吉喇忒哈吞仓猝遗失，藏匿覆甕中，为明洪武所获。时哈吞怀娠已三月矣，默祝曰："弥月而产，势难留也；惟天悯祐，至十三月而生，乃得保全。"后果至十三月生一子，洪武以为己子，育之，此即明之永乐也（后，妃以硕为姓云）。拖欢忒睦尔汗出塞后一年崩。在位三十六年，寿五十一。子必力克图嗣。洪武以汗知命退避，加号曰顺帝。

汗之世，灾异迭见，饥馑洊臻，盗贼蜂起。三十六年之间，拯灾御患，日不暇给，而卒以亡国。有元烈祖，创基业而垂统诸，可谓艰矣；至汗而尽失中华之地，何得之难而失之易欤？天命靡常，不信然哉！

下卷

蒙古必力克图汗

汗为拖欢忒睦尔乌哈哈图汗之子，嗣父位，抚有众蒙古部落居之，在位九年崩。弟乌萨哈尔嗣。

乌萨哈尔汗

汗在位十年崩。汗生三子：长曰恩克酌力克图，次曰厄尔白克尼古勒苏克漆，三曰哈尔古察克都楞忒睦尔欢台吉（宗室）。长子恩克酌力克图嗣。

恩克酌力克图汗

汗在位四年崩。弟厄尔白克尼古勒苏克漆嗣。

厄尔白克尼古勒苏克漆汗

汗素疑其弟哈尔古察克都楞忒睦尔欢台吉，其臣威勒忒郭海太尉乘间谮杀之。时哈尔古察克都楞忒睦尔欢台吉之妻额尔济图瓜必济，以其夫死于谗也，每思报复而无其间。一日，汗往猎，必济计诱郭海太尉至其室，醉以酒，卧之寝所而裂其帷，更自毁容乱发，亟使多克身锡拉驰报汗。汗未归而郭海太尉醒，见身卧必济所，知堕计，遂奔去。及汗归，必济愬以郭海太尉酗酒强奸弗从、横肆殴辱状。汗怒，乘马追而欲杀之。太尉弯弓射汗，中指，汗擒斩之而解其皮以示必济。必济刮其膏而啖曰：“夫仇不共戴天，食其肉，甘心也。今幸如愿。我虽一妇人，夫仇已报矣！”汗闻之，知枉杀太尉，赐其子巴图拉“丞相”号，妻以萨睦尔公主，命掌四威勒忒。

继而威勒忒努克漆哈什哈率兵来犯，遂弑汗。汗在位六年。努克漆哈什哈纳额尔济图瓜必济为妻，未几，生一子，名阿斋，努克漆哈什哈育之如己子。

阿苏忒部童子洼格得勒库者，为威勒忒所虏，给巴图拉丞相厮役，使负筐拾粪，易其名曰阿鲁克台，盖取筐名“阿鲁克”也。其后，努克漆哈什哈杀巴图拉丞相，聚威勒忒会盟。阿鲁克台道遇自盟所归者三人，问何盟，三人小之，戏答曰：“议奉阿斋台吉即汗位，以阿鲁克台为太师。”嬉笑而去。阿鲁克台即置筐于地，仰天祝曰：“是非若辈之言，天命之矣。我小人耳，安望贵显？而阿斋，则汗之子也。天鉴此言！”乃南向叩首。

未久，努克漆哈什哈殁。其子厄塞库自称为汗，纳巴图拉丞相妻萨睦尔公主为妻。以额尔济图瓜必济及其子阿斋台吉、阿苏忒部阿鲁克台俱为奴。

衮忒睦尔汗

汗为厄尔白克尼古勒苏克漆汗之子，抚集余众，即汗位。在位三年崩。其弟额尔济忒睦尔嗣。

额尔济忒睦尔汗

汗在位八年崩。子他尔巴克嗣。

他尔巴克汗

汗在位五年崩。宗室台吉阿嗣。

阿台汗

汗为清吉思汗第二弟哈卜图哈萨尔之后，以他尔巴克汗无嗣，汗据蒙古国即位。其间威勒忒之厄塞库篡位十一年，死。萨睦尔公主念努克漆哈什哈夙仇，因令额尔济图瓜必济、阿斋台吉、阿鲁克台匿之蒙古国母家，且嘱之曰：“厄塞库已殁，威勒忒乱，誓师而来，会可图也。”三人至蒙古，具告汗。汗曰：“善。”封阿鲁克台为太师。汗与阿斋台吉、阿鲁克台太师统兵伐威勒忒，大破之。虏巴图拉丞相之子帕

克木，阿鲁克台太师以为奴，卧锅下，呼为拖欢。“拖欢”者，锅也，盖报其前曾呼己为阿鲁克台也。

厥后，萨睦尔公主至自威勒忒，挈其子拖欢归。拖欢既至威勒忒，谋于众曰：“蒙古散乱，当兴报仇之师。”其母曰：“小子勿多言！辱可忍耳，念前仇何为？”弗听。率众四万来犯，遂弑汗。汗在位十三年。

时拖欢欲自立为汗，乘伊拉斯（马名）黄马至清吉思汗陵寝，绕园林数匝，以刀砍壁曰：“咄咄清吉思陵寝，若是其尊显乎？余苏太后，不汝弱也。”蒙古、威勒忒诸臣劝阻曰：“不可，此圣主不特蒙古君，天下主也。汝当叩首谢罪求免。”拖欢曰：“余行将伐彼也，何以谢为？今众蒙古皆已属我，我欲法古人君陟位之制，称汗于陵前。”设宴，将成礼，忽闻寝壁间矢声簌簌然，其从者见所悬矢箙中一矢摇动。拖欢忽中心如焚，解衣视其背，则矢伤宛然，回视摇动之矢扣镞，血痕狼籍焉。见者莫不骇异。拖欢将死，嘱其子厄僧曰：“我获罪清吉思汗神灵以致此。今仇皆已翦除矣，惟蒙古孟库贝在耳，汝其图之！”嘱毕而绝。孟库贝者，阿鲁克台太师弟也。前拖欢为奴时，阿鲁克台之妻格勒尔阿哈念拖欢为公主之子，颇怜之。一日，为其理发，孟库贝曰：“与理其发，毋宁断其吭耶！”拖欢啣之。至是，拖欢子厄僧自称太师，率蒙古、威勒忒之众伐明，先擒杀孟库贝以狗于众。兵自大同入，大歼明师，掳其君正统以归，付阿苏忒阿里麻丞相监守之。阿里麻丞相名正统为穆呼儿小厮，配以侍女名穆鲁丫头，生一子名大哥子。迨后正统回国，留其子于威勒忒。今阿苏忒他尔拜他布囊、镶黄旗蒙古旗下阿达哈哈番班珠尔塞楞等，即其后也。

厄僧兵还，下令勿泄掳正统事于其母，泄者斩。乃入见其母，母曰：“汝得毋获明国之君乎？”厄僧诘之，乃知为永奢布布库苏尔孙告之也。怒其言泄，斩布库苏尔孙。由是，蒙古、威勒忒之众莫不寒心，曰：“厄僧太师师出斩一人，师还斩一人，嗜杀如此，人何以堪？”后蒙古之人咸怀旧君，渐次逃去。

阿斋台吉生三子：长曰太嵩台吉，次曰阿巴喀尔津，三曰满都古尔。至是，太嵩台吉即汗位。

太嵩汗

汗即位后，赐其弟阿巴喀尔津“济农”（亲王）号，志切复仇，岁修武备，练兵卒，养精蓄锐，兄弟三人合兵伐威勒忒。至明干哈拉图，遇威勒忒兵，两军列阵，各选一勇士挑战，以决胜负。蒙古军中有吴鲁忒部之勇士寿苏忒者，能长刀破阵，威勒忒军中有卜拉忒部之勇士归林漆者，能挽强命中。此两人虽各事其主，平日相得甚欢，曾于宴饮间预筹之曰：“我两国有事，必以我二人为首，将奈何？”归林漆曰：“我善用长，君善用短，各自为计可也。”已而，果以此二人挑战。寿苏忒裹两层坚甲以待，谓归林漆曰：“君远来，请先。”归林漆张弓射之，矢洞复甲伤肤，几坠马。乃回刃砍归林漆，自顶直下，划然两开。两军合战，至晚，各收军列营。威勒忒之众惧，欲谋降，忒楞古斯部之阿卜都拉色臣曰：“蒙古国好信间言，请往说之，事成，酬我以爵；死，则愿善抚我妻子。”乃至蒙古营。素知阿巴喀尔津济农之愚也，入其帐，给之曰：“威勒忒愿专事君，君若与君兄弟分我国，则我国宁死于战也。”济农信之，与威勒忒合，将倒戈，逐其兄。济农之子哈尔古察克谏曰：“谚有之：‘附外者亡，附亲者昌。’敌人之言不可信，不若乘其不备而袭之。”弗听，夜使使至威勒忒谋定，诘旦会战，汗败走，由肯忒山渡克尔伦河，至郭尔罗斯部，遇彻布登，即其所出阿尔他噶尔津哈吞之父也。念出女之仇，欲弑汗，哈吞曰：“是皆我之过也，彼博尔济锦氏，当危迫之秋而保全之，后必有利焉。”弗听，弑之。汗在位十四年，威勒忒之众将奉阿巴喀尔津济农称“汗”号，宴之，具两帐，而后帐下置陷坑，掩以毡，伏甲，以度曲高声为号。济农往，威勒忒请济农之从者，每两人为一起，依次入帐犒酒，未入者唯闻帐下度曲声，而济农及侍卫七十七人，旗兵六十一人，皆已入陷坑矣。济农之子哈尔古察克台吉俟于外，久之，不闻音耗，使其舅衣那克格勒往探之，阒无其人，惟见帐下流血。因急告，哈尔古察克台吉率衣那克格勒逃去。威勒忒之厄僧太师率勇士三十人追之，至哈尔哈山岩，追及。哈尔古察克台吉弃马踞峰顶，威勒忒之西尔把克把图鲁土尔根披重甲由仄径登，衣那克格勒自上射之，俱颠。土尔古忒部之彻勒克土尔根裹三层坚甲，挺枪而登，哈尔古察克台吉射以黄羊角矢，洞胸而出有声，遂仆，其从者亦颠仆。至夜，两人突围而出。衣那克格勒劫厄僧太师之布古拉哈布萨克奇萨里西尔哈良马，哈尔古察克台吉乘骣马，射得一麀为粮，遁去。念托克穆克君国朱漆之后，我宗也，往依之。居于托克穆克阿克孟克巴颜家，而使其舅衣那克格勒往威勒忒探厄僧事，并访栖栖克必济，如未适人，乘隙挈来之。栖栖克必济者，哈尔古察克台吉妻，厄僧女也。

阿克孟克之弟雅克师孟克尝谓其兄曰："吾观哈尔古察克台吉之目，非长者也，宜杀之。"不从，更妻以女。一日畋猎，围逐黄羊十一，哈尔古察克台吉发矢，连殪其九。雅克师孟克愈忌之。再合围，众争逐兽之顷，雅克师孟克佯为逐禽，射杀之。

衣那克格勒出使威勒忒，道闻厄僧已称"汗"号，栖栖克必济尚未适人。往见必济，无计挈之行，遂返。至雅克师孟克马群，闻其主已见杀，因杀其牧马者而尽驱其马，投栖栖克必济。

先是，哈尔古察克台吉逃出时，栖栖克必济已怀孕七月，其父厄僧欲令改适。必济曰："吾夫尚在。"誓死不从，厄僧无如何也。及弥月，生一子，厄僧使阿巴布尔吉往视，且嘱之曰："女则留之，男则杀之。"阿巴布尔吉至，欲观其子，必济觉之，拽儿阴向后，绐之。阿巴布尔吉返，厄僧疑未释，令复视。比阿巴布尔吉之返也，必济遂以其儿易察哈尔呼拉必斯妇厄退之女，置寝所以待。阿巴布尔吉复至，启衾视之，果女也，遂返命。必济往愬于曾祖母萨睦尔公主曰："我父不能忘情于我子也，数使人探视，我易以他人之女，仅而获免；今舅氏衣那克格勒已归，畏我父，匿于我所，将奈何？"萨睦尔公主命取其子至，名之曰巴颜孟克，使娑龙古斯部桑古尔代之妻哈拉克亲太卜津育之。语其孙厄僧曰："衣那克格勒至，汝杀之否？"厄僧曰："将食其肉而饮其血也。"公主曰："若其杀哈尔古察克而来，则若之何？"曰："诚若是，则宥之。"公主令衣那克格勒见厄僧，曰："我已杀哈尔古察克台吉，截其辫发，并其乘骑萨里西尔哈马为验，敢请命。"厄僧果宥其死，而名之为厄劣那克楚。"厄劣"，鹰名也；"那克楚"，舅也；鹰性善戕物，故以名之。

厄僧既贼有蒙古国，使人召寿苏忒巴图鲁。寿苏忒从三十人来，只与十人入公馆，厄僧使乌尔辉墨尔根皆执杀之。

一日，有威勒忒国人获一鹰，拟命其名而未定。一裸身童子至，曰："是鸟也，

巨嘴阔掌，锐尾垂胸，盖他斯哈里雕之子哈济尔得尔白忒也。”其人具以其言告厄僧，厄僧曰：“我向日捕寿苏忒巴图鲁之子而未得，此或是欤？”大索之。娑龙古斯部桑古尔代之妻哈拉克亲太卜津闻之，藏巴颜孟克于锅中，覆以马粪，而以其所生之子示使者。使者不察，去其衣，将缢杀之，其从者止之曰：“曩所见之童子，目炯炯，背若兔然，此非是也。”释之而去。太卜津谓巴颜孟克曰：“势不能育汝于此矣，行人或诘之，则云系本威勒忒，父母殁于兵，我年尚幼，父母之名俱不能记忆也。”训毕，遣去。巴颜孟克途行，过威勒忒之伊拉朱巴颜家，叩其姓氏，行在安往？巴颜孟克以太卜津所训答之。伊拉朱巴颜以为威勒忒裔也，留之，且善抚焉。后厄僧又闻之，必欲杀之而后已，萨睦尔公主怒曰：“汝能必其成立报仇乎？此子，我曾孙女所出，亦汝甥也；拖欢在，决不至有今日也。孙子固当若是耶？”厄僧默然出，曰：“我欲绝博尔济锦氏而格于祖母，将不使之闻而杀之也。”衣那克格勒厄劣那克楚知之，以告萨睦尔公主。公主欲送巴颜孟克避之蒙古国而难其人，衣那克格勒厄劣那克楚曰：“有威勒忒之倭格德台布者，自十三岁从军，即奋勇登先，懋著劳绩而厄僧不加怜爱，其心不平，往试之何如？”遂往告倭格德台布曰：“哈尔古察克之幼子，栖栖克必济所生也，厄僧将谋杀之，公主欲送之蒙古而难其人，汝欲建大功，盍请于公主而送之？将世世子孙为蒙古之元勋矣，不仅及身而已也。”倭格德台布往见公主，请行，公主大悦。遂遣倭格德台布及蒙古哈拉克亲部之博雷太师、萨尔他古尔部之巴颜代墨尔根之共嵇、拉忒部之厄塞雷台布，从巴颜孟克逃去。厄僧闻之，使阿巴布尔吉、衣那克格勒厄劣那克楚等追之，未及，阿巴布尔吉以其所乘之赭黑良马与衣那克格勒厄劣那克楚，曰：“汝乘此速追之，能夺之归，土地人口并牧马之群，非所爱也，以酬汝。”衣那克格勒厄劣那克楚遂行。倭格德台布等见追者至，弃巴颜孟克而奔。衣那克格勒那克楚挈之马上，追及倭格德台布等，付之曰：“此子，尔何弃也？汝等何为而去乎？”故为对射状而去。衣那克格勒厄劣那克楚俟其后队追至，指地下遗镞示之，众遂不疑而返。倭格德台布等逃至无良汉之呼图克少师处，呼图克少师曰：“此子暂止我所，将归其宗社焉。”比及巴颜孟克既成立，呼图克少师以其女师克尔妻之。

其后，威勒忒右营之阿拉克忒睦尔丞相、左营之哈滩忒睦尔请于厄僧曰：“君今已正汗位，太师之号当以见赐。”厄僧曰：“意欲得此乎？已赐吾儿矣。”二人出曰：“破蒙古、即汗位，微我二人之才勇与阿布都拉色臣之智不及此，今惟汝父子独享之乎？”纠兵攻之。厄僧逃去，妻子赀畜俱被掳。厄僧孤身忍饥逃窜，过布库苏尔孙之家，求饮解渴。布库苏尔孙之妻谓其子曰：“此人貌似厄僧，我父仇也，汝其图之！”其子布衮等兄弟九人执杀厄僧，以其尸骨暴于枯魁汉岭之树而风化焉。

墨尔古尔格思汗

汗，太嵩汗之子，萨睦尔太后所生，七岁即汗位。萨睦尔太后欲复仇，征威勒忒国，合马步牛队为一军，太后亲佩刀。汗时方幼，以箕载之而系于驼上。军行至枯魁札布堪地，与威勒忒战，破其众，掳获甚多。因汗系于驼，故号曰乌克克图汗。师还，方在安抚蒙古国事之际，噶初古之后七土默特部多和伦台吉弑汗。在位一年。

摩伦汗

汗，太嵩汗之子，先被出阿尔他噶尔津哈吞所生也。哈吞出时，汗甫三岁，随母归；及外祖彻部登死，居郭尔罗斯部之库部七尔家，给使令之役。适其部落疫灾流行，命卜之，卜者曰：“其有干于博尔济锦氏欤？”众是其言，令克穆齐古忒部之他哈太台布，郭尔罗斯部之摩罗代送汗至毛礼海王所。毛礼海王者，布库博尔格太之后，素有功于蒙古者也。其属下之大臣，咸欲尊之为汗，毛礼海王誓不可。及汗至，即以己所乘之魁苏图黄马与之乘，而加金顶于其冠，引之至清吉思汗陵寝前，叩首即汗位。

其后，鄂尔多斯部之孟克、和拖布哈谮于汗曰：“毛礼海王将谋叛，兵即至矣。”汗弗听，使往验之，毛礼海王方行围，使者见所扬之尘，误以为兵，复命，汗率兵迎战。而孟克、和拖布哈先密驰报毛礼海王曰：“汗欲杀汝而并汝国，兵已发。”毛礼海王初犹未信，及登高望之，果然。乃仰天奠酒，呼太祖汗而祝曰：“臣于圣裔，可谓忠矣。今圣裔反欲杀臣，我二人孰是孰非，神灵昭鉴！”祝毕，叩首，披甲上马。念众寡不敌，分兵三百与其弟扎尔古漆，伏左右而自与汗战。伏发，汗败北，被杀。在位二年。博尔博克部之巴颜厄尔伯格尔从战被擒，众欲斩之。毛礼海王曰：“为

主尽力，良臣也，善遇之，安心不尽力于我乎？”宥之。巴颜厄尔伯格尔即于汗死所，以所佩刀掘土瘗之。蒙库尔德哈吞哭曰：“惜哉！大业倾颓，非谗人孟克、和拖布哈讵至此乎？”毛礼海王闻之，亦为惋惜，乃执孟克、和拖布哈断其舌而杀之。

满都古尔汗

汗，阿斋台吉之第三子，太嵩汗之异母弟也。先是，太嵩汗、阿巴喀尔津济农遇害时，汗居阿苏忒山。摩伦汗被弑无嗣，汗部下大臣俱以舍汗无人嗣位，固请允之，即位于哈忒呼兰太山。汗有二女，一为博罗克亲公主，适威勒忒伯格尔僧；一为厄忒格公主，适蒙古车库忒部之和硕他卜囊。汗欲为其兄之子墨尔古尔格思汗复仇，发兵征七土默特之多和伦台吉，杀之，尽收其众。时无量汉之呼图克少师送巴颜孟克并其从之人至，汗大悦，封巴颜孟克为“博尔呼济农”号，以继博尔济锦氏之祀。汗又为摩伦汗复仇，征毛礼海王，使吴鲁忒部寿苏忒之子乌纳博罗忒将兵焉。毛礼海王闻之，遁走。乌纳博罗忒追至乌灰尔之野，先获其子弟七人，枭首以殉，因名其地为“多罗忒拖罗海”。毛礼海王孤身窜至空圭扎布堪山峪，结茅以居。乌纳博罗忒追获，杀之。

是时，汗抚有六万众蒙古，与巴颜孟克博尔呼济农共治其国焉。有洪和赖者，谗于汗曰：“巴颜孟克博尔呼济农欲谋逆而娶衣克哈巴尔图仲根哈吞。”汗不听，使人告济农。济农大惊曰：“谗言出自谁口？是可诛也！”使者反命，汗怒，断洪和赖之舌，杀之。厥后，永奢布之伊思满太师，亦谗人也，谓汗曰：“惜乎，枉杀洪和赖，其言不诬。”复往告济农曰：“洪和赖之祸发矣，汗将杀汝。”济农疑之，伊思满太师曰：“探汝之使，行即至矣，犹不之信耶？”出，使者适至。济农疑其探己也，对使语颇不逊，遣之去。汗闻而大怒，令伊思满太师将兵讨之，济农从二人逃去，伊思满尽收其众。巴颜孟克博尔呼济农逃至其姑博罗克亲公主处。公主留之，秘不使其夫伯格尔僧知，微以言探之，其夫语甚严厉，留之恐被害，遣去。济农行至永奢布界，遣从者往探音问，伫立俟之，遇克列、察罕、忒穆尔、孟克、哈拉把太，欲得济农金带，不与，遂杀之。济农有子曰巴图孟克，与巴尔哈津部之巴海育之。及满都古尔汗在位五年崩，无嗣，巴图孟克即位。

巴图孟克太衍汗

汗自幼育于巴海家，有失调护，得痞疾。汤古忒图勒格尔之子忒睦尔哈达克等昆弟七人谓巴海曰："此子宜善抚之，否则与我。"弗与，夺之去。忒睦尔哈达克之妻鄂云达尔日以银盌盛驼乳摩其患处，至银盌穿，痞下如萍者七枚始愈。后即位，欲报先世之仇，征威勒忒国。步卒牛军先三日启行，汗同满都海赛音哈呑亲统骑兵，使克式克滕部之阿来通开道，至忒思布尔都之地，与威勒忒战，大胜之，服其四万威勒忒。下令威勒忒国士将：嗣后，房舍不得称殿宇，冠缨长不得过四指，居常许跪不许坐，食肉许啮不许割，改"乌苏克"（酸奶）之名为"扯格"。其部众以食肉用刀跪请，许之，余悉如令。威勒忒至今犹奉行焉。

兵还，命郭尔罗斯部托和齐少师等将兵征伊思满太师，即前此满都古尔汗前谗害巴颜孟克博尔呼济农者也。拖和齐少师诛伊思满太师而纳其妻郭罗代焉。

满都海赛音哈呑初生图鲁博罗忒、乌鲁思博罗忒，次生巴尔思博罗忒、阿尔思博罗忒，次生鄂齐尔博罗忒、阿尔出博罗忒，最后生阿尔博罗忒及图鲁尔图公主，皆一母焉。汗又娶无量汉呼图克少师之孙女苏睦尔哈呑，生格勒三扎、格勒；娶威勒忒孟格里阿噶尔古之女库绥哈呑，生噶鲁帝台吉、五巴三察青台吉。共十一男一女也。

汗夙仇皆已雪灭，大赉勋臣，皆赐以"代达尔汉"之号焉。

右翼鄂尔多斯图扪哈拉克坦部之拜音珠呼尔达尔汉、永奢布布列雅忒之朱尔噶代墨尔根、土默特毛名鞍之多和伦阿噶尔古三大臣，请于诸皇子中封一"济农"，出镇三藩。汗封次子乌鲁思博罗忒济农，掌右翼三万众。时永奢布之义巴来太师、鄂尔多斯部之满都赖阿噶尔古谋曰："封一主至，则我等不克自专主矣，乘此杀之。"便谋定，使石包沁部之必尔珠麻尔伺隙图之。乌鲁思博罗忒至，循"济农"受封故事，诣清吉思汗寝庙行礼，未至而必尔珠麻尔伺于途，冒指其所乘马为己马，执靮阻行。乌鲁思博罗忒以刃加其首曰："汝未终语而义巴来太师、满都赖阿噶尔古即怒曰："汝甫至，即伤及无辜，自兹以往，我族应无遗类矣。"群起而攻之。拜音珠呼尔达尔汉止之曰："请于汗而封之，及其来而杀之，蔑视其君，理乎？戕君之子，必受天刑。”弗听，擐甲率兵至，一人当先，乌鲁思博罗忒击倒之，转战间，叛兵大至，乌鲁思博罗忒中箭死。

汗闻震怒，统大兵自翁衮进剿，义巴来太师等率右翼三万劲兵抗战于达兰图鲁地。鄂尔多斯之拜音珠呼尔达尔汉等七人归命助战。汗之第三子巴尔思博罗忒从勇士四十人，自土默特军中突围出，复从鄂尔多斯军后掩杀而入。鄂尔多斯之孟克图克齐引其青纛来降，巴尔思博罗忒遂掩白纛及树青纛于军诱之。鄂尔多斯咸至，悉歼其众；永奢布之众杀降过半，逃者追至青海，收服之。追杀满都赖阿噶尔古于那亲猜达摩之地，改其地曰“阿噶尔古猜达摩”。追杀义巴来太师于哈密城。右翼三万皆平。巴尔思博罗忒行间懋建奇勋，封“济农”，命抚右翼。

后无量汉之格塞丞相、哈拉呼拉又叛，汗复亲剿灭之。乃以无量汉之众分附众部落而灭其所有图扪之名。于是治定功成，修明国政，与众部落同享太平矣。汗在位七十四年，寿八十而崩。

长子图鲁博罗忒先卒，长孙钵帝阿拉克即汗位。次子乌鲁思博罗忒无嗣。三子巴尔思博罗忒封“济农”，掌右翼三万众。四子阿尔思博罗忒掌七土默特。五子鄂齐尔博罗忒掌察哈尔之八克式克滕。六子阿尔楚博罗忒掌五喀尔喀。七子阿尔博罗忒掌察哈尔之鄂齐忒。八子格勒三扎掌北七劄来尔喀尔喀。九子格勒掌察哈尔、敖汉、奈曼。十子噶鲁帝台吉无嗣。十一子五巴三察青台吉掌阿苏忒、永奢布。图鲁尔图公主适扎鲁特部伯苏忒达尔汉他卜囊。

钵帝阿拉克汗

汗为巴图孟克大衍汗之长孙，图鲁博罗忒之子。即位后，科尔沁之巴图鲁摩罗钗告汗曰：“右翼三万暴虐性成，盍讨灭之，以其所属分附左翼三万。”汗从之。将发兵，母察哈章太后止之曰：“不可。昔尔祖大衍汗征右翼三万于达兰图鲁时，科尔沁之乌尔图海王奏曰：‘此三万之众群居萃处，后世必为子孙忧，请以察哈尔、鄂尔多斯两国汇居一处，而以永奢布分居科尔沁，以十二土默特分摄十二喀尔喀。’祖曰：‘杀我乌鲁思博罗忒者，义巴赉太师、满都赖阿噶尔古也，诛之已矣。右翼三万之众何与焉？’悉宥之。昔四十万蒙古所存，仅此六万耳；今若毁之，何恃以立国？祖有明训而违之，是废先人之业也。且吾闻之，巴尔思博罗忒长子衮必力克库墨力墨尔根哈拉济农之子布扬古里都拉尔代清，遇敌猛勇，不俟裹甲，万夫不能当；墨尔根哈拉济农之二弟阿尔坦之子僧哥都楞忒睦尔，能跃驼峰而上；墨尔根哈拉济农之孙呼图克台塞臣台吉，知未来事；博尔格代棚台吉从狐射其尾，次第皆中；其弟卜尔师哈坦巴图鲁累铁锸三重，射之没羽；其技能如此，能必其可灭乎？苟灭之不能，如国事何？”汗从母言，罢之。在位四年崩。子他赉孙嗣。

他赉孙阔通汗

汗即位后，王道恢宏，人民安辑，往谒清吉思汗寝庙，与右翼三万讲信修睦。回时，巴尔思博罗忒之次子阿尔坦迎之，请于汗曰：“列祖受命以来，辅弼之臣皆封以矢韬之尊号。臣仰蒙圣眷，得以此号宠赐，将竭力以图报也。”允之。时阿尔坦居归化城，自称“格根汗”，兵车四出，掳威勒忒国，收图伯特国，东界阿摩力，西取赖古尔，屡入明边界，掠其郡县，明隆庆岁输金帛，称“遂王汗”。在位八年。子图扪嗣。

图扪扎萨克图汗

汗尊信噶尔嘛喇嘛佛教，政教并行。掠明边。朱尔漆忒、纳里古忒、搭吉古尔咸纳贡臣服焉。在位三十五年崩。子布衍嗣。

布衍塞臣汗

汗安抚部众，治理平康。威勒忒送玉玺至，先世所失物也。在位十一年崩。孙林丹嗣。

林丹呼图克图汗

汗，布衍塞臣汗之长孙，莽古思墨尔根台吉之子也。自巴图孟克大衍汗以来，国家承平日久，汗废弛政事，恣肆欺凌宗族，扰乱四国。率其倾国之众，亲征图伯忒，西行至西拉他拉，崩。在位三十一年。

自清吉思汗至林丹呼图克图汗，凡三十二汗，二十二世，四百九年。

林丹呼图克图汗之苏台哈吞、囊囊哈吞挈其子额遮洪郭尔、阿卜乃台吉，奉丧归国，至阿尔坦厄墨格尔之地驻焉。次日启行，时欲奉嘛哈噶拉佛载于驼，忽尔沉重不能举，两哈吞向佛顶礼而祝曰："自我祖宗以来，敬谨奉佛，今我等当危急之秋，未知所向，仗佛慈悲，指示去留。"诘旦视之，佛忽面东，盖平日皆南向也。哈吞等曰："东行吉。"至托里莽堪，遇太宗皇帝钦命妥抚招安之，四大臣、哈吞等遂降。奉传国玺并嘛哈噶拉佛进之，太宗皇帝命建黄寺于盛京，佛仍东向供奉焉。封额遮洪郭尔亲王，尚国长公主，无嗣。阿卜乃台吉亦封亲王，尚公主，生卜尔尼罗卜藏，居察哈尔，后叛，征灭。林丹呼图克图汗之后裔，自此遂亡。

※　※　※　※　※　※

巴图孟克大衍汗长子图鲁博罗忒之后：今乌朱睦亲两旗，霍齐忒两旗，苏尼忒两旗之王、台吉及镶黄旗察哈尔台吉，内大臣（校者注：康熙十四年任，二十一年休）寿师忒，内大臣阿猷，正白旗子爵散秩内大臣绰尔济等是也。

巴图孟克大衍汗三子巴尔思博罗忒济农之后：今鄂尔多斯六旗王、台吉，土默特贝子哈穆哈巴雅思呼郎图一旗，归化城土默特台吉诺尔布、根都拉式等，及喀喇沁汉阿海、布衍阿海、阿拜诺音，正黄旗喀喇沁贝勒拉式奇布额驸，镶红旗喀喇沁贝勒必拉西额驸，子爵必力克南地乌尔图那苏图，正蓝旗喀喇沁贝勒代达尔汉布尔噶都额驸，贝子卓尔璧，头等伯、副都统索诺穆拉式，副都统巴雅尔图索诺穆，都统罗密，副都统关保，三等子、副都统济昌，镶蓝旗副都统班第等是也。

巴图孟克大衍汗第五子鄂齐尔博罗忒之后：今克西克滕一旗台吉噶尔弼等是也。

巴图孟克大衍汗第六子阿尔出博罗忒之后：今巴林两旗，扎鲁忒两旗，敖汉一旗，奈曼一旗王、台吉；公吉拉；及镶黄旗尚书（校者注：康熙二十二年任，二十九年休）阿拉尼；侍郎（校者注：康熙四十年正月任，四十八年十二月休）绰可托；内大臣、步军统领阿济图（校者注：雍正三年正月任，十年四月退）；蒙古世封巴岳忒贝子隶正黄旗满洲尚国长公主、原封三等奉义公恩格德理；领侍卫内大臣（校者注：顺治九年十二月任），銮仪卫总理大臣（校者注：四月任，十六年四月休）公额尔克代青；内大臣（校者注：康熙九年任）、工部侍郎、伯囊努克；领侍卫内大臣阿尔泰；散秩大臣（校者注：康熙二十八年任，三十八年卒于官）拉尔泰；内大臣、都统扎克丹；护军统领（校者注：康熙二十一年十一月任）、銮仪卫总理大臣（校者注：二十三年三月任）、正黄旗蒙古都统（校者注：五十五年任）、领侍卫内大臣（校者注：雍正四年十月任，七月卒于官）、伯四格；散秩大臣（校者注：乾隆九年任）镶蓝旗蒙古副都统（校者注：十三年闰七月任）、历任天津都统（校者注：二十五年十二月任）、一等奉义侯（二十七年八月转京任）英泰；内大臣噶尔萨（雍正五年五月任，十年九月退）；杭州副都统和尔敦；四川总兵博尔和；三等侍卫襄善保；参将佛保；子爵、勋旧佐领特通阿；佐领穆通阿；轻车都尉爱隆阿；骑都尉兼佐领福广；二等侍卫（校者注：四十六年四月任）、侍卫班。公中佐领、一等侯安临等是也。

巴图孟克大衍汗第八子格勒三扎之后：今喀尔喀三汗王、台吉是也。

巴图孟克大衍汗第九子格勒博罗忒之后：世封乌鲁特之隆诺音；贝勒吴班；贝勒齐伦（校者注：康熙九年五月初六日奉敕追封）；原封二等伯、追赠一等恭诚侯（校者注：乾隆十五年七月三十日持旨赠）、贝勒明安；内大臣、三等男、赐号达尔汉（校者注：天聪五年）和硕齐昂洪；都察院左侍郎（校者注：崇德三年任）、三等子多尔济；内大臣绰尔济；内大臣、二等伯郎苏；领侍卫内大臣（校者注：顺治九年任，十四年九月卒于官）鄂齐尔；散秩大臣、北路军营参赞大臣、都统图喇；内大臣、前锋统领巴图；鹰鹞处总管、子爵保住；三等子爵、勋旧佐领佛祐；领侍卫内大臣、北路军营副将军，护军统领、侯马兰泰；散秩大臣、护军统领、正蓝旗蒙古都统、侯博伦岱；侍卫什长德裕；三等侍卫德宁；三等男永德；广西南宁府知府、壬申科举人出身德坤；大理府参将永昌；辛卯科举人德昶；散秩大臣（校者注：四十八年二月初一日任）、广州都统（校者注：四十八年二月十四日由镶黄旗汉军副都统转）、侯博清额；佐领祥泰，及正蓝旗伯黑达色；杭州将军扎穆扬；西安将军宗扎布；礼部侍郎罗瞻；刑部侍郎刘祥；广州都统兼勋旧佐领（校者注：四十一年八月十八日任，四十八年二月十四日转京口任）文堂等是也。

清吉思汗第二弟哈卜图哈萨尔之后:今科尔沁十旗,阿鲁科尔沁一旗,乌喇忒三旗,毛名鞍一旗,四子部落一旗之王、台吉是也。

清吉思汗第三弟鄂初古之后:库尔鲁忒部落之台吉是也。

清吉思汗第四弟噶初古之后:今翁牛忒两旗王、台吉;哈拉齐里克公索诺穆及镶黄旗副都御史多尔济达尔汉诺音(较者注:崇德三年七月任,顺治四年承政总宪任,五年卒,《通志》作诺颜,误);正白旗内大臣塞尔格克和硕齐(康熙十二年任,二十年十月卒于官)等是也。

清吉思汗第六弟布库博尔格忒之后:今阿巴噶两旗,阿巴噶那尔两旗王、台吉是也。

巴图孟克大衍汗第三子巴尔思博罗忒济农生有七子,长曰衮必力克库黔墨尔根哈拉济农,原封鄂尔多斯部落,今鄂尔多斯六旗王、台吉是其后也。次子阿尔坦格根汗,在土默特部落为主,今土默特贝子哈穆哈巴雅思呼图朗及归化城土默特台吉诺尔布、根都尔师等是也。三子拜思哈尔赛音和托郭尔坤都伦代青汗,在喀喇沁部落为主,其后喀喇沁之汗阿海、布颜阿海、阿拜诺音台吉等是也。喀喇沁其名有三:其汗之子孙台吉,则为西拉努忒喀喇沁;其故旧勋戚之裔,则为博罗努忒喀喇沁;其各处俘降,则为哈拉努忒喀喇沁。四子拉布克诺音,在倭格新部落为主。五子和济格尔诺音。六子捺林诺音,在察罕他他尔部落为主。七子博济达拉诺音,在永奢布部落为主,其子孙世居哈尔哈。

喀喇沁之拜思哈尔塞音和托郭尔坤都伦代青汗生六子,长曰拜浑代,次曰代青,三曰萨赉,四曰宾图,五曰鄂托浑出库尔,六曰倭哲忒。

萨赉生阿拜。阿拜生二子:长曰绰克图,次子布尔噶都。绰克图生卓尔璧。卓尔璧生三子:长子参领博勒,次子护军参领查穆颜,三子关东。博勒生二子:长子二等侍卫达赉,次子佐领劳桑。达赉生二子:长子副都统素诺穆,次子都统罗密。劳桑生七格。查穆颜生四子:长子轻车都尉班第,二子护军布颜,三子佐领乌巴,四子叼番七。班第生二子:长子副都统关保,次子黑格。叼番七生札师札穆苏。关东生阿育师。阿育师生雅图。布尔噶都生伯忠班,忠班生伯巴达麻桑。巴达麻桑生四子:长子副都统索诺穆拉西,次子佐领巴雅思呼朗,三子副都统巴牙尔图,四子佐领苏朱克图。索诺穆拉西生子爵副都统济昌。苏朱克图生佐领多尔济。

喀喇沁素与察哈尔不和，至拜浑代之孙拉式奇布时，昆弟布衍阿海、绰克图、布尔噶都等共计，使额尔济泰恭诣盛京，表奏太宗文皇帝，愿归心天命，世效股肱之力，皇天后土实鉴此心。因率其部属内附焉。太宗文皇帝封拉式奇布为额驸，授男爵，分属正黄旗蒙古；布衍阿海之子必拉西为额驸，授子爵，分属镶红旗蒙古；封布尔噶都为额驸，授子爵；其兄绰克图之子卓尔璧授轻车都尉，叔侄二人，皆分属正蓝旗蒙古。自归诚以来，蒙圣主豢养之恩，祖宗衍庆之福，子孙繁庶，世为勋戚，得享太平之福，岂非早识天心之征验欤？

巴图孟克大衍汗第八子格勒三札生七子，分据哈尔哈，故称七旗哈尔哈。长子阿式海达尔汉欢台吉之后：今札萨克图汗策旺札布，贝勒博贝、诺尔布、班第、噶尔桑等是也。二子诺音代哈滩巴图鲁之王彭苏克拉布坦、公民朱尔等是也。三子诺和努呼维真诺音之后，凡四支：一为阿巴太，土谢图赛音汗之孙遮卜尊旦巴呼图克图汗，汪札尔多尔济四额驸，王敦多布多尔济，王丹津多尔济，贝勒车卜登、扯摩初克、那木札尔等；一为阿布呼墨尔根诺音之孙达尔汉亲王诺馁墨尔根济农，王古鲁式奇布等；一为赛音诺音之孙，王善巴代亲六额驸，王策楞，王坤都伦博硕克图衮布等；一为库库脑尔绰克图汗之孙，公阿努里等是也。四子阿敏都拉尔诺音之后：扯臣汗车卜登班朱尔王、台吉等是也。五子达赉台吉无嗣。六子德尔登坤都伦之后：贝勒班第，燐亲，扯登札布等是也。七子塞摩贝马之后：公通摩克等是也。

以上七支原系各有其国，顺治间，始与中国通，岁贡九白。厥后，札萨克图汗、土谢图汗兄弟不睦，干戈日起。厄鲁忒噶尔旦之弟多尔吉札布（案，此下似有缺文）札萨克图汗为土谢图汗所杀，噶尔旦为其弟复仇，大破哈尔哈，诸汗、诺音皆南窜，入中国投降。圣祖仁皇帝加恩豢养，更使大臣往多伦脑尔，招其流亡。赐复哈尔哈三汗故号，诸诺音封爵有差，分旗以处之。厥后，御驾亲征，诛灭噶尔旦，赐三汗各居故土，高天厚地，恩何极焉。至今子孙繁庶，坐享升平，向之所谓七旗者，今兹有七十旗矣。噫！蒙古国既废复兴、临亡复存，皆圣恩再造之力也。一人有庆，兆民赖之，此之谓也。

乾隆四十六年秋八月裔孙博清额重纂

附录

注:为忠实于原著,附录中《元朝秘史·上世谱系》、《辍耕录·元朝世系》、《元史·世系图》、《蒙古族谱所载世系》、《蒙古子姓分配图》以对开页的形式展示,阅读时从右往左为序。

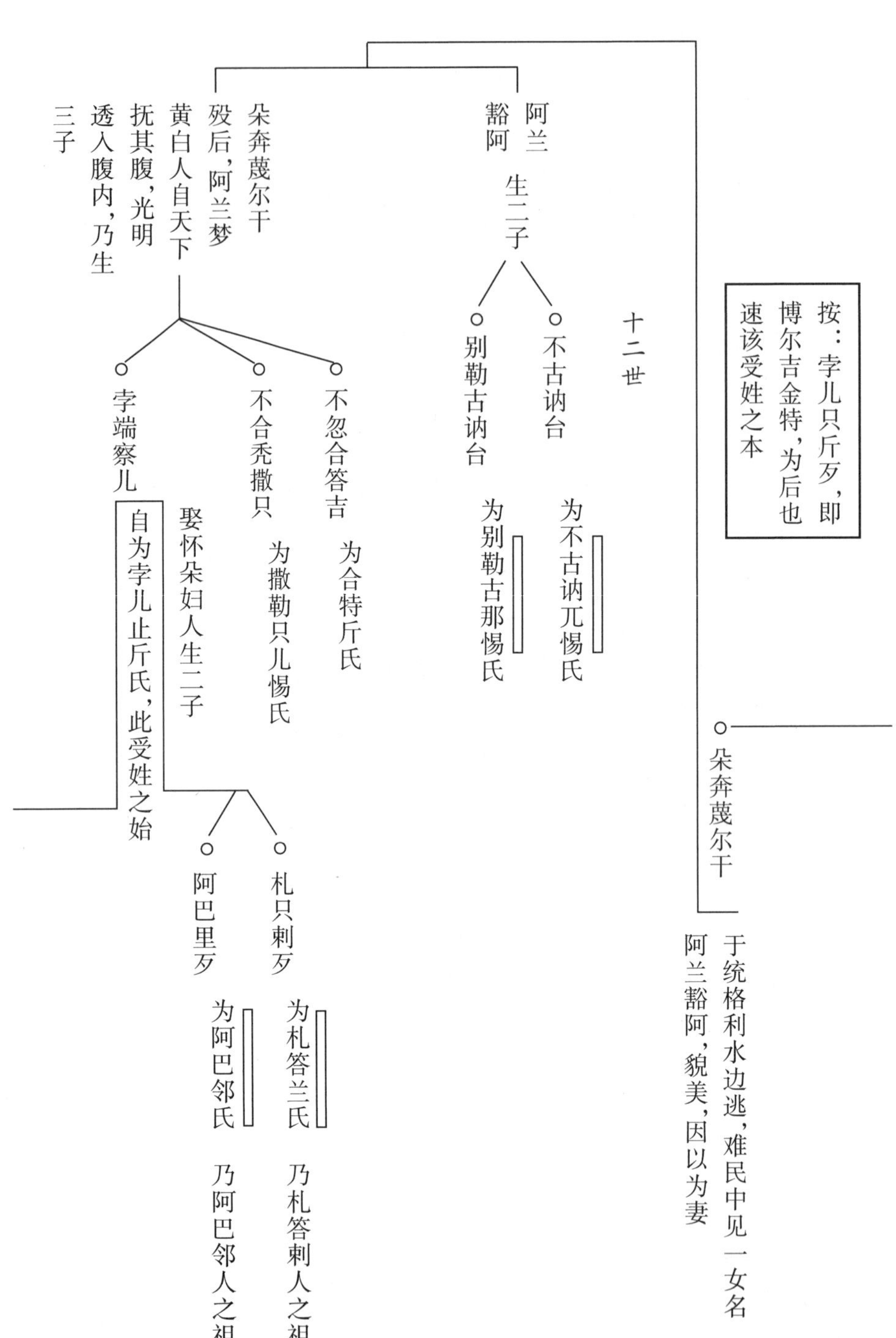
按：孛儿只斤歹，即博尔吉金特，为后也速该受姓之本
朵奔蔑尔干
于统格利水边逃，难民中见一女名阿兰豁阿，貌美，因以为妻
阿兰豁阿
生二子
十二世
不古讷台
为不古讷兀惕氏
别勒古讷台
为别勒古那惕氏
朵奔蔑尔干殁后，阿兰梦黄白人自天下抚其腹，光明透入腹内，乃生三子
不忽合答吉
为合特斤氏
不合秃撒只
为撒勒只儿惕氏
孛端察儿
娶怀朵妇人生二子
自为孛儿止斤氏，此受姓之始
札只剌歹
为札答兰氏
乃札答剌人之祖
阿巴里歹
为阿巴邻氏
乃阿巴邻人之祖

元朝秘史·上世谱系

一世
巴塔赤罕
二世
塔马察
三世
豁里察儿蔑儿干
四世
阿兀站孛罗温
五世
撒里合察兀
六世
也克你敦
七世
挦锁赤
八世
合儿出
九世
孛尔只斤歹蔑尔干
妻忙豁儿真豁阿
十世
脱罗豁真伯颜
妻孛罗里臣豁阿
十一世
都蛙锁豁儿
额生一月
远见三程
四子
为朵尔边氏

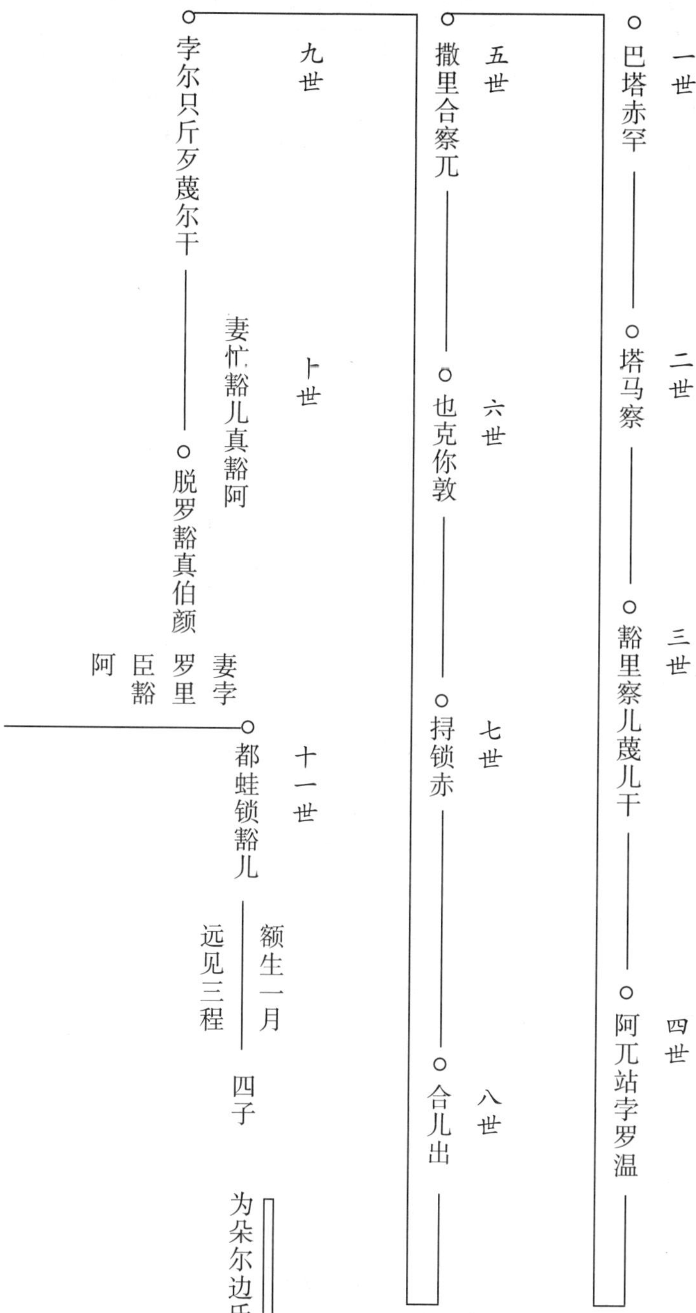

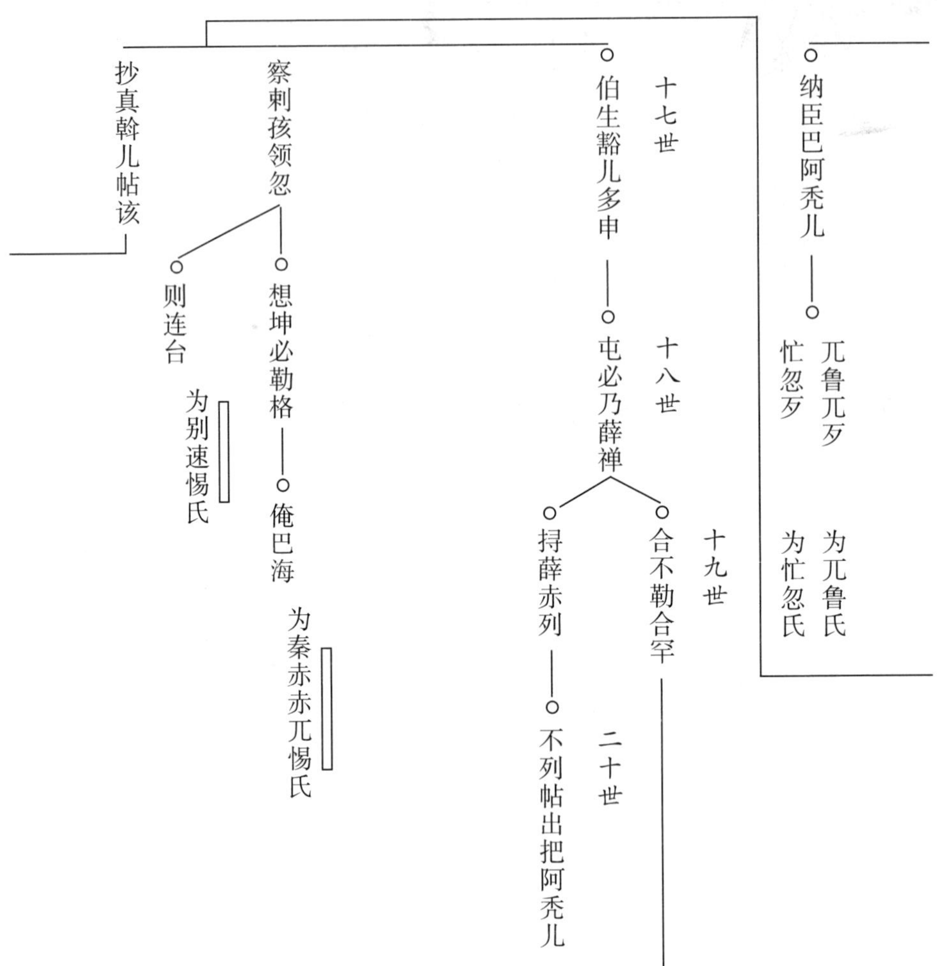
纳臣巴阿秃儿
兀鲁兀歹
忙忽歹
为兀鲁氏
为忙忽氏
十七世
伯生豁儿多申
十八世
屯必乃薛禅
十九世
合不勒合罕
挦薛赤列
二十世
不列帖出把阿秃儿
察剌孩领忽
想坤必勒格
俺巴海
为秦赤赤兀惕氏
则连台
为别速惕氏
抄真斡儿帖该

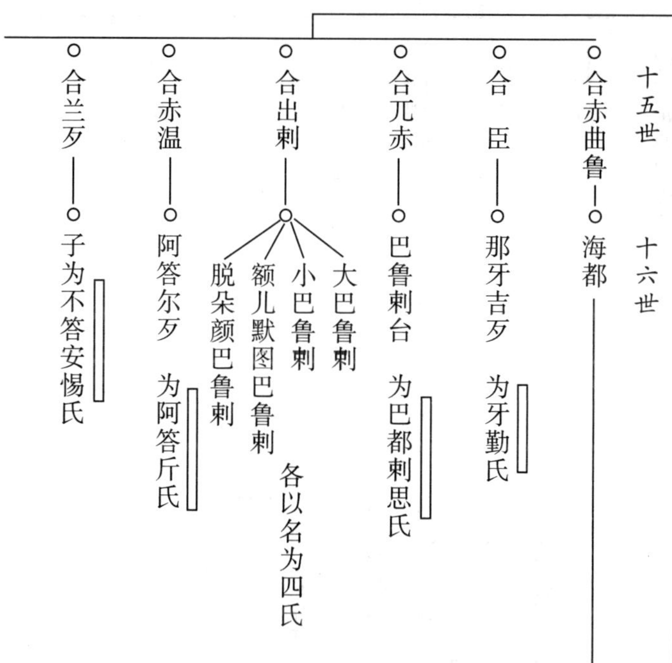

十三世

把林失亦剌秃合必赤

十四世

蔑年土敦

妻即莫仑

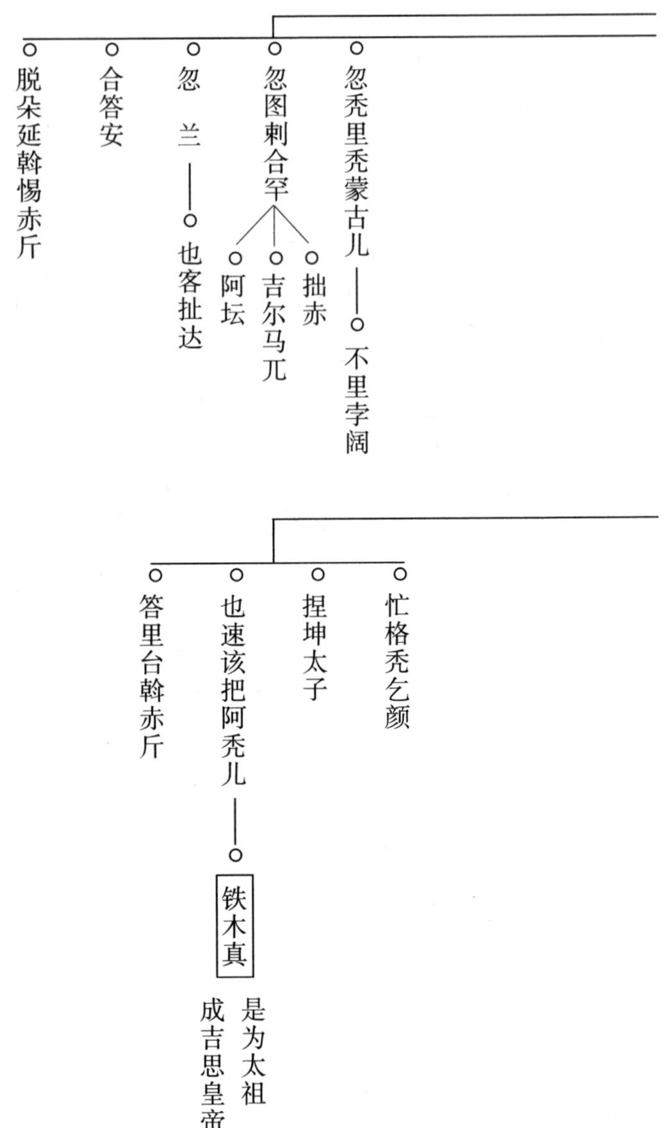
忽秃里秃蒙古儿
不里孛阔
忽图剌合罕
拙赤
吉尔马兀
阿坛
忽兰
也客扯达
合答安
脱朵延斡惕赤斤
忙格秃乞颜
捏坤太子
也速该把阿秃儿
铁木真
是为太祖
成吉思皇帝
答里台斡赤斤

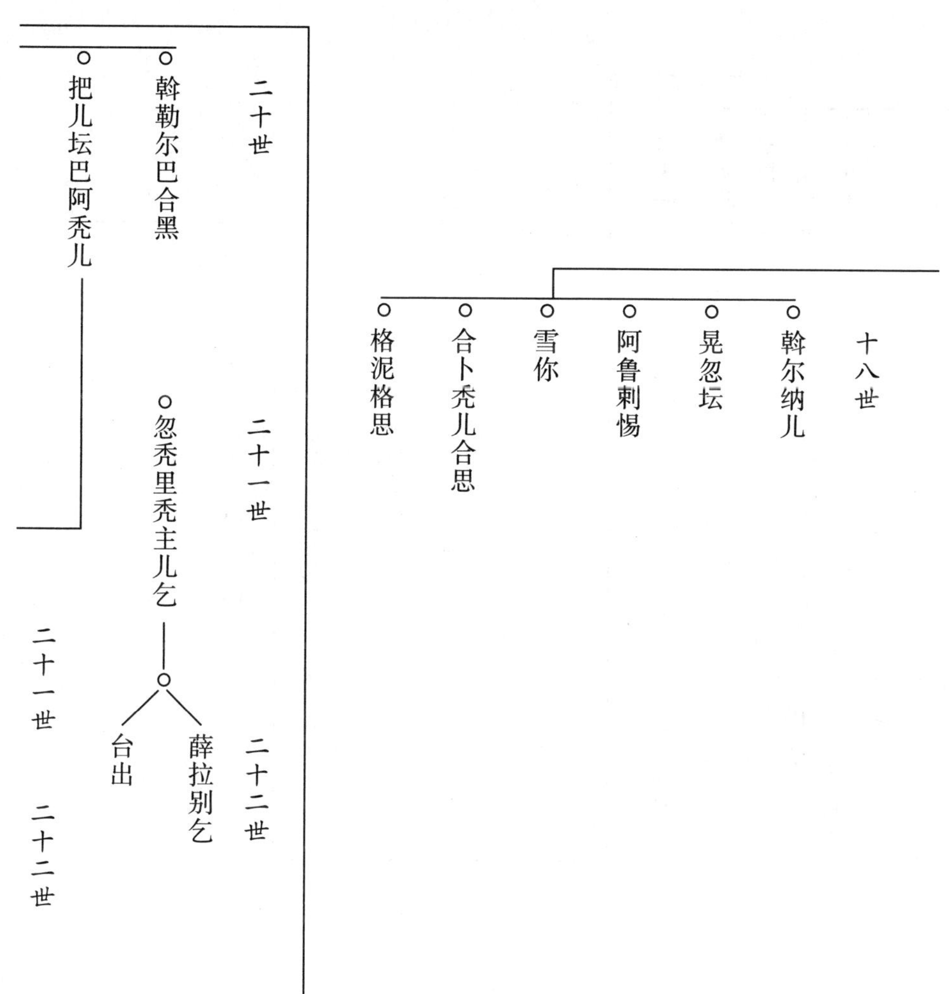
十八世
斡尔纳儿
晃忽坛
阿鲁剌惕
雪你
合卜秃儿合思
格泥格思
二十世
斡勒尔巴合黑
把儿坛巴阿秃儿
二十一世
忽秃里秃主儿乞
二十二世
薛拉别乞
台出
二十一世
二十二世

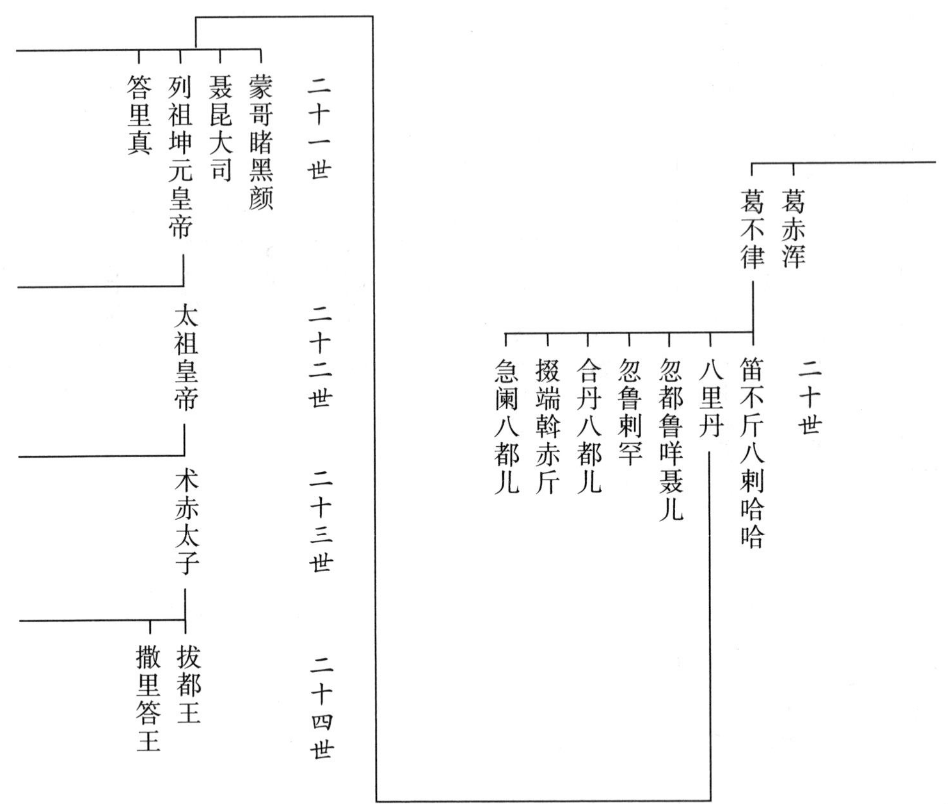
二十世
葛赤浑
葛不律
笛不斤八剌哈哈
八里丹
忽都鲁咩聂儿
忽鲁剌罕
合丹八都儿
掇端斡赤斤
急阑八都儿
二十一世
蒙哥睹黑颜
聂昆大司
列祖坤元皇帝
答里真
二十二世
太祖皇帝
二十三世
术赤太子
二十四世
拔都王
撒里答王

辍耕录·元朝世系

十一世
脱奔咩哩犍妻
阿兰果火太后
十二世
博寒葛
博合睹撒里吉
始祖孛瑞义儿
十三世
八林昔黑赤
秃哈必畜
十四世
咩麻笃敦
十五世
即挐笃儿罕
某
某
某
某
十六世
海都
十七世
拜住忽儿
某
某
十八世
敦必乃
某
十九世
葛木虎
葛忽剌急里怛
合产
哈剌剌歹

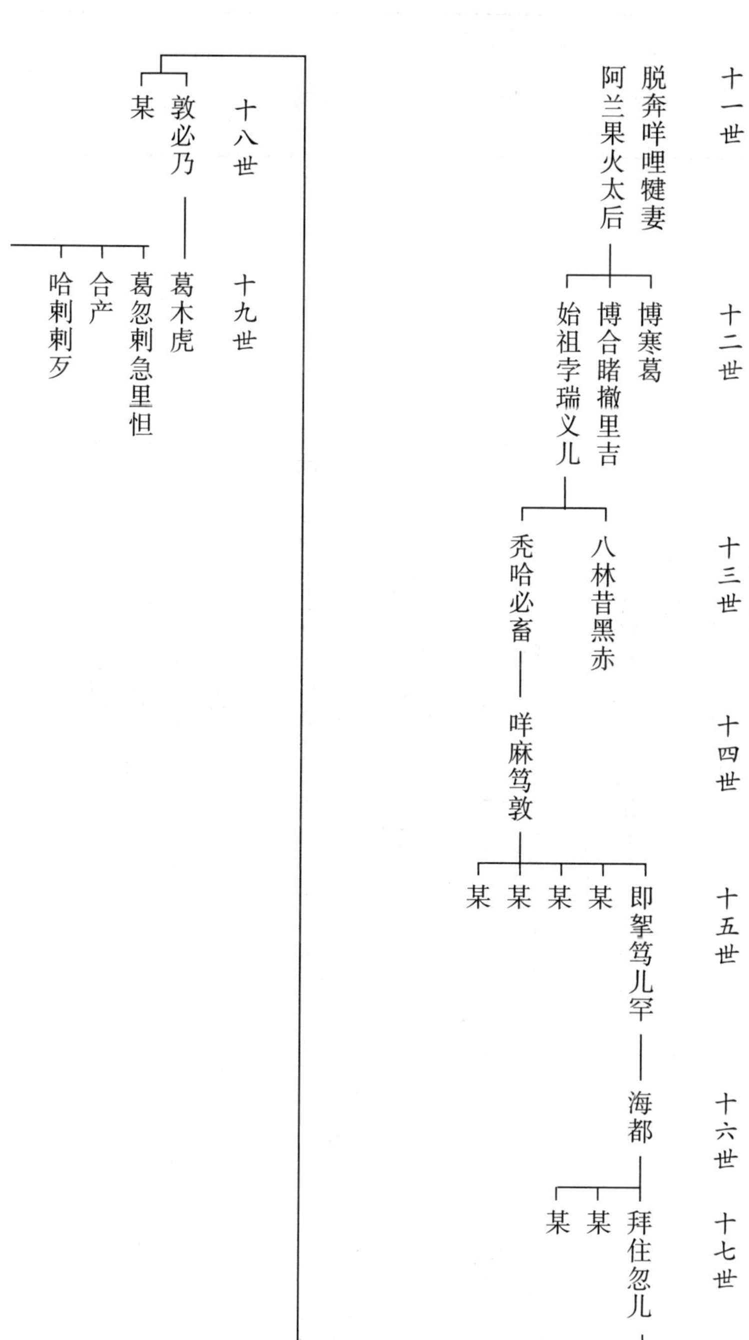

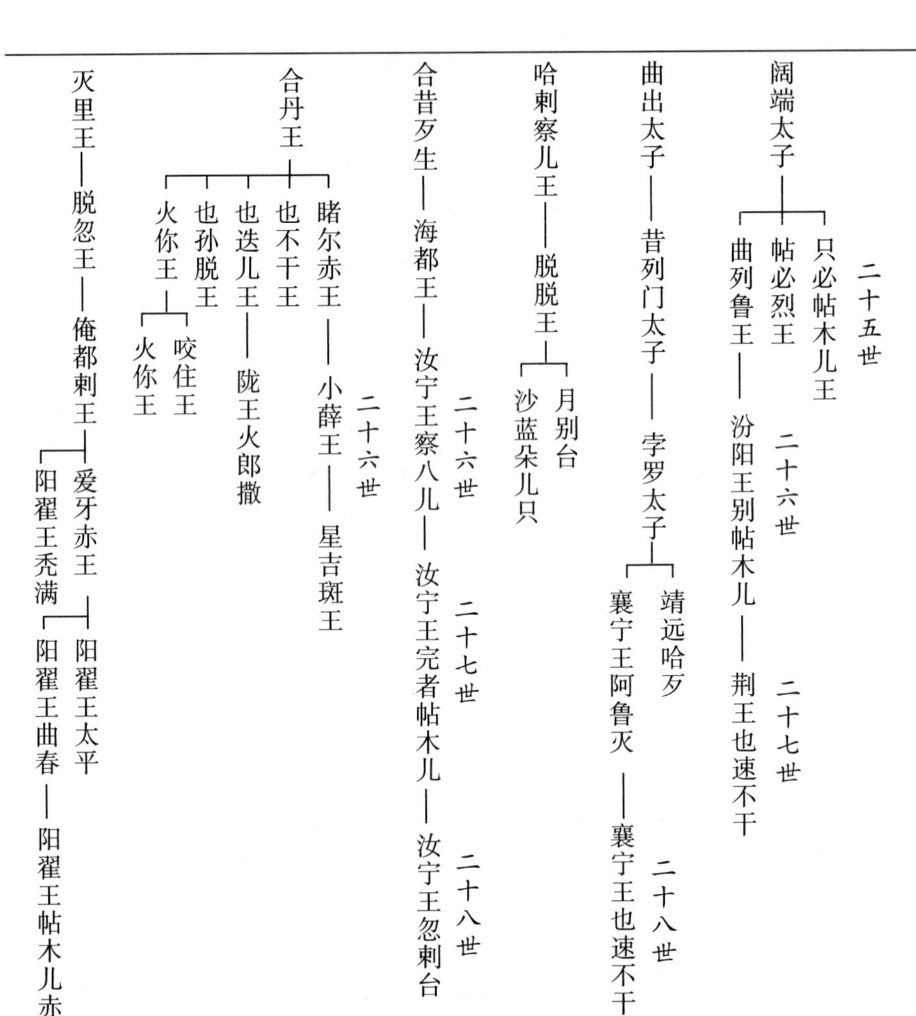
二十五世
阔端太子
只必帖木儿王
帖必烈王
曲列鲁王
二十六世
汾阳王别帖木儿
二十七世
荆王也速不干
曲出太子
昔列门太子
孛罗太子
靖远哈歹
襄宁王阿鲁灭
二十八世
襄宁王也速不干
哈剌察儿王
脱脱王
月别台
沙蓝朵儿只
合昔歹生
海都王
二十六世
汝宁王察八儿
二十七世
汝宁王完者帖木儿
二十八世
汝宁王忽剌台
合丹王
睹尔赤王
二十六世
小薛王
星吉斑王
也不干王
也迭儿王
陇王火郎撒
也孙脱王
火你王
咬住王
火你王
灭里王
脱忽王
俺都剌王
爱牙赤王
阳翟王秃满
阳翟王太平
阳翟王曲春
阳翟王帖木儿赤

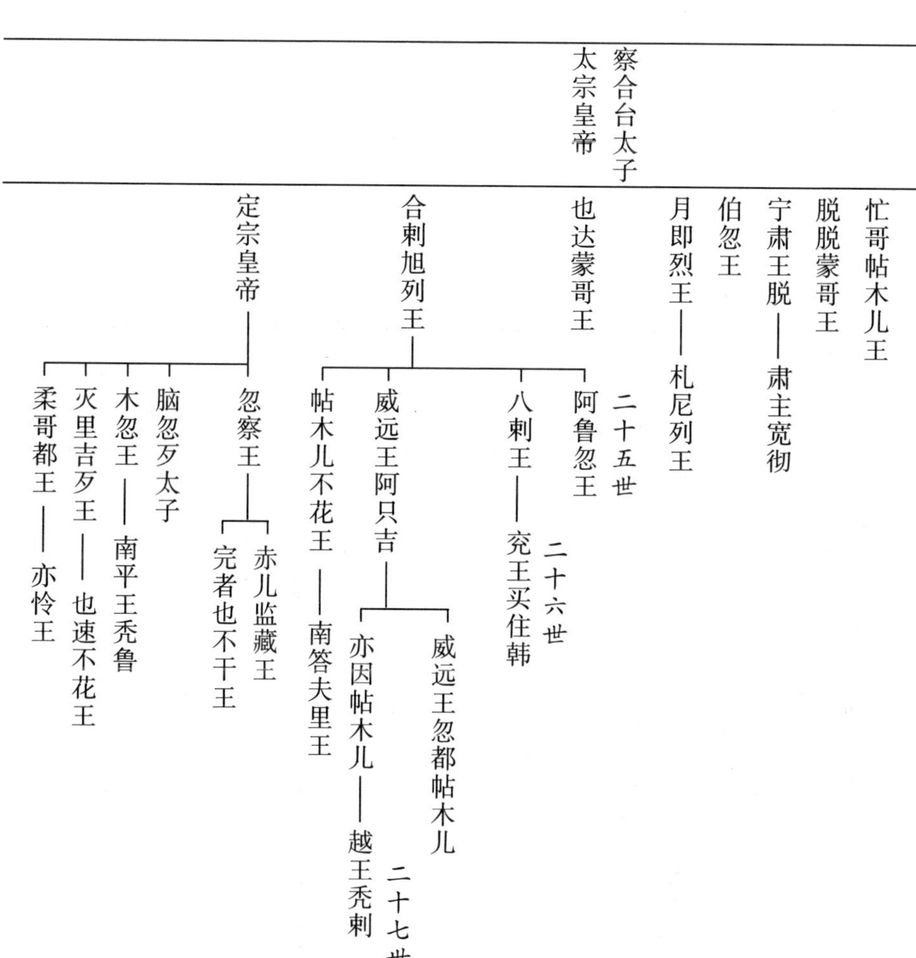
察合台太子
太宗皇帝
忙哥帖木儿王
脱脱蒙哥王
宁肃王脱
肃主宽彻
伯忽王
月即烈王
札尼列王
二十五世
也达蒙哥王
阿鲁忽王
合剌旭列王
八剌王
兖王买住韩
二十六世
威远王阿只吉
威远王忽都帖木儿
亦因帖木儿
越王秃剌
二十七世
帖木儿不花王
南答夫里王
定宗皇帝
忽察王
赤儿监藏王
完者也不干王
脑忽歹太子
木忽王
南平王秃鲁
灭里吉歹王
也速不花王
柔哥都王
亦怜王

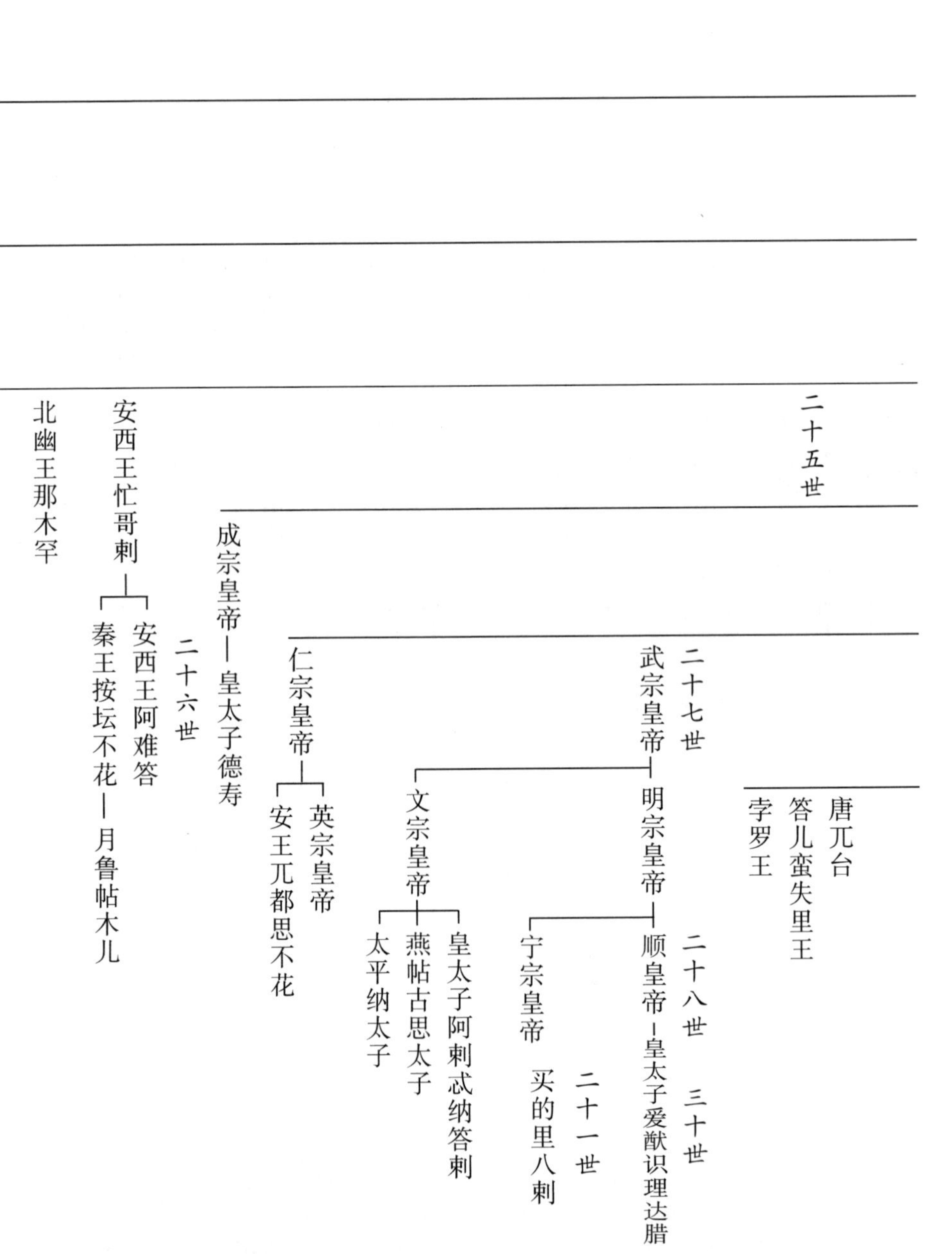
二十五世
二十七世
唐兀台
答儿蛮失里王
孛罗王
武宗皇帝
明宗皇帝
顺皇帝—皇太子爱猷识理达腊
二十八世
三十世
宁宗皇帝
二十一世
买的里八剌
文宗皇帝
皇太子阿剌忒纳答剌
燕帖古思太子
太平纳太子
仁宗皇帝
英宗皇帝
安王兀都思不花
成宗皇帝—皇太子德寿
二十六世
安西王忙哥剌
安西王阿难答
秦王按坛不花—月鲁帖木儿
北幽王那木罕

二十三世
睿宗皇帝

二十四世
宪宗皇帝
忽睹都
失名
世祖皇帝

二十五世
班秃王
阿速歹王
玉龙答失王—撒里吉王—卫王完者—郯王胤胤秃
二十六世
二十七世
二十八世
河平王背里吉—兀鲁思不花王—拜王晃火帖木儿—嘉王火你忽
答沙亦思的王
二十八世
辨睹
朵儿只
裕宗皇帝

显宗皇帝
顺宗皇帝

梁王松山
泰定皇帝
湘宁王迭里哥儿不花—湘宁王八剌失里
二十八世
魏王阿木哥

二十八世
脱不花王
蛮子王
西靖王阿鲁
魏王孛鲁帖木儿

二十二世

二十三世

兀鲁赤太子

果栗干太子

二十四世

乃剌忽不花王

剌甘失甘王——镇宁王那

定王察木忽儿—某—燕大王

拨绰王—薛必列杰儿王—楚王牙忽都—楚王脱烈铁木儿—楚王八都儿

二十九世

燕帖木儿王

速哥帖木儿王

朵罗不花王

末哥王—昌童王—伯帖木儿王—永宁王伯颜木儿

岁都哥王—速不歹王—荆王脱脱木儿

荆王也达坚

哈鲁孙王

雪别台王—某

月鲁帖木儿

买闾也先

河间王忽察—忽鲁歹王

也不干王—八八王

八八剌王—安安王脱欢—允脱思脱木儿王

伯答罕王—安定王朵儿只班

二十八世

合实帖木儿王

失名

旭烈兀王

阿里不哥王

二十七世

云南王忽哥赤—营王也先帖木儿—脱欢不花太子—脱鲁太子

二十九世

爱牙赤王—阿不干王

孛颜帖木儿王—也古的不花王

二十六世

平四王奥鲁赤—镇西武靖王也先帖木儿不花—云南王老的罕—豫王阿忒纳失里

武靖王搠思班—乞八王

亦只班王

二十八世

宁王阔阔出

镇南王脱欢—镇南王帖木不花—镇南王孛罗不花

威顺王宽彻不花

宣让王帖木儿不花

忽都鲁帖木儿—阿不也不干王—八鲁朵儿只王

阿八哈王

阿鲁王—靖远王合替

康平王哈儿班答—幽王出伯—幽王喃忽王

二十七世

亦怜真朵儿只王—脱脱木儿王—某—亦怜真八的王

威定王玉木忽尔

魏王孛颜帖木儿

完者帖木尔王

冀王孛罗—铁木儿脱

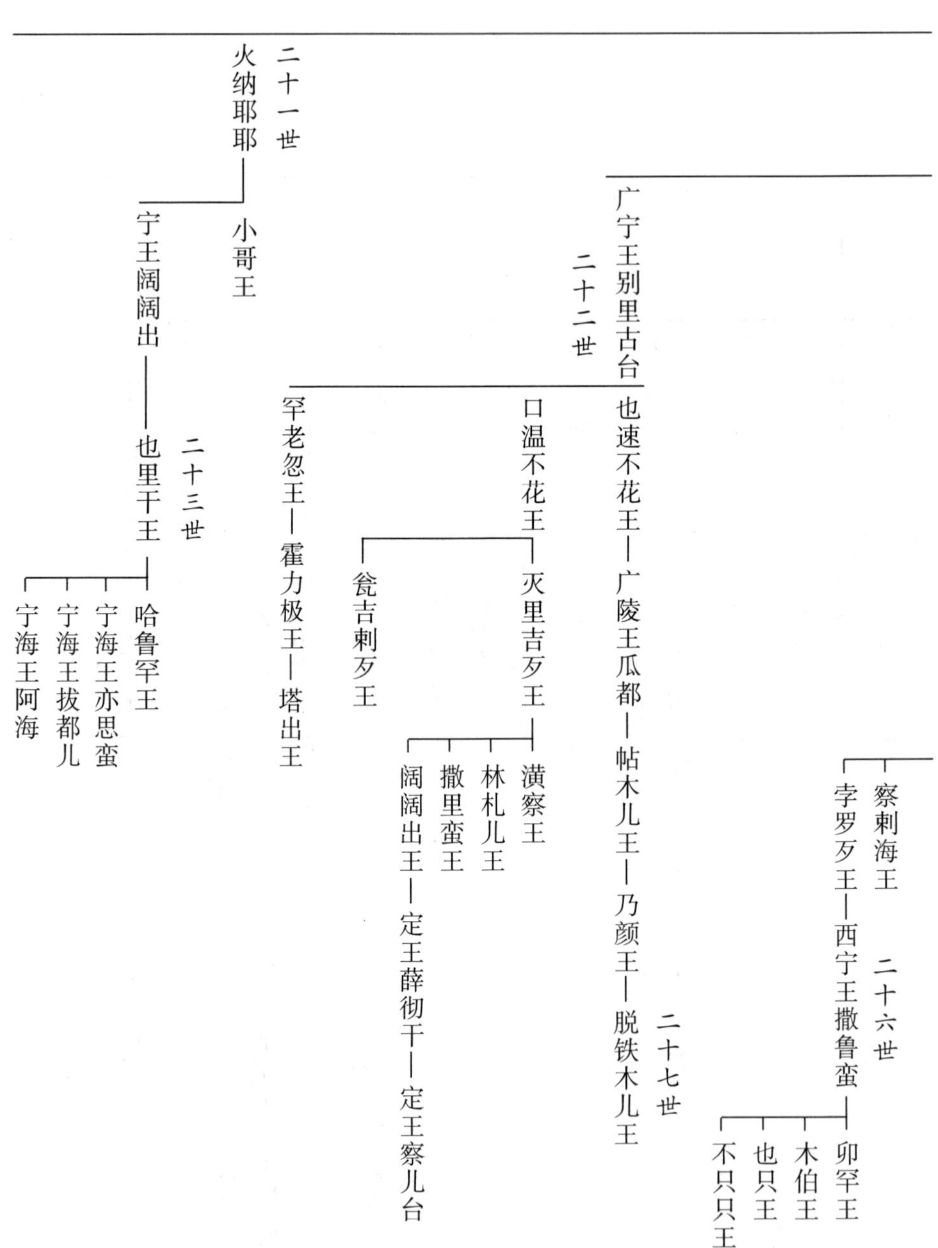
二十一世
火纳耶耶
小哥王
宁王阔阔出
二十三世
也里干王
哈鲁罕王
宁海王亦思蛮
宁海王拔都儿
宁海王阿海
广宁王别里古台
二十二世
也速不花王—广陵王瓜都—帖木儿王—乃颜王—脱铁木儿王
二十七世
口温不花王
灭里吉歹王
瓮吉剌歹王
潢察王
林札儿王
撒里蛮王
阔阔出王—定王薛彻干—定王察儿台
罕老忽王—霍力极王—塔出王
察剌海王
孛罗歹王—西宁王撒鲁蛮
二十六世
卯罕王
木伯王
也只王
不只只王

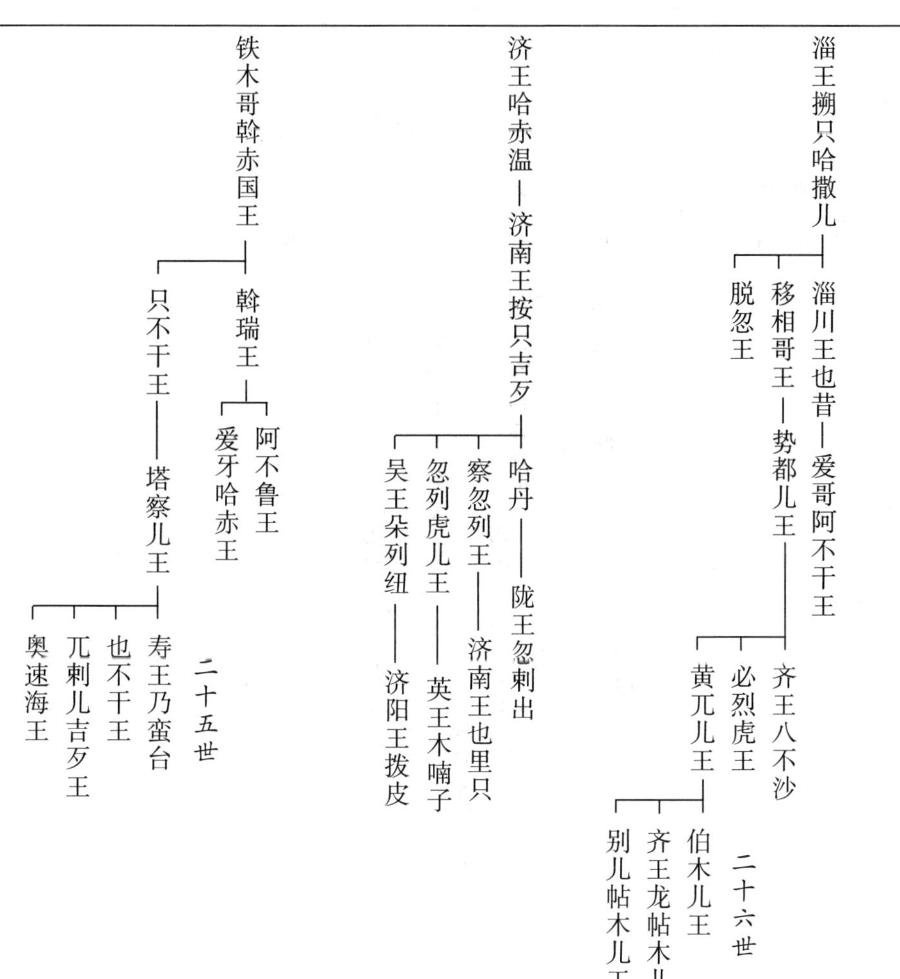
淄王搠只哈撒儿
淄川王也昔
爱哥阿不干王
移相哥王
势都儿王
脱忽王
齐王八不沙
必烈虎王
黄兀儿王
伯木儿王
齐王龙帖木儿
别儿帖木儿王
二十六世
济王哈赤温
济南王按只吉歹
哈丹
陇王忽刺出
察忽列王
济南王也里只
忽列虎儿王
英王木喃子
吴王朵列纽
济阳王拨皮
铁木哥斡赤国王
斡瑞王
阿不鲁王
爱牙哈赤王
只不干王
塔察儿王
寿王乃蛮台
也不干王
兀剌儿吉歹王
奥速海王
二十五世

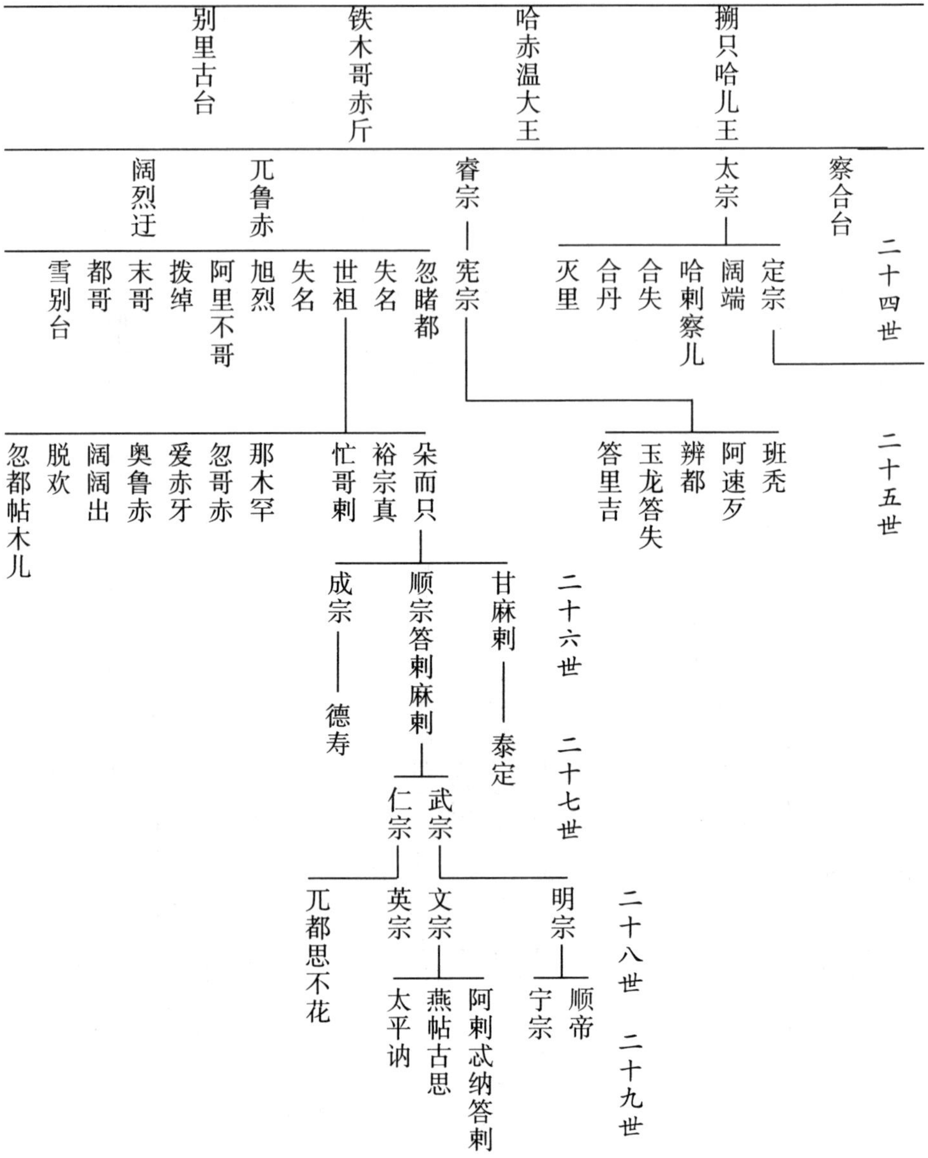

搠只哈儿王　哈赤温大王　铁木哥赤斤　别里古台

察合台　太宗　睿宗　兀鲁赤　阔烈迁

二十四世

定宗　阔端　哈剌察儿　合失　合丹　灭里

宪宗　忽睹都　失名　世祖　失名　旭烈　阿里不哥　拨绰　末哥　都哥　雪别台

二十五世

班秃　阿速歹　辨都　玉龙答失　答里吉

朵而只　裕宗真　忙哥剌　那木罕　忽哥赤　爱赤牙　奥鲁赤　阔阔出　脱欢　忽都帖木儿

二十六世

甘麻剌　顺宗答剌麻剌　成宗

二十七世

泰定　武宗　仁宗　德寿

二十八世

明宗　文宗　英宗　兀都思不花

二十九世

顺帝　宁宗　阿剌忒纳答剌　燕帖古思　太平讷

元史·世系图

十二世
始祖孛端叉儿—巴林昔里剌秃哈必畜
十三世
—咩麻笃敦
十四世
十五世
即挐笃儿罕—海都—拜住忽儿—敦必乃
失名
失名
失名
失名
失名
纳真—其子孙为兀察兀都
十六世
十七世
十八世
十九世
葛木虎—子孙为那哈合儿部
葛忽剌急哩恒—子孙为大八鲁剌斯部
合产—子孙为小八鲁剌斯部
哈剌利歹—子孙为博歹阿替部
葛赤浑—子孙为阿答里急部
葛不律罕
巢斤八剌哈哈—子孙为岳里斤部
八里丹
长子
三子
次
烈祖皇帝
四子
答里真
二十世
二十一世
二十二世
太祖
二十三世
术赤
忽察
脑忽
禾忽

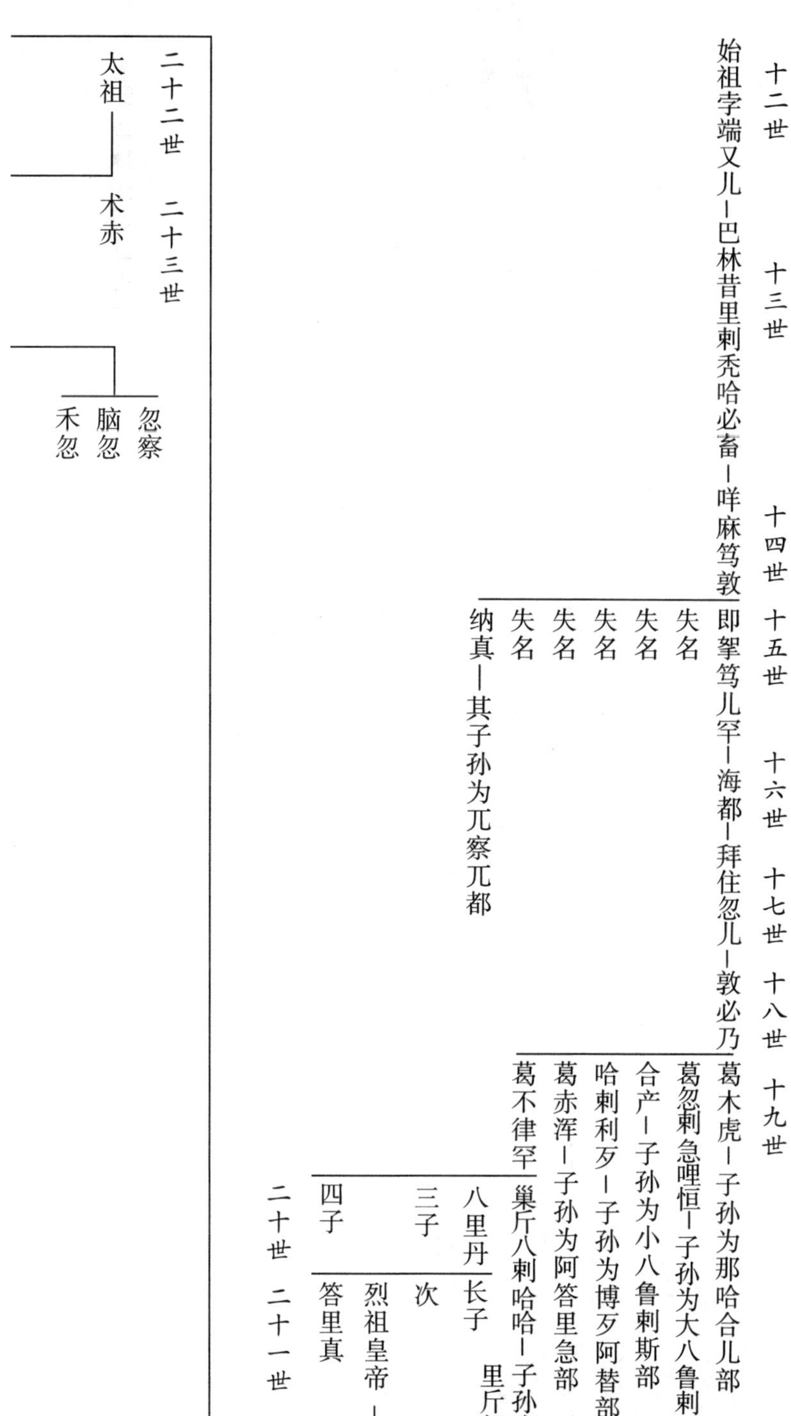

蒙古族谱所载世系

二十二世

舒布都布克达青思汗　太祖应天圣武皇帝

二十三世

卓齐

察罕岱

乌克德衣　太宗英文皇帝

拖徕　追谥睿宗仁圣景襄皇帝

二十四世　二十五世

古德音古玉克——猛克　定宗简平皇帝

哈札尔

噶史

哈尔塔

玛里克

猛克　宪宗恒肃皇帝

吉噜海

呼图克图

呼必徕色钦汗　世祖圣德坤功

呼兰呼

多尔吉

精穆吉　追谥裕宗文忠明孝皇帝

孟根　文武皇帝

二十六世

噶玛剌　追谥显宗光圣仁孝皇帝

塔剌穆巴拉　追谥顺宗昭圣衍孝皇帝

马尔齐特默尔汗　成宗钦明广孝皇帝

二十七世　二十八世　二十九世

衣孙特默尔汗　泰定皇帝

克鲁克汗　武宗仁惠皇帝

林札巴克汗

脱欢特默尔汗　明宗翼献景孝皇帝

林钦巴尔（一作衣林察穆）　宁宗冲圣嗣孝皇帝

图特默尔汗　文宗圣明元孝皇帝

布颜图汗——格根汗　仁宗圣文钦孝皇帝　英宗睿圣文孝皇帝

说明：

前四种图以所追溯世次之远近为序。第一图由《永乐大典》所录《元朝秘史》内抄出，乃明初依蒙古文字译出，故音多未合。第二图陶南村《辍耕录》所载，亦有与《秘史》不合者，然皆元人相传留，自与后世史家追记者详略不同。第三图依《元史·列传》编成，史体率详于诸帝之子而略其孙，有勋劳者略及之，故图只列帝子之名而不及众孙。第四图乃合本族诸家所藏谱本详考所定，其名号皆用今二合音字，故较三谱对音为合，而子孙之名则更多缺略，今详加考订，凡字音相近可以意通者，置不议。所有名讳显然不同，位数互有多寡及次序易位之处，录于下，以备参询。

第十二世，《秘史》始祖兄弟五人，《辍耕录》只载三人，《元史》唯记始祖而不及兄弟。

第十五世，《秘史》称合赤曲鲁兄弟七人，并载六弟之名，《辍耕录》、《元史》皆称即拏笃儿罕，《辍耕录》载兄弟五人，其四弟皆系之某名，《元史》称有六弟，自仲以下失名者五人，唯载末弟纳真，与《秘史》之纳臣相近。

第十八世，《秘史》屯必乃薛禅，不载其弟，《辍耕录》则载弟某，《元史》亦无。

第十九世合不勒合罕，《秘史》只载一弟，《辍耕录》及《元史》皆载有五兄而无弟。

第二十世，《秘史》斡勒尔巴合黑弟兄七人，《辍耕录》所载名不同，次序亦异，《元史》只载五人，而存二名，其巴儿坛之为仲子则同。

第二十一世，《秘史》烈祖兄弟四人，《辍耕录》复载火纳耶耶一支，《元史》则亡其长次之名。

第二十三世太祖，《辍耕录》、《元史》皆称有六子，《蒙古谱》则只有四子。

第二十四世太宗，《辍耕录》载有九子，定宗居三，《元史》则称只有七子，《蒙古谱》更只载五子，皆以定宗为长，且名多不合，阔端太子、曲出太子亦皆不载，当是遗漏；睿宗子，《辍耕录》十二人，《元史》则十一人，无河间王察忽，《蒙古谱》只五子，以呼图古图为第三。

第二十五世定宗，《辍耕录》五子，《元史》只载前三子，《蒙古谱》只一子猛克；

宪宗子五人，《辍耕录》辨睹居五，《元史》辨睹三；世祖，《辍耕录》、《元史》俱记十一人，《蒙古谱》只载三人。

第二十七世显宗子三人，《蒙古谱》载其一；顺宗子三人，《蒙古谱》载其二。

第二十八世仁宗子二人，而《蒙古谱》只载其一，盖皆记帝世而略旁支也。

谨案：元太祖自宋开禧二年丙寅建国至顺帝至正二十八年戊申，北将凡立国百十有二年，越二年庚戌殂，历太祖、太宗、定宗、宪宗、世祖、成宗、武宗、仁宗、英宗、泰定、明宗、文宗、宁宗、顺帝，其睿宗乃宪宗所追谥，裕宗乃成宗所追谥，显宗乃泰定所追谥。前图所载有名有号，按史称太祖为成吉思皇帝，其下则自世祖而后始载国语之号。薛禅即色钦；成宗曰完者笃者，俄尔者衣图也；武宗曰曲律者，古鲁克也；仁宗曰普颜笃者，布颜图也；英宗曰草圣者，格根也；明宗曰忽都笃者，呼图克图也；文宗曰札牙笃者，吉牙哈图也。蒙古文诸内多载名，而武宗、仁宗、英宗、明宗则载号。按史，武宗讳海山，仁宗讳爱育黎拔力八达，英宗讳硕德八剌，谱皆不载，唯明宗讳，谱为林札巴克，史为和世琜，不同当俟考。

蒙古国主世系图上

三十世
三十一世
三十二世
三十三世
三十四世
三十五世
乌堪图汗脱欢特默尔
必里克图汗
乌萨哈汗
恩克卓里克图汗
额尔必克尼古勒苏克齐汗
合尔瑚察克都棱特默尔浑台吉
昆特默尔汗
乌尔哲特默尔汗
塔尔巴克汗
阿台汗
阿齐台吉
太宗汗
莫伦汗
默尔古尔格思汗
阿布喀尔津吉依
哈尔瑚查克台吉
巴彦猛克博尔和吉依
巴图猛克达音汗
满都护尔汗

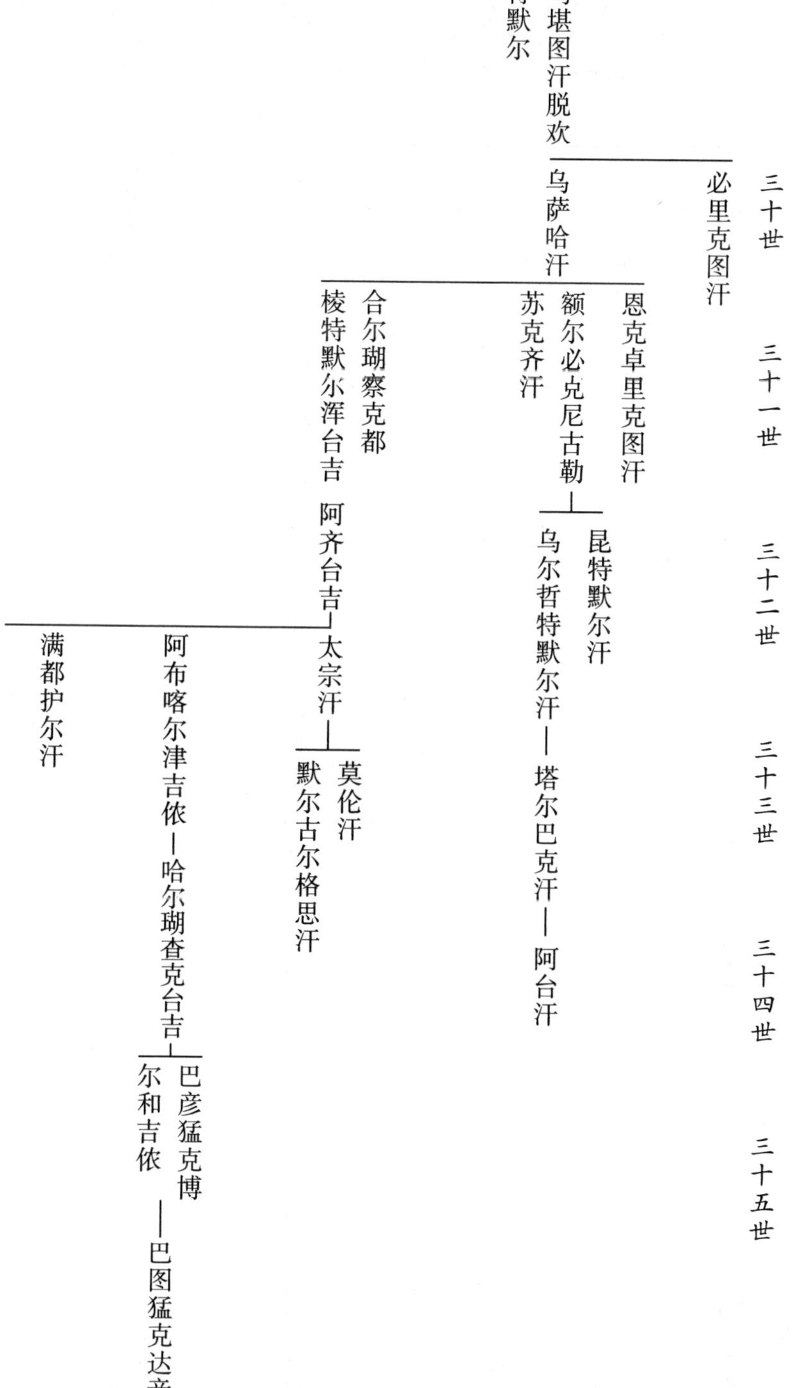

蒙古国主世系图下

三十六世	三十七世	三十八世	三十九世	四十世	四十一世	四十二世	四十三世
巴图猛克达音汗—	图噜布博罗特—	博第阿拉克汗—	打来孙布通汗—	图们札萨克图汗—	布彦塞钦汗—	莽古思默尔根台吉—	林丹呼图克图汗（此支自下世绝火）

乌噜斯博罗特
巴尔斯博罗特
阿尔思博罗特
鄂齐尔博罗特
阿尔楚博罗特
阿尔本博罗特
格嘞三札

三十七世	三十八世	三十九世	四十世	四十一世	四十二世	四十三世	四十四世	四十五世	四十六世
格嘞	乌班	齐伦	明安	朗素	巴图	玛兰泰	德裕	廷漳	宝龄

卡噜第台吉
乌巴三察青台吉

前图记顺帝以下之世系，凡八世，盖自奔应昌而后诸主皆立于流离播越之中，一时强臣乱卒纷起，是以日渐式微，国中之注记多湮，而明人之记载亦是图合诸支之谱，详加校勘，仅得其世次。如图内乌堪图汗者，惠宗也；顺帝乃明太祖追谥者，本国则称惠宗。朱竹垞书高丽史后，庚申遁走，之后高丽间犹通，史称为北元。北元主洪武庚戌四月殁，国人追谥曰惠宗。必里克图汗者，哲宗也，按谱惠宗殂，次子哲宗继立，是即爱育识里达腊，改元宣光，洪武十一年六月殂。传位脱古斯帖木儿，改元天元，谱中之乌萨汗也，唯谱中作弟，史称为子，不同耳。卒，子卓里克图汗立，讳言昭宗也。卒，传位于额尔必克尼古尔苏克汗。额尔必克尼古尔苏克汗卒，传位于昆特默尔汗，明史则谓脱古斯帖木儿，五传至坤帖木儿，咸被弑。朔漠图谓在建文三年嗣位者为乌尔哲特默尔汗，是应即本雅失里为臣下所迎立者，宣德年间殂，再传塔儿巴克汗。阿台汗者，答儿巴克之族人也，答尔巴克汗无嗣，继立，旋为瓦剌脱欢所弑，而立太宗汗。太宗当作德宗，应是明史所载脱脱不花，景泰年间为脱欢子额森所弑，立其子麻儿可儿，当是莫伦汗之名，为史称“小王子”之始。麻儿可儿殂，众立马尔可儿吉思，即谱中之默尔古尔格思汗，亦称“小王子”，嗣，是遂以为世号。明史孝宗元年夏，小王子奉书求贡，此小王子仍当是马尔可儿吉思。自是与伯颜猛克王等屡入贡，为乩加思兰弑，无嗣，其满都护汗亦在此时。盖蒙古地复乱中，朝所记益淆混矣。巴图猛克汗者，巴颜猛克王之子也，众拥立，称中兴焉，一统志所记之歹颜可汗也。以上为第五图，自是蒙古谱牒始备，有可考。而凡蒙古子姓皆奉以为始祖，故别为第六图。明史所传卜赤为俺答吉囊伯父之子，似博第汗之音讹。其子打来孙汗亦见于明史，因厌兵，自 归化城徙帐辽东边外，始立察哈尔之号，子为图们汗。在隆庆时，明人遂以土蛮部呼之林丹。呼图克图汗，少孤，继祖布彦塞钦汗位，明史所载神宗四十一年入寇之插汉虎敦兔也，天聪六年老病殂，子二人皆降。

本朝自为图于后，拔图猛克汗之子孙分支者亦各为图附焉。

蒙古子姓分派图

按拔图猛克汗子孙可考者凡五支：

第一支，太宗，为帝系，自博第阿拉克汗至林丹瑚图克图汗皆载于前，是为察哈尔。

本朝崇德年间，林丹汗殂，其子二人皆归附，封为亲王，传二世爵除。

按长房子孙，今为乌朱穆秦、蒿齐特、苏尼特、鄂汉、奈曼、克西克腾八旗。

四十三世

林丹瑚图克图汗

和额亲王固

伦额驸控

古勒额哲

亲王阿布

亲王布尔尼

罗卜藏

博第阿拉克汗之弟是支为鄂汉、克西克腾、奈曼

三十八世

吴巴王察厄速克诺图

三十九世

图谢图诺音

四十世

阿穆台绰尔吉

黄台吉

札拉丁诺音

色钦诺音

音把图鲁

额尔德尼吹库尔

恭图巴图鲁诺音

忠图塔尔汗巴图

鲁诺音

额森威征
- 忠洪威征巴图鲁
- 占禅
- 占泰默尔根
- 色陵鄂尔都齐公
- 楚克巴图鲁
- 完泰图谢图
- 绰克图

四十世　四十一世　四十二世　四十三世

图章都棱——赛音都棱岱青
- 桑阿尔赛吴巴什
- 索诺木都棱
- 色棱色钦——白第
- 索诺木默尔根台吉
  - 图巴
  - 英巴
  - 布颜岱

布雅穆诺音

必齐克齐诺音
格色岱——鄂浑布颜图

布阳古赛音巴

图鲁诺音——

四十一世　四十二世

额参德勒洪巴图鲁
鄂灵阿默尔根台吉
必里克昆都伦代音——瓦色
鲁格台吉——图巴
布达锡哩台吉
桑阿尔寨台吉
额尔根寨台吉
阿克格森
额希根
鄂拜
明爱绰克讫台吉——顾母瑚什瑚器

昆都伦代青汗

拉布格诺音

那林诺音

活吉格尔诺音

博吉达尔诺音

第六支

按：此支今为巴林、札鲁特、巴育特

三十七世

阿尔楚博罗特

庚根诺音

代汉诺音

　　昂昆塔尔汉洪都诺音

四十世

代青诺音

第三支

三十七世

巴尔斯博罗特

三十八世

- 古温必里克孤墨里默　按：此即明史所载吉囊，今为鄂尔多斯
- 尔哈剌济侬
- 阿尔坦格根汗　按：此即明史所载俺答，今为土默特
- 拜思哈尔赛音
- 和托和尔

三十九世　　四十世

拜思哈尔赛音之子：
- 拜浑代汗　按：此支今为喀尔沁
- 代青
- 萨赖——阿拜
- 炳图
- 额浑楚库尔
- 乌哲特

第八支

三十七世

格勒三札

按：此支今为喀尔喀

第九支

三十七世

格勒

按：此支今为吴鲁特

说明：

前三图备载拔图猛克岱音汗之子及后世分支，凡知其始祖世系，按谱稽之，皆可知其世次。按今四十九旗中之敖汉、奈曼、札鲁特、蒿齐特、乌朱穆秦、巴林、克西克腾、苏尼特、鄂尔多斯、归化城、土默特二十一旗及喀尔喀七部，皆分注于前，吴鲁特、巴育特二支子孙皆入列八旗，故幕外无人，其内 旗之左右翼喀尔喀、四子部落俱喀尔喀分支。毛明安乃阿尔坦，即俺达之曾孙，格根汗之次子也。此外，则分姓及姻亚矣。虽年世已远，载记半湮，而以传闻合之古乘，亦多符合，因略列图说如前云。

二等伯谥忠顺明安碑

国家丕基创造时，有英杰之士，由远方而归命，生应头爵，没受荣名，所以昭劝也。唯尔明安以雄姿抚众，倡先向化，自先皇鼎建之年，率部来归，授以三等京奇尼哈番，以云显秩矣。时逢崇祀大典，念尔成劳，升授二等京奇尼哈番，予之世职嗣。朕统一中原，肇修古制，尊隆之礼。念尔匡辅有年，进尔为三等伯。又大婚，上加徽号，推恩荣封，进尔为二等伯，延以世赏，庶几克酬勋庸。兹尔尽瘁以没，爰俞礼臣之请识诸，贞珉为效顺者劝云。

大清顺治十一年八月　初八日立

原封二等伯敕：

奉天承运，皇帝制曰：朕唯尚德崇功，国家之大典。输忠尽职臣子之常经，古圣帝明王戡乱以武，致治以文，朕钦承往制，甄进贤能，特设文武勋阶，以彰激劝。受兹任者必忠以立身，仁以抚众，智以察微防奸，勇以折重御侮。几无暇时能此，则荣及前人，福延后嗣，而身家永康矣，敬之无怠。

巴图病故，将恩诏所得之官留下与亲男马兰泰仍承袭二等伯，世袭罔替如前。

康熙四十三年九月二十五日

内阁奉上谕马兰泰之祖明安原系吴鲁特部落之贝勒：

太祖皇帝时，纳款归顺，在军中亦甚效力，建立功勋，授为二等伯，现令伊孙马兰泰承袭。朕念明安劳绩，格外施恩赐予头等侯爵，着马兰泰承袭，世袭罔替。

钦此

雍正七年二月二十四日

革职，将亲祖之孙博伦岱仍承袭一等侯，世袭罔替如前。

乾隆元年五月二十五日

奉天承运，皇帝制曰：我朝诞膺丕命，建德酬庸。列爵有五，咸唯显秩，以兴文武，勋旧世受，多福休哉。朕唯礼称侯，执信圭诗，美韩侯受命汉世，封爵是有，列侯累代相承，斯制尤备。然而崇德象贤必称名表绩，粤若寇军定远令名炳焉，乃者公爵已赐嘉名，而侯封仅分等次，缅维往烈良廑于怀。兹特推广成规，并昭休美俾前徽历久以弥彰，庶后嗣抵承而无怠。唯一等侯明安纳款归诚，早矢靖共之志，建勋树绩弥坚，笃棐之忱，可封为一等恭诚侯，命尔孙博伦岱承袭于戎冠两字，于崇班成劳丕著，翊千秋之鸿业，世职允修。

乾隆十五年七月三十日

博伦岱病故，将伊子德宁仍承袭一等恭诚侯，世袭罔替如前。

乾隆二十二年十二月十七日

德宁病退，将伊亲伯之子三等精奇尼哈番博清额仍承袭一等恭诚侯，世袭罔替如前。

明安，满洲正黄旗人，原系蒙古吴喇忒贝勒。太祖高皇帝乙未年遣使通好，天命二年来献驼马，太祖率诸贝勒迎于百里外，大宴。入城率所属来归，授三等总兵，官世职。天聪三年，太宗文皇帝大举伐明，明安率兵来会。太宗命率满洲兵八十名及蒙古全军征察哈尔国，降其边境，二千户以归。五年后，大兵掘壕围大凌河，明兵突出围，我所得台堡。明安同各固山、额真率兵齐击之，敌兵大败，我兵追杀至城壕而还。既而，太宗以计诱大凌河兵，明总兵祖大寿率兵出城。明安同宗室篇古阿哥等领兵进击，大败之。崇德三年，太宗亲征喀尔喀，明安复率兵来会，并献驼马，俱却之。六年，赐顶带、朝衣、鞍马、弓矢、甲胄并人口，加世职为三等昂邦章京。顺治九年，三遇恩诏，加至二等伯。十一年，率子六人，以幼子郎苏袭伯爵。

长子昂洪达尔汉和硕齐、次子多尔济最知名。

昂洪，明安长子，初随父授游击世职。天命十一年，从大贝勒代善等征囊努克扎鲁特。天聪五年，从大兵征明绵州、大凌河，俱有功，超授三等梅勒章京世职，赐名达尔汉和硕齐。顺治二年，以系太宗文皇帝眷顾旧臣，加世职二等梅勒章京。七年恩诏准世袭。率子鄂齐尔袭官至内大臣，见得谥名臣传。

多尔济，明安次子，初随父来归。天聪八年授牛录章京世职。崇德元年，随大兵征明，至宣府，率数人败敌兵五百余，又随征锦州及克西克腾，俱有功。三年，擢都察院左参政。四年，加世职为甲喇章京。五年二月，同阿什达尔汉奏论诸王、固山、额真，凡事推诿，刑部论罪太重，太宗文皇帝是之。六年，明经略，洪承畴率兵十三万援锦州，太宗亲统兵往征，明师惧遁。因遣多尔济往视阿赖库鲁、克达尔汉、伊拜等杏山驻营之地，并察斩敌多寡，命率精兵二百五十人伏于高槁大路。是日，兵千人自杏山遁出，我伏兵起击，追至塔山，斩获甚众。是夜，复奉命，率兵随贝勒多铎设伏。适明总兵吴三桂、王朴率兵徙杏山，奔宁远。我噶布什督兵要击之，败走。至高桥，我伏兵四起，阻截前路，敌手足无措，各路溃窜，追击至暮始收兵，三桂等仅以身免。论功超迁世职为一等梅勒章京。顺治二年，以定鼎燕京，推恩旧臣，加三等昂邦章京世职。七年，恩诏准世袭罔替。

弟讷木僧格明安，第五子也。顺治十七年，以一等侍卫徙征福建海贼。率本翼兵攻厦门，力战，阵亡。康熙二年，优议恤，赠拜他喇布勒哈番兼一拖沙喇哈番，以其从子希扈尔承袭。

鄂齐尔，满洲正黄旗人，二等伯明安之孙，三等阿思哈尼哈番昂洪达尔汉和硕齐之子也。祖父俱见世职名臣，传鄂齐尔初袭父职，诏加为二等。阿思哈尼哈番由侍卫至内大臣。顺治九年，升领侍卫内大臣。任事勤谨，克尽厥职，十四年卒于官。赐祭葬如典，礼谥勤恪。

高祖贝勒二等伯追封一等恭诚侯明公传

王孙全部顾朝天，万里倾心向日边。
黄幄款宾迎百里，丹书拜爵赐千年。
大凌坚甲擐河上，察尔挥戈跪帐前。
汗马功勋真报国，英姿爽飒画凌烟。

孙德坤拜题

百里郊迎恩遇深，皇天眷顾自归忱。
东溟才涌中天日，北土先输寸草心。
绿甃昭勋锡甲第，丹书免死奉纶音。
小孙谨戴恭诚谥，自恨庸愚定不任。

乾隆四十六年岁次辛丑春正月上元吉旦三世孙博清额盥题

题曾伯祖多公传（讳多尔济，原任蒙古承政，世袭一等子）

大凌河上战尘深，设伏高桥报捷音。
二百五人方策马，十三万众已成擒。
（洪承畴兵十三万，吴三桂、王朴仅以身免，曾伯祖以二百五十人设伏高桥败明）

千年铁券颁天府，七世蒲圭拱禁林（曾伯祖赐子爵，世袭罔替）。
祠墓辽东谁奠扫，秋霜春露泪难禁。

孙德坤敬题

郎苏，满洲正黄旗人，吴喇忒贝勒二等伯明安之第六子也。幼袭伯爵，擢内大臣，侍帏幄，从龙入关，赐第于地安门外，其地即前明定国公退朝憩息之故府也。

康熙年间，随领兵大将军安和安亲王征江西建昌府，同都统朱喇善雅赖、阿喀尼进兵鄱阳湖，斩首一百八级，获船六十只，伪印三颗。贼从饶州败遁，列兵拒战，复破之，获船百只，又同固山额真和推进兵平江，败伪总兵裘英，斩首百余级，破其巢穴。复有伪总兵朱秦、谢辛、刘裘等率马步万余，排列枪炮、鹿角拒战，公率八旗劲旅及绿营兵进发过河，追杀三十余里，斩首六千余级，生擒伪副将二员、游击一员、守备六员、千把总共九员，贼兵一百八十名尽行正法；获大小炮七十九座，坐纛八十六杆，乌枪、长枪、腰刀、大刀无算，伪劄付三十四张。又同固山额真和推前往岳州、长沙等处征踞平江之贼，直破城门，群贼逸出，追奔二十里，获劄付十五张，伪印一颗，马九匹；生擒贼兵已斩尽，恢复平江贼。复踞鄱阳湖余千县，公同副都统朱喇善率兵前进。复有贼兵五千、战船三百在巴口排列枪炮拒战，公率八旗炮手兵丁奋力攻打陆绩，前进直抵武冈州地方，斩首三千余级，获船百七十艘，伪副将陈留仁于阵上斩获，复斩伪官员十余人，贼兵百余人，获器械什物无数，恢复余千。

自出征以来，每立奇绩，得头等功牌甚多。公生长塞外，武艺绝伦，挽强射生丽龟达掖，驰逐峻坂，上下如飞。每攻战，先登陷阵，单骑直前。铁棍重六十斤，万夫辟易不戴，兜鍪军中有光头将军之号。夜则亲巡营垒，纪律严明，刁斗旌旗，精彩整肃，人望见之，知其为郎公营也。尤能与士卒同甘苦，人咸乐为效命，故所向克捷，未尝失利。虽刀痕箭瘢刻肤殆遍，而凯旋之日口不言功，尤为人所推重云。后因事夺爵，以长子班第承袭。预构生墓于鹰房之北，筑亭馆，植花木，徜徉其中，若将终老焉。

长子病退，公仍复伯爵，从容丹禁者又二十年，以疾卒于官，御赐祭葬立碑墓道。

子五人，长班第袭伯爵，次舒库勒袭胞伯纳木僧格，阵亡，恩赐之骑都尉，又一云骑尉。三佟保袭胞伯昂洪达尔汗和硕齐之三等男。四巴图袭二等伯，即一等恭诚侯马兰泰之父。五保住袭胞伯绰尔济之三等子，即一等恭诚侯博伦岱之父。自贝勒明安纳款归诚，即封伯爵，诸子俱登显贵，五等之封已备其三。以故貂蝉奕叶，冠盖盈门，固祖之贻谋，实朝廷之恩赐也。

曾祖二等伯追封一等恭诚侯郎公传位列躬圭，帝泽优传家三世，又封侯一支。早擅射雕艺，百战难消汗马愁。巴郡降旗收峒甲，鄱阳桴鼓动湖舟。绵绵瓜瓞嗣孙子，弓冶常贻燕翼谋。

孙德坤拜题

保住，满洲正黄旗人，吴喇忒贝勒，二等伯明安之孙，二等伯内大臣郎苏之第五子也。幼即承亲伯一等子、内大臣绰尔济嗣。长袭子爵，充侍卫长、头等侍卫兼管鹰鹞处大臣。康熙间，济南大饥，地方官吏经理不善，特旨命公前往赈恤。闻命即星夜驰往，察户口，支给粮米，周恤备至。复念百姓赴仓领米仆仆靡宁，将所带骆驼驮运米粮亲往各村，按户支散，终日忘疲；又恐官粮不敷，自出己资，泛海载米，以济困穷，全活者甚众。民咸感恩，作为德政歌，传闻远迩。“有此日此官倘不到，空费皇粮不救饥"、"为官个个存此心,自此天下穷人少"之句,迄今山东父老犹有能道其事者。诚亲王幼时在家抚养,即与王读书,恩礼有加。王以兄事之田产赀财全奉与王。世宗宪皇帝仍赐复焉,每引见,骑射娴熟,清语谙详。圣祖仁皇帝尝叹,以为与王相似也。伯父先茔与本身坟墓皆王所置,迄今春秋二祭王,子三贝子犹奉行焉。年四十九,以疾卒于官。赐祭葬立碑墓道。公天资纯厚,事亲以纯孝称。花萼之情老而弥笃,恂恂谨饬无急言遽色。处富不吝,居贵不骄,所以祥和之气久而弥昌,阴骘之报数传滋大。长子保寿、次子佛佑,俱袭子爵;三子博伦岱以荫生承袭堂兄之一等恭诚侯,任散秩大臣副都统;孙公布袭佐领,德宁、博清额俱袭侯爵,德坤以举人任知府;重孙十三人。所谓积善之家必有余庆,殆不虚云。

二等子二等侍卫保公奉命赈饥德政歌(东民)

保父母,布皇粮。丹心一点赈饥荒,代天赈民真父母,大地人歌股肱良。

保父母,最清廉。钦命山东赈荒年,日用供给皆自备,不费民间一个钱。

保父母,钦命官。人不得所心不安,视民无衣鲜子服,老幼个个颂青天。

保父母,慈悲心。见民无钱资囊金,坤寒不顾身安便,频把红炉与民分。

保父母,体民艰。哀人路远少盘缠,疼痛饥民腹中苦,含泪平分厨下餐。

保父母,最仁和。助赈捐金三万多,人人得忘饥寒苦,四海焚香念弥陀。

保父母,甚周详。一饥不遗皇恩荡,外救民生五千命,合郡人歌恩流长。

保父母,忠且谨。一心奉命济饥民,假馆僧宇非饮食,宵衣不暇安衾枕。

保父母,善御下。随身使从有礼法,不敢分外生闲事,宁邑居民个个夸。

保父母,世所稀。为民忘身出帝畿,此日此官倘不到,空费皇粮不救饥。

保父母,总是好。千言万语称不了,为官个个似此心,自此天下穷人少。

先祖二等子追封一等恭诚侯保公传

五等荣封并外僚绣衣持节赴民凋赈饥万户。曾临鲁,转粟千帆竞渡辽,碑上巴歌留下里度前乔木,赐先朝百年堂构,谁绳武民社,惭膺万里遥。

孙德坤拜题

维我博尔济吉忒一姓出自成吉思汗之裔,巴图猛克汗第九子格勒之 也格勒受封于吴喇忒地方,世为君长,士马精强,诸蕃畏服,传及吴班、齐伦,皆世守其土,迨至明安,以贝勒纳款。大清于太祖高皇帝因,率部落来归,其同来者本族共五部落贝勒,七贝子,十四公爵,并台吉无算,分封八旗。其中,奉义公一,恭诚侯一,伯爵二,世袭散秩大臣二,子爵十,男爵三,轻车都尉、云骑尉、勋旧佐共百数十员。佐领下即原带来之朱伸也。

国初,以部下人掌之,今仍归本族台吉管理。赐茔于鄱阳城外之老鸦店,立碑墓道为置,守冢者二十户。皇上两次东巡俱遣大臣致祭。

长子昂洪以功封男爵,赐名达尔汗和硕齐;次子多尔济以功封子爵;五子纳木僧格以阵亡赐骑都尉,又一云骑尉;六子郎苏袭伯爵,勋旧佐领,二至孙玛章泰,蒙世宗宪皇帝念明安军中劳绩,特旨晋封一等恭诚侯,世袭罔替。余俱为显官,绳绳振振,迄今貂蝉不绝,皆贝勒,燕翼贻谋。之所致也,凡为子若孙者,承祖宗遗绪,亲弓冶则当思先人汗马之劳,抚冠裳则当念大朝鸿恩之重,兢兢业业共传永久,是所厚望也夫。

博尔济吉忒氏世谱

巴图猛克达颜汗

图鲁博罗特	此嗣布颜车臣汗
乌鲁斯博罗特	此嗣六鄂尔多斯
巴尔斯博罗特即依	此嗣土默特
阿尔斯博罗特	此嗣鄂遮特鄂特
鄂吉尔博罗特	
阿尔出博罗特	此嗣巴林札鲁特巴岳特
阿尔博罗特	
格勒三札	此嗣喀尔喀
格勒博罗特	此嗣乌鲁特
噶鲁第台吉	
乌巴三乂台吉	

乌鲁特贝勒格勒博罗特，子贝勒吴班，孙贝勒齐伦诺音，重孙贝勒明安。

按：格勒四世俱受封于乌鲁特地方，世为君长。迨明安纳款大清，率其全部朱伸来归，封伯爵，谥忠顺，始入满洲，为正黄旗人。

贝勒二等伯，谥忠顺，追封一等恭诚侯明安

一等男，内大臣，赐名达尔汗和硕齐。昂洪，一等男，领侍卫内大臣，谥勤恪。鄂齐勒，子丹忱、阿玉寔相继承袭男爵，俱无嗣。

一等子、内大臣都察院左参政多尔济，子博罗早卒无嗣，古鲁班第俱早卒无嗣。

一等子、内大臣、勋旧佐领绰尔济无嗣，以胞兄郎苏之子保住为嗣，承袭子爵。

一等子、一等侍卫阵亡，谥直勇，赠骑都尉，又一云骑尉，纳木僧格无嗣，以从于舒库勒袭阵亡，世职准袭三次。

二等伯、内大臣、勋旧佐领，追封一等恭诚侯郎苏，子五人。

二等伯内大臣，勋旧佐领，追封一等恭诚侯郎苏

二等伯内大臣班第　无嗣，以舒库勒三子明忠为嗣，胞弟巴图袭伯爵。

骑都尉又一云骑尉舒库勒　子三人

二等男领侍卫内大臣佟保　子一人

二等伯领侍卫内大臣勋　子一人

旧佐领追封一等恭诚侯巴图

二等子头等侍卫勋旧　子三人

佐领管鹰鹞处大臣保住

二等伯内大臣班弟　过继子

袭堂兄图喇之二等男

明忠

任二等侍卫孝陵总管

三等男二等侍卫，现任云南大理提標游击

永昶

官学生

河图

文瑞

麟书

辛卯科举人　德昶

庆椿

仙椿

骑都尉又一云骑尉
舒库勒

户部员外郎
巴特玛

骑都尉又一云骑尉二等侍卫勋旧佐领
二格

二等男二等侍卫孝陵总官
明忠

闲散
普德

骑都尉又一云骑尉勋旧佐领二等侍卫
裕德

闲散
成德

勋旧佐领
永德

闲散
庆德

勋旧佐领
来仪

勋旧佐领
来福

护军
来智

乐善

二等男勋旧佐领
领侍卫内大臣

佟保

二等男散秩大臣
都统领侍卫内大
臣勋旧佐领北路
军营参赞大臣

图喇

二等侍卫 恒均

刑部笔帖式 履中

护军 德兴

亲军 商霖

俱无嗣

二等伯勋旧佐
领领侍卫内大
臣追封一等侯
巴图

二等伯晋封一
等侯散秩大臣
领侍卫内大臣
北路军营参赞
大臣副将军
玛兰泰

固山额驸
三等侍卫
德裕

哈哈诸子
繙绎生员
清字经馆
繙绎官
官学生
官学生

哈哈诸子
绎生员
清字经館
绎官
官学生
官生

二等子头等侍卫勋旧佐领管鹰鹞大臣追封一等恭诚侯

保住

二等子二等侍卫勋旧佐领

保寿

三等子勋旧佐领旗员行走

佛佑

由荫生袭一等恭诚侯散秩大臣护军统领前统领副都统公中佐领

博伦岱

勋旧佐领

公布

闲散

金布

三等子兼一等恭诚侯二等侍卫散秩大臣

博清额

一等恭诚侯

三等侍卫

德宁

壬申举人前任云南寻甸州知州特授广西南宁府知府

德坤

勋旧佐领

闲散

拜唐阿

清字馆繙绎官

俟笔帖式

祥顺

祥泰

明保

重锡

博惠

博义

博善

博达

博俊

阿琳

鹤书

虎臣

虎拜

鹏年

奇渥王孙奕叶昌，分封内外姓名扬。
婚姻帝室百年久，屏翰中华万里长。
传世金貂绵胄子，归朝白马咏宝王。
休夸本族恩荣重，部下朱伸亦宰桑。

德坤敬题

蒙文影印件

1 r.

1 v.

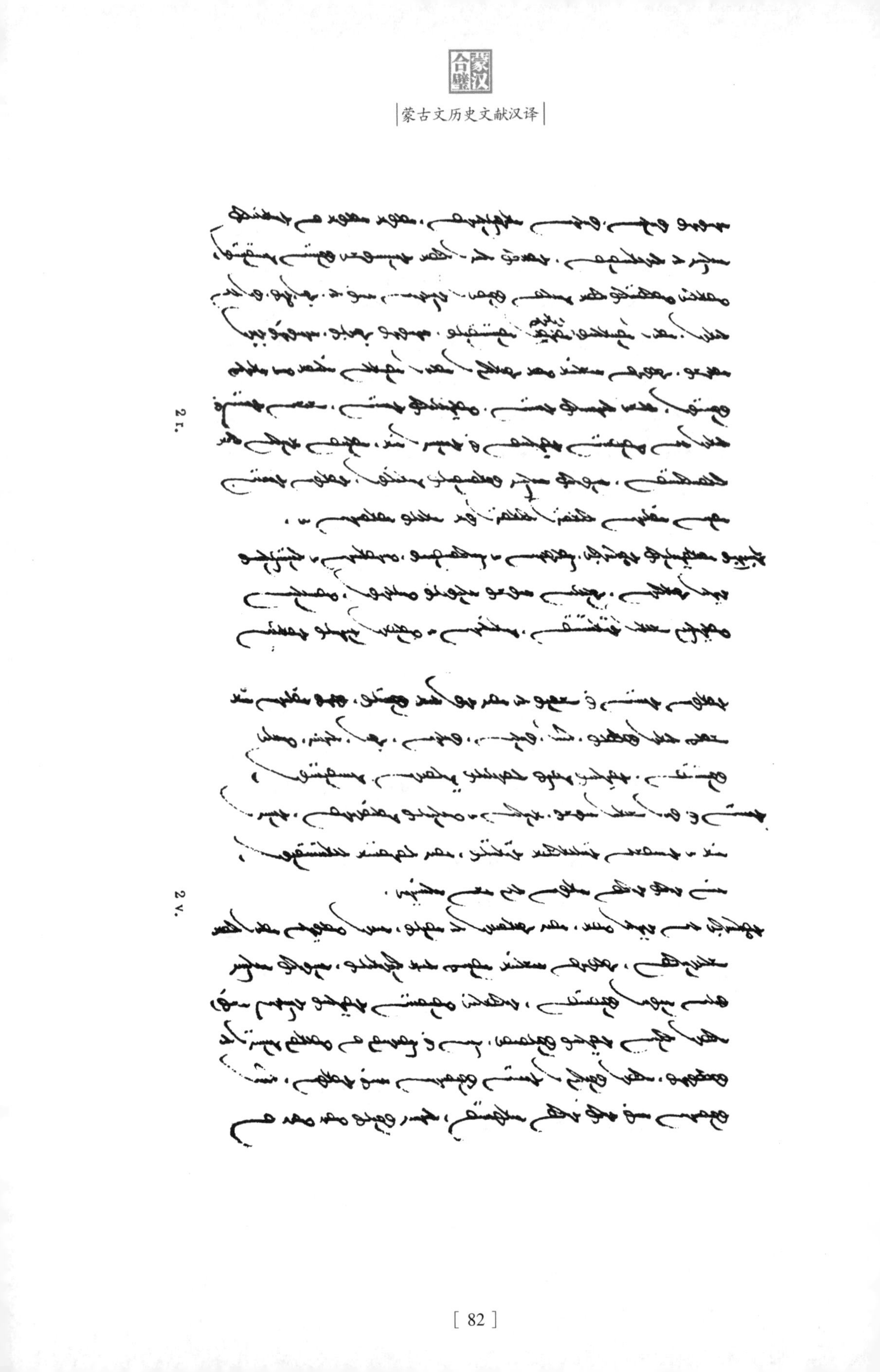

2r.

2v.

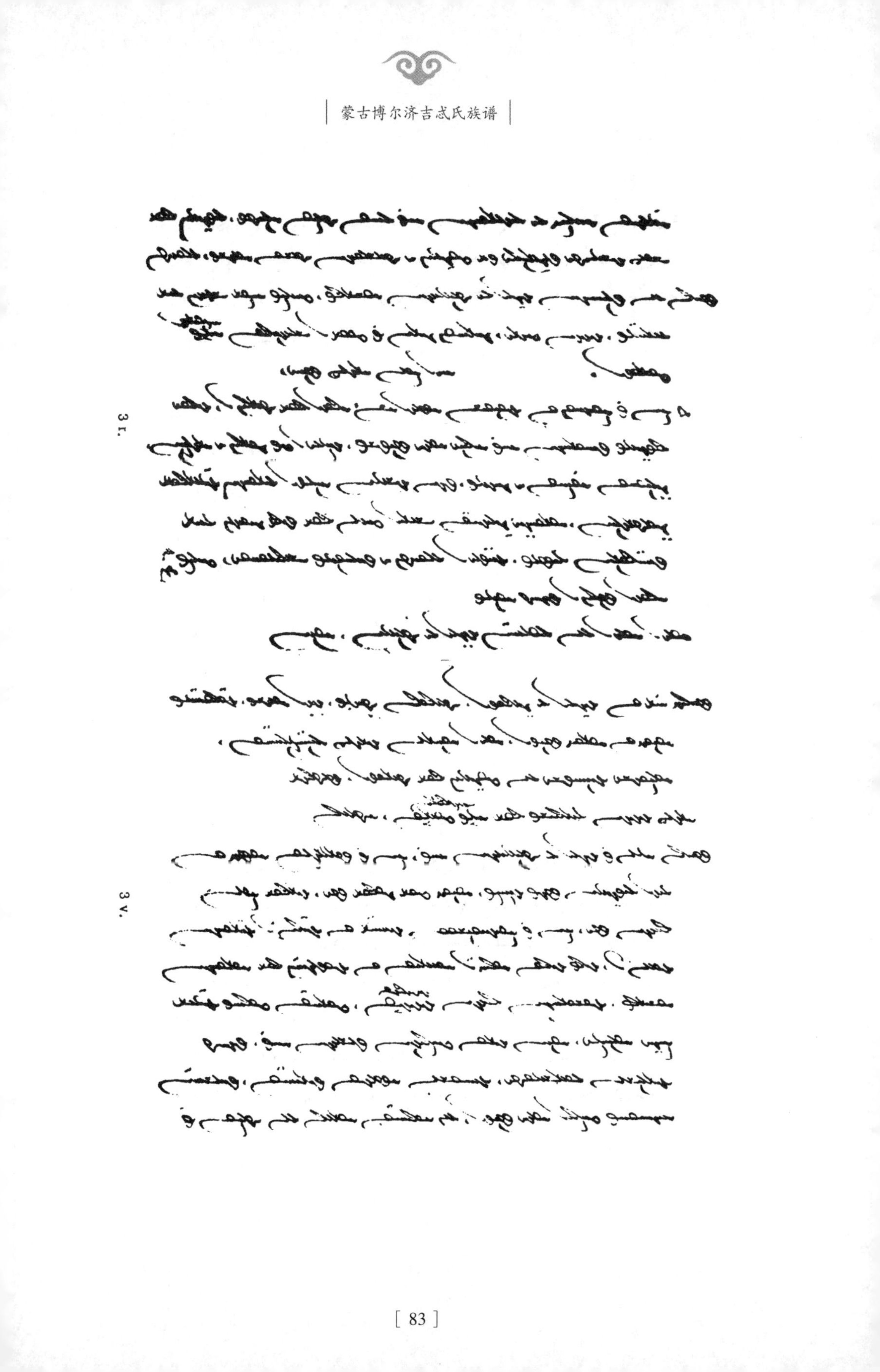

3 r.

3 v.

4 r.

4 v.

5 r.

5 v.

6r.

6v.

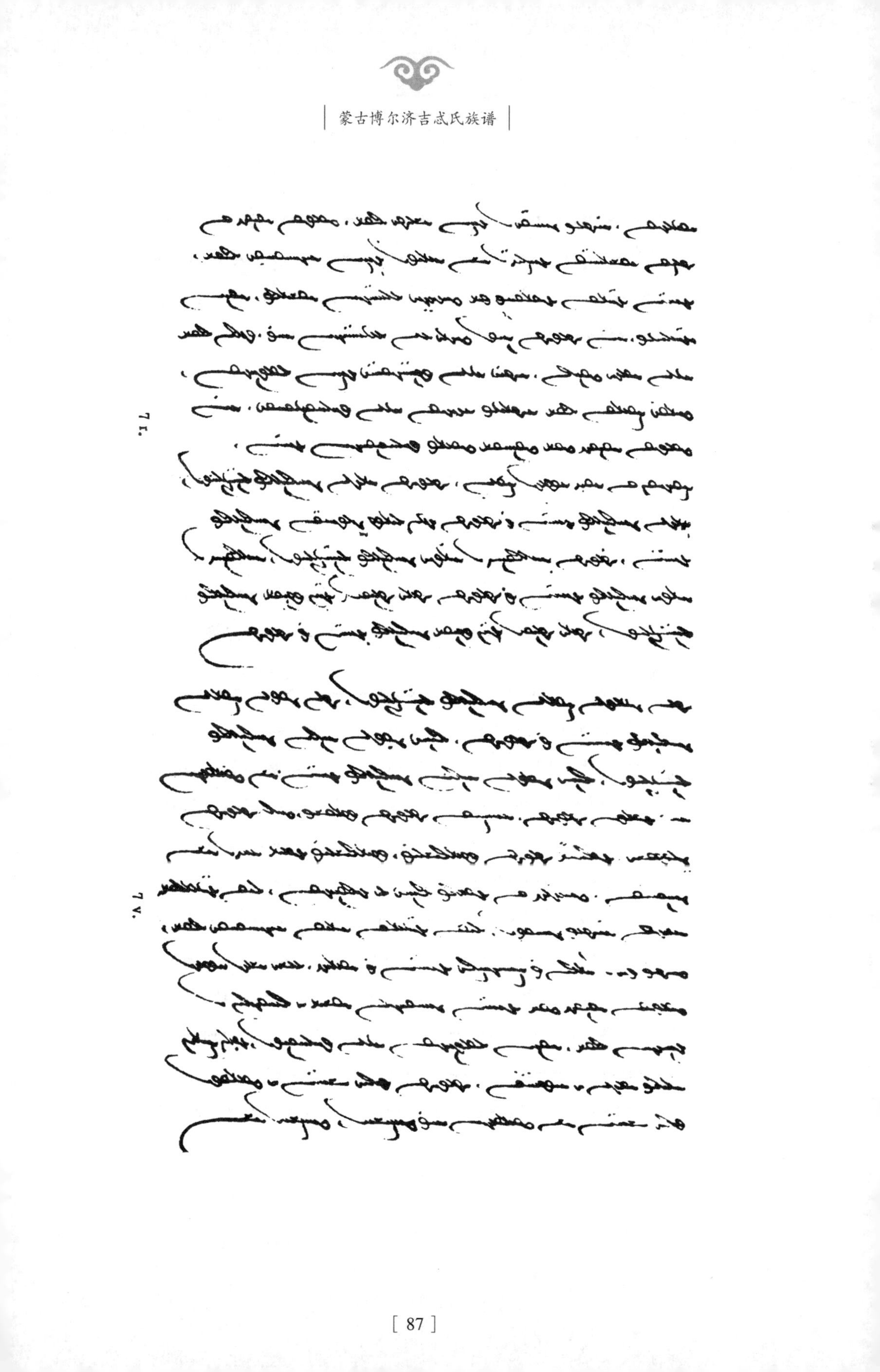

᠑᠗. [illegible]

᠑᠘. [illegible]

8 r.

8 v.

9r.

9v.

10 r.

10 v.

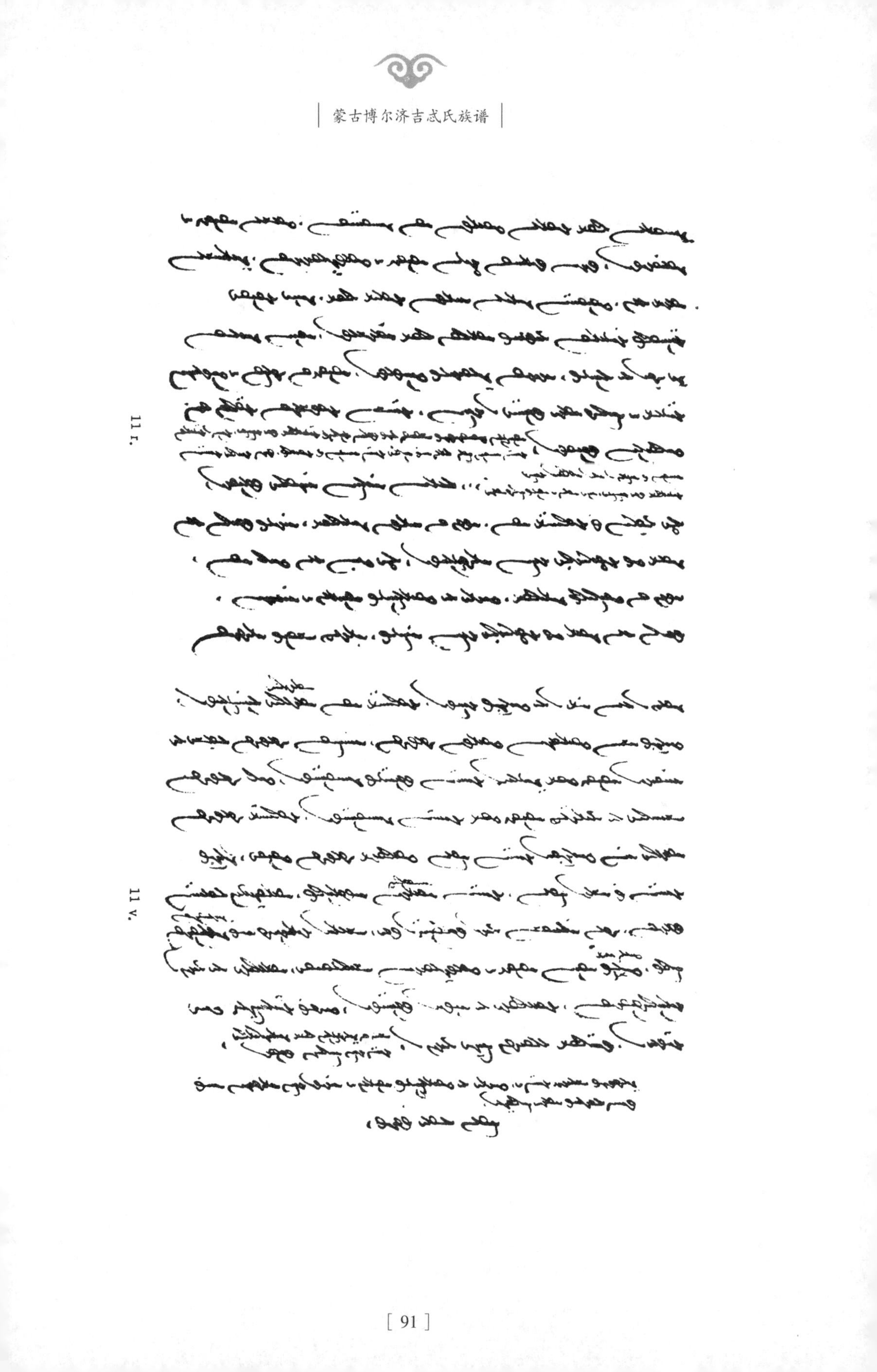

11 r.

11 v.

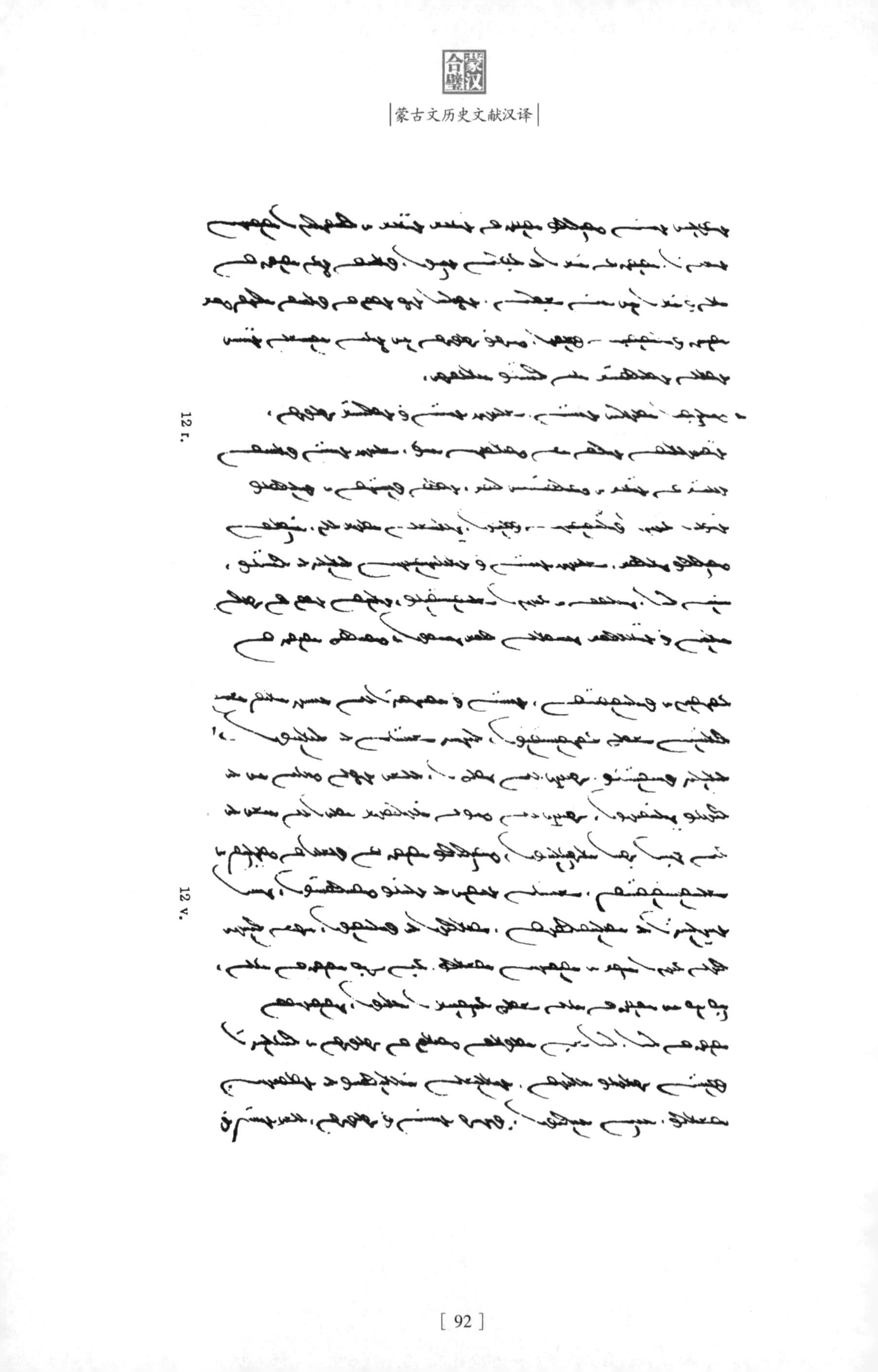

12 r.

12 v.

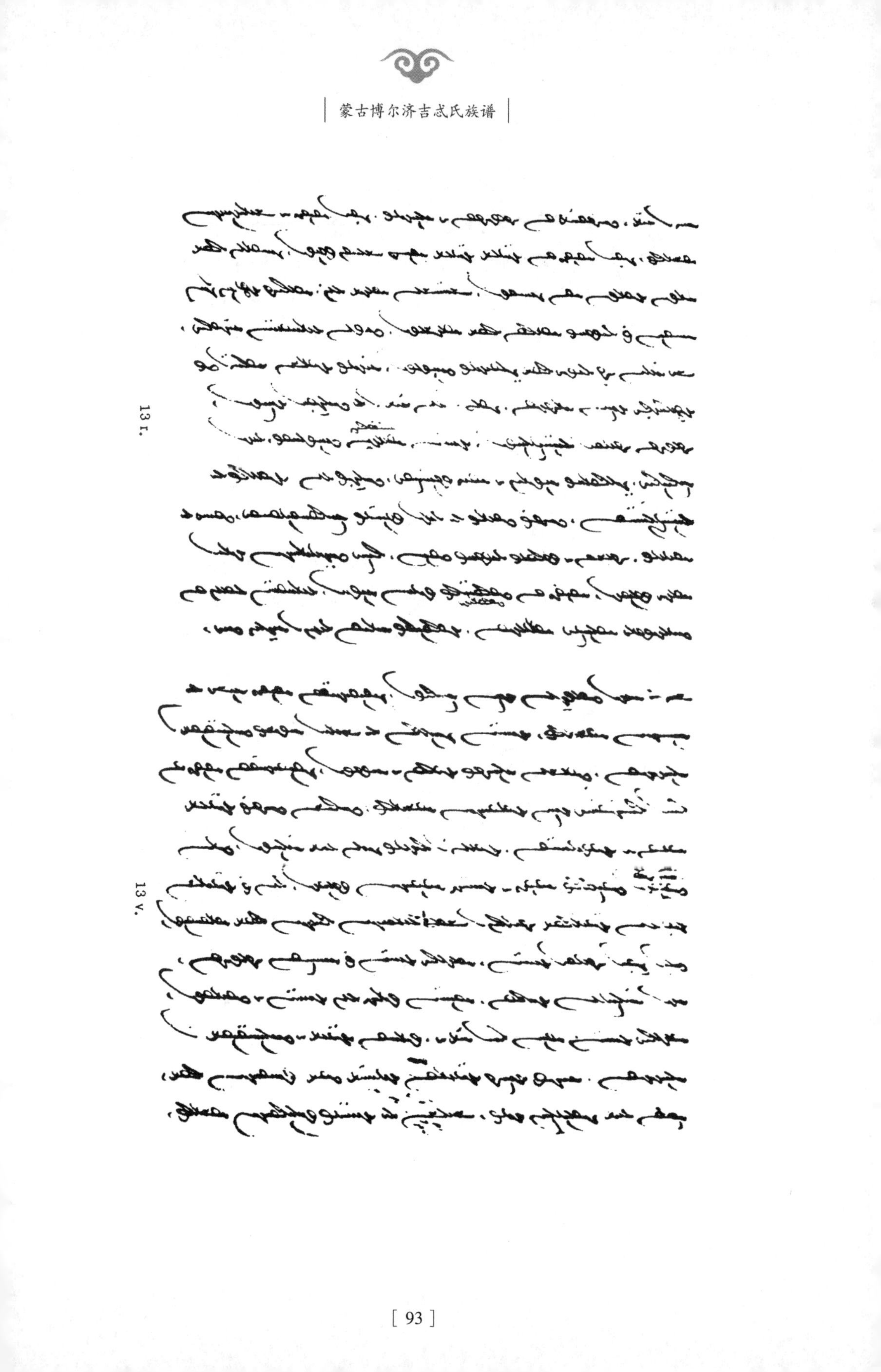

13 r.

13 v.

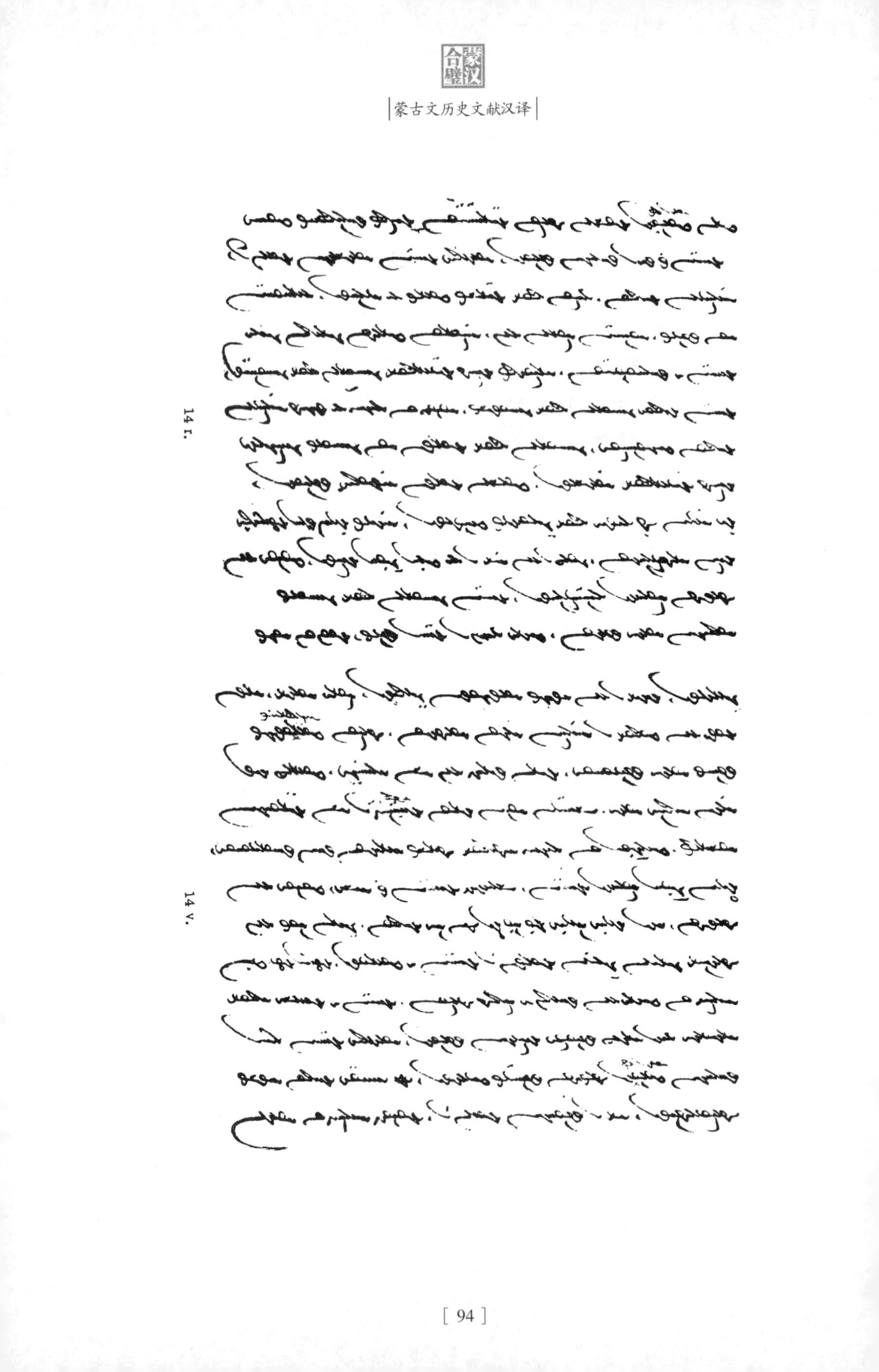

14 r.

14 v.

15 r.

15 v.

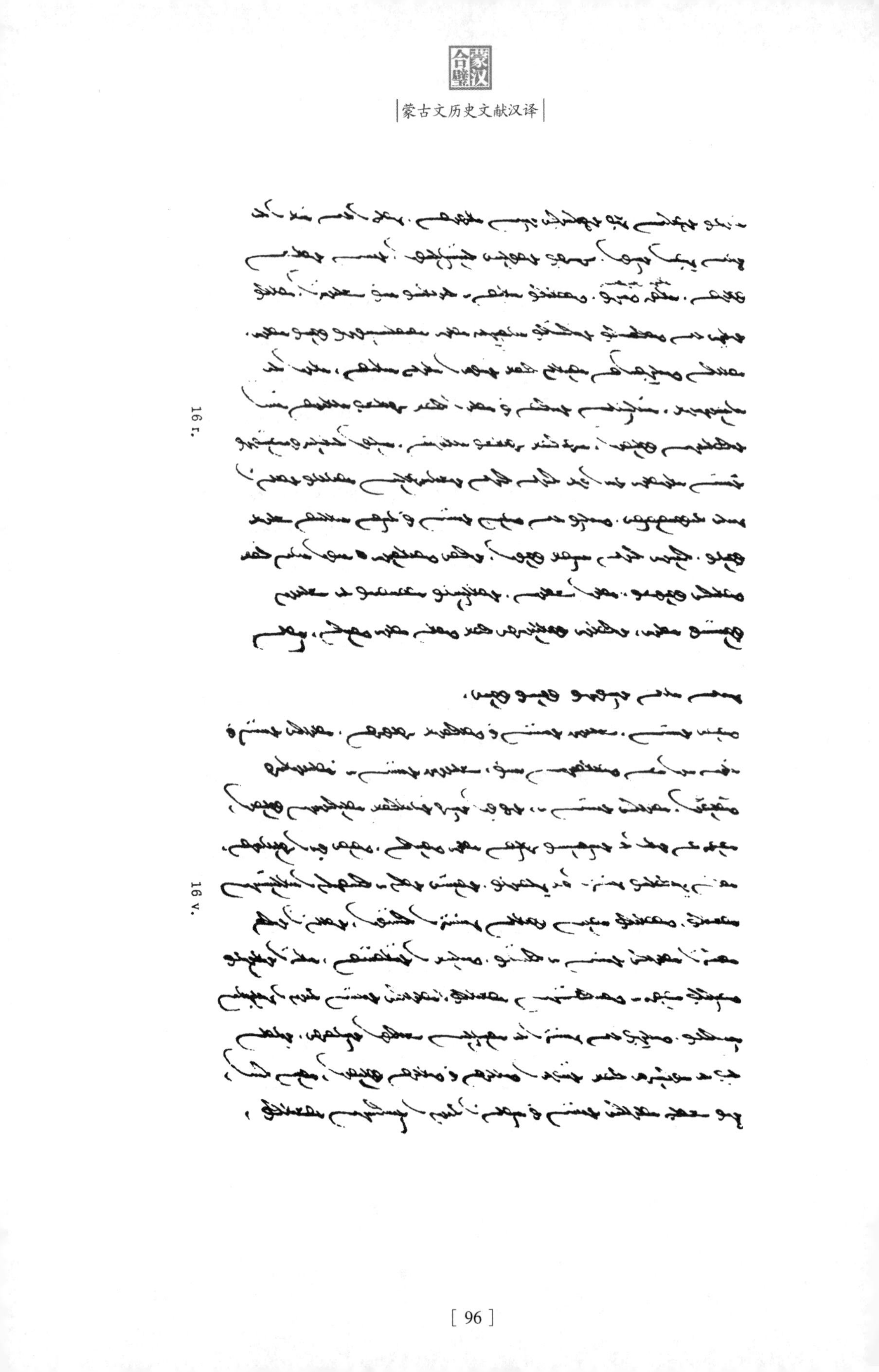

16 r.

16 v.

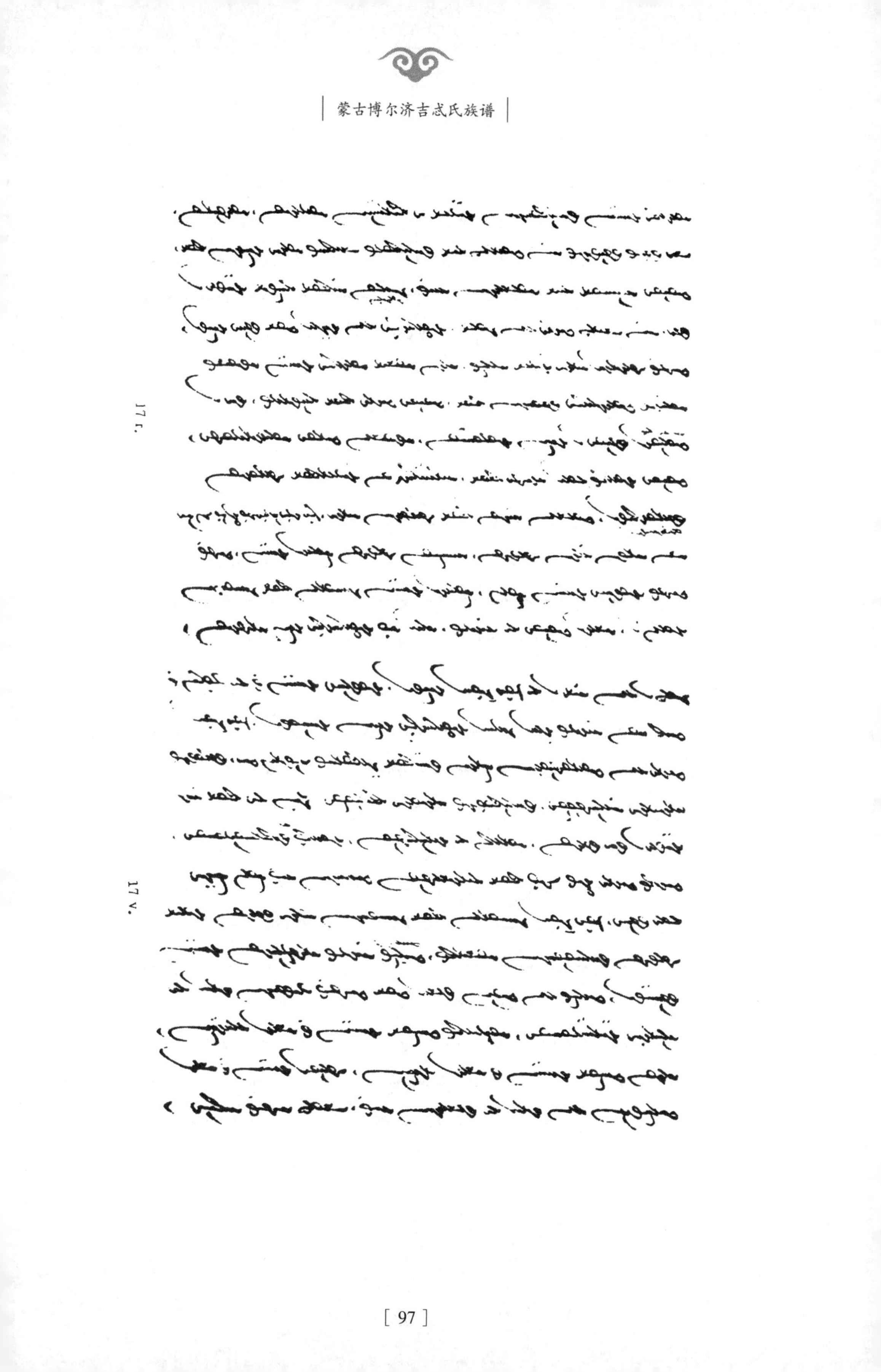

17 r.

17 v.

18 r.

18 v.

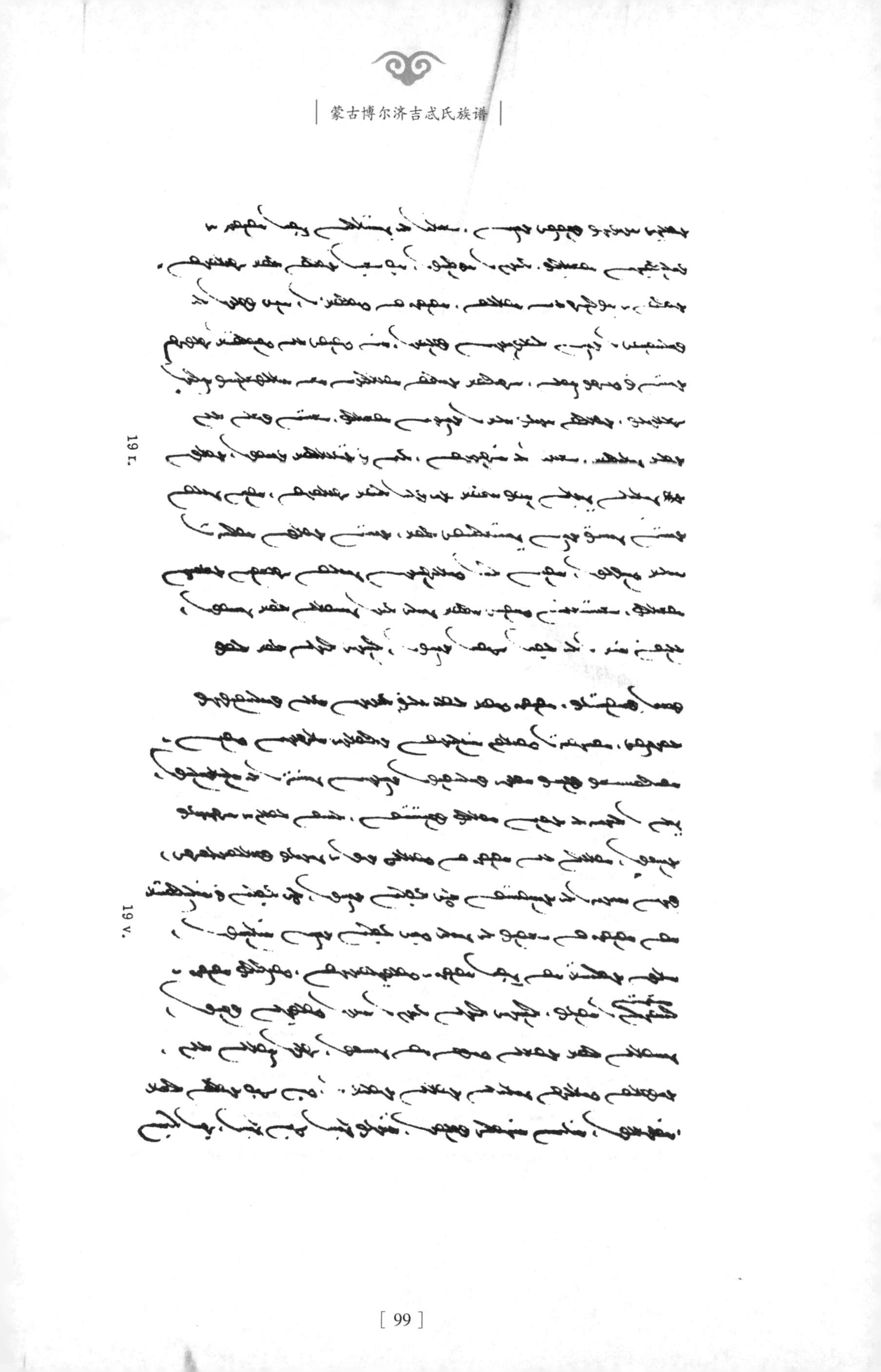

19 r.

19 v.

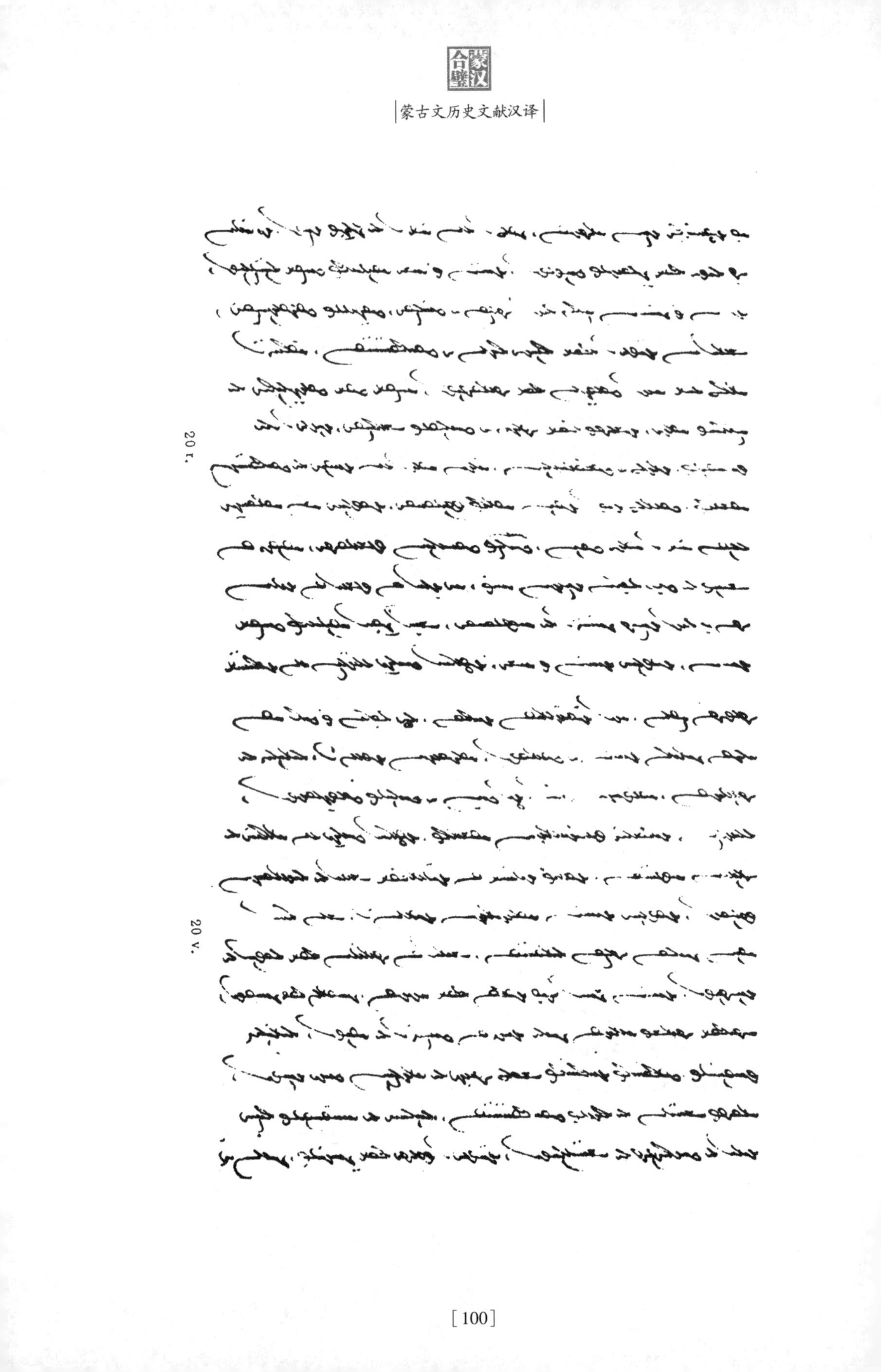

20 r.

20 v.

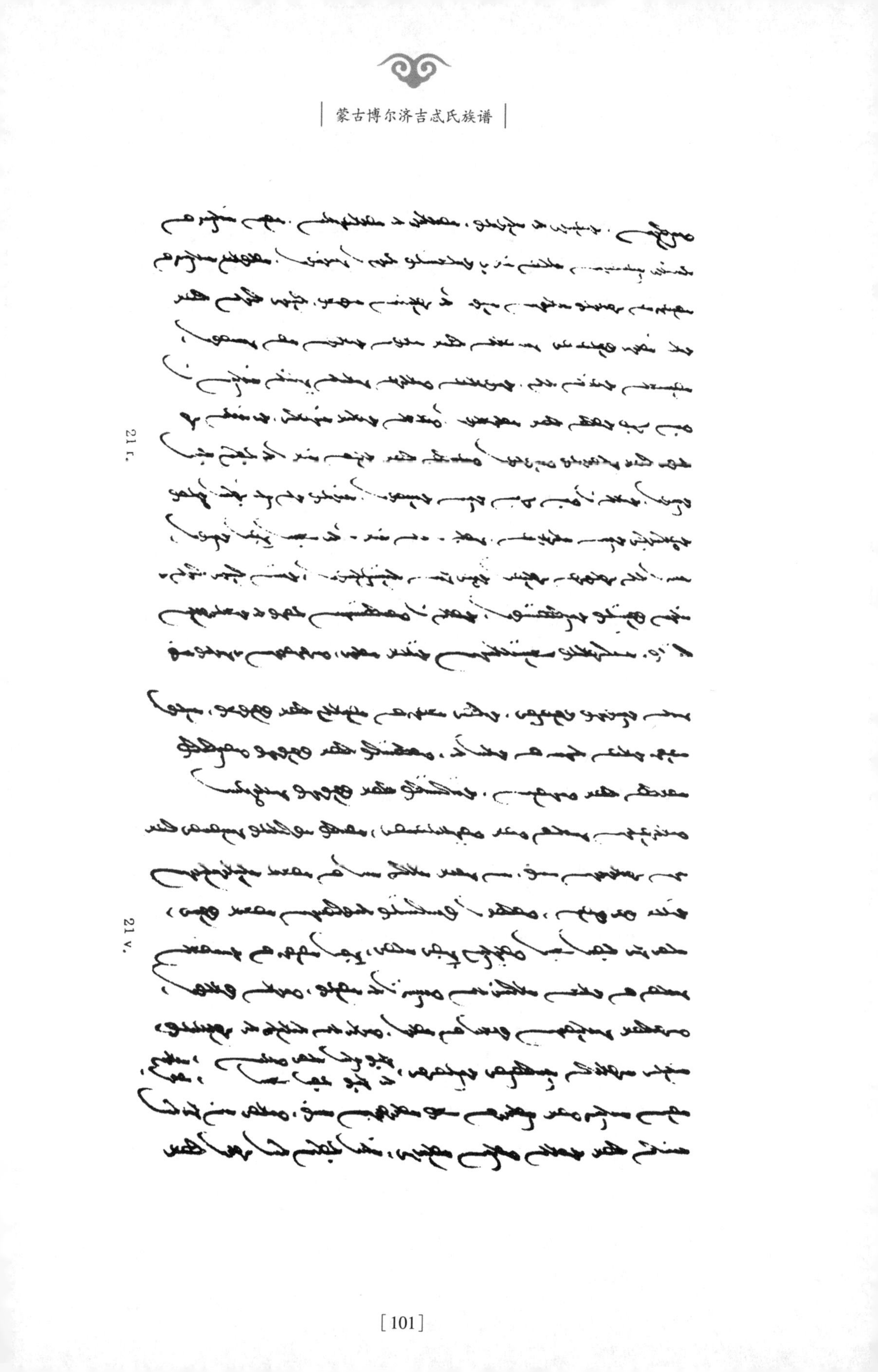

21 r.

21 v.

22 r.

22 v.

23 r.

23 v.

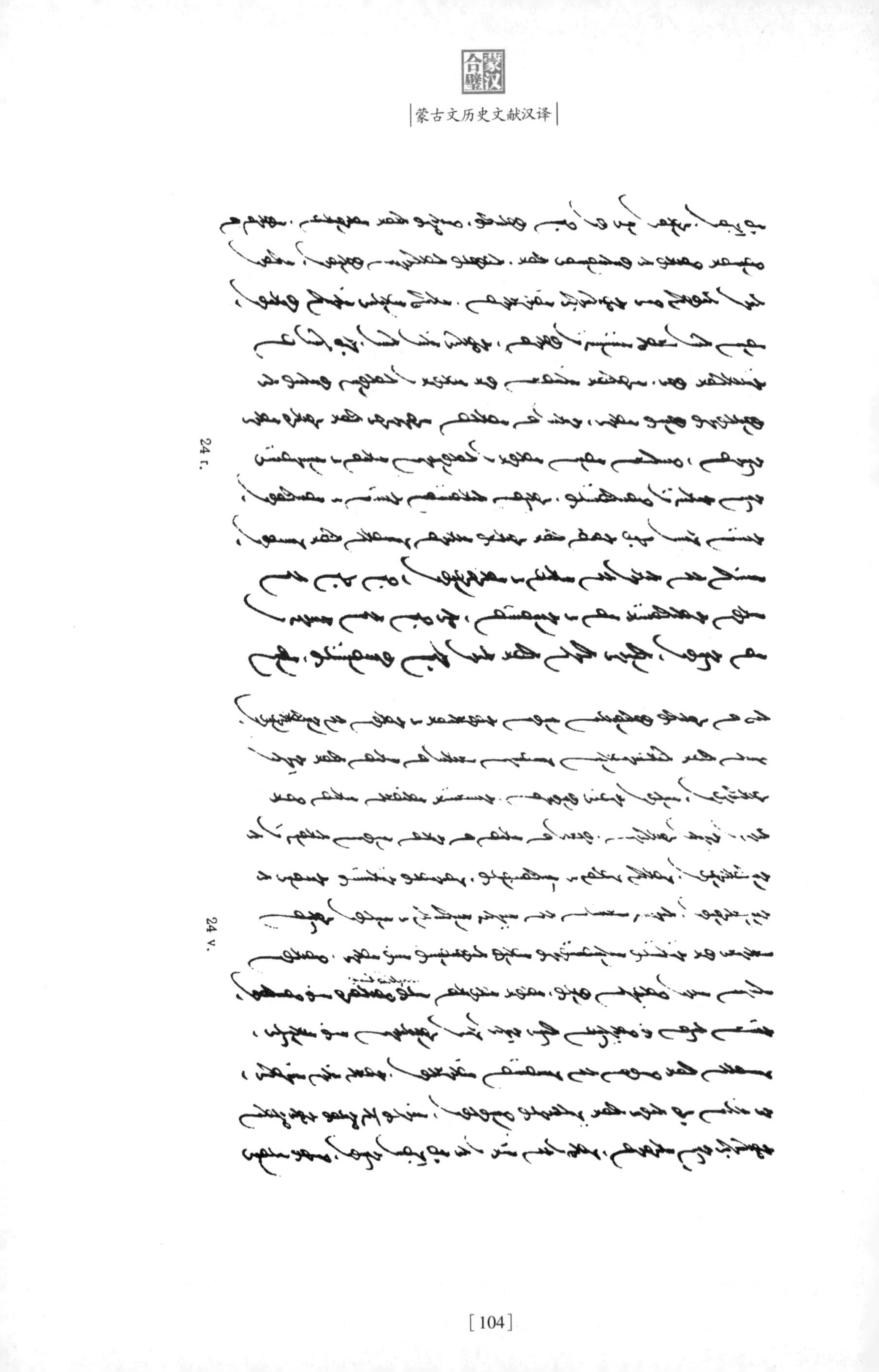

24 r.

24 v.

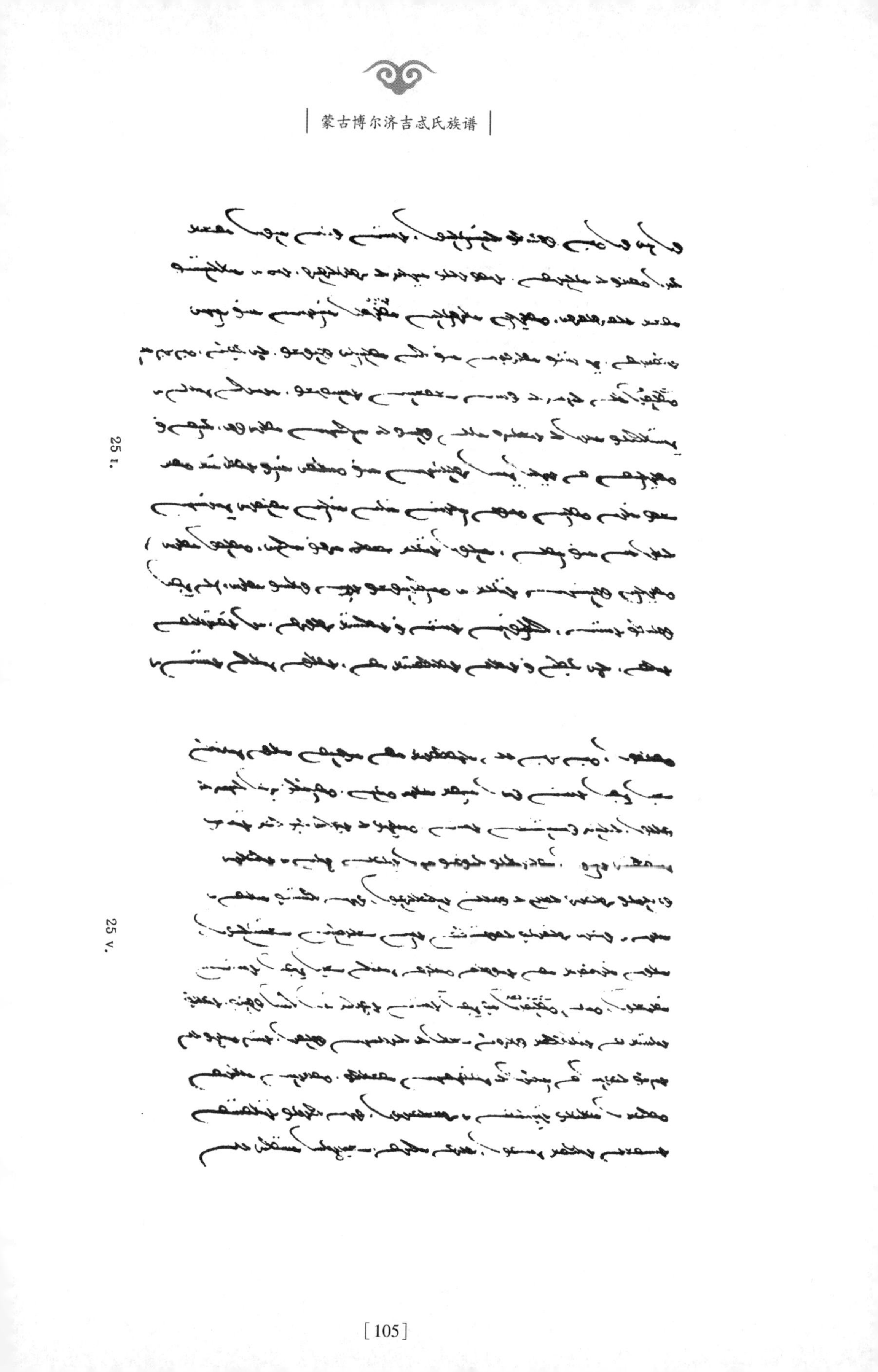

25 r.

25 v.

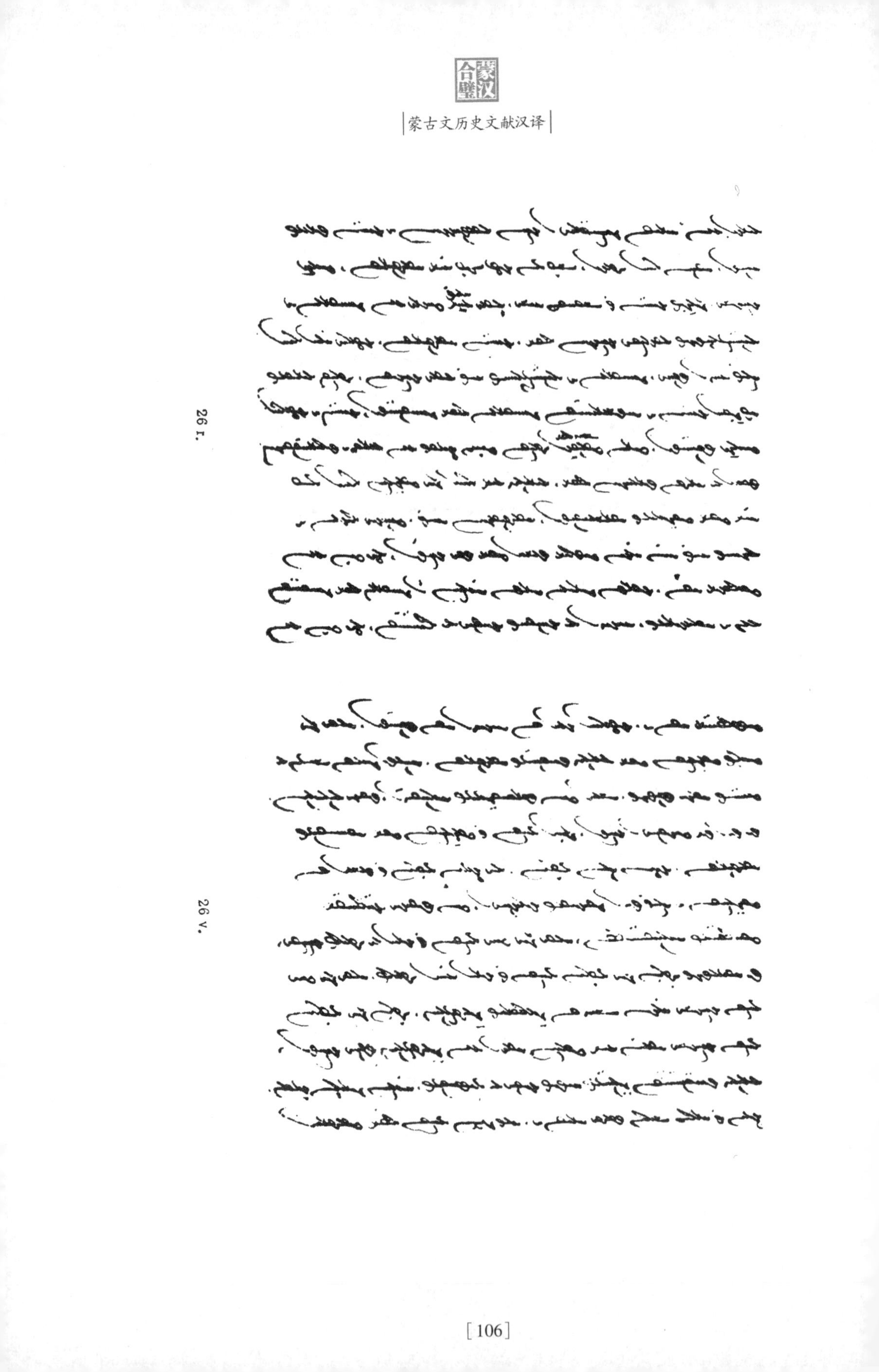

26 r.

26 v.

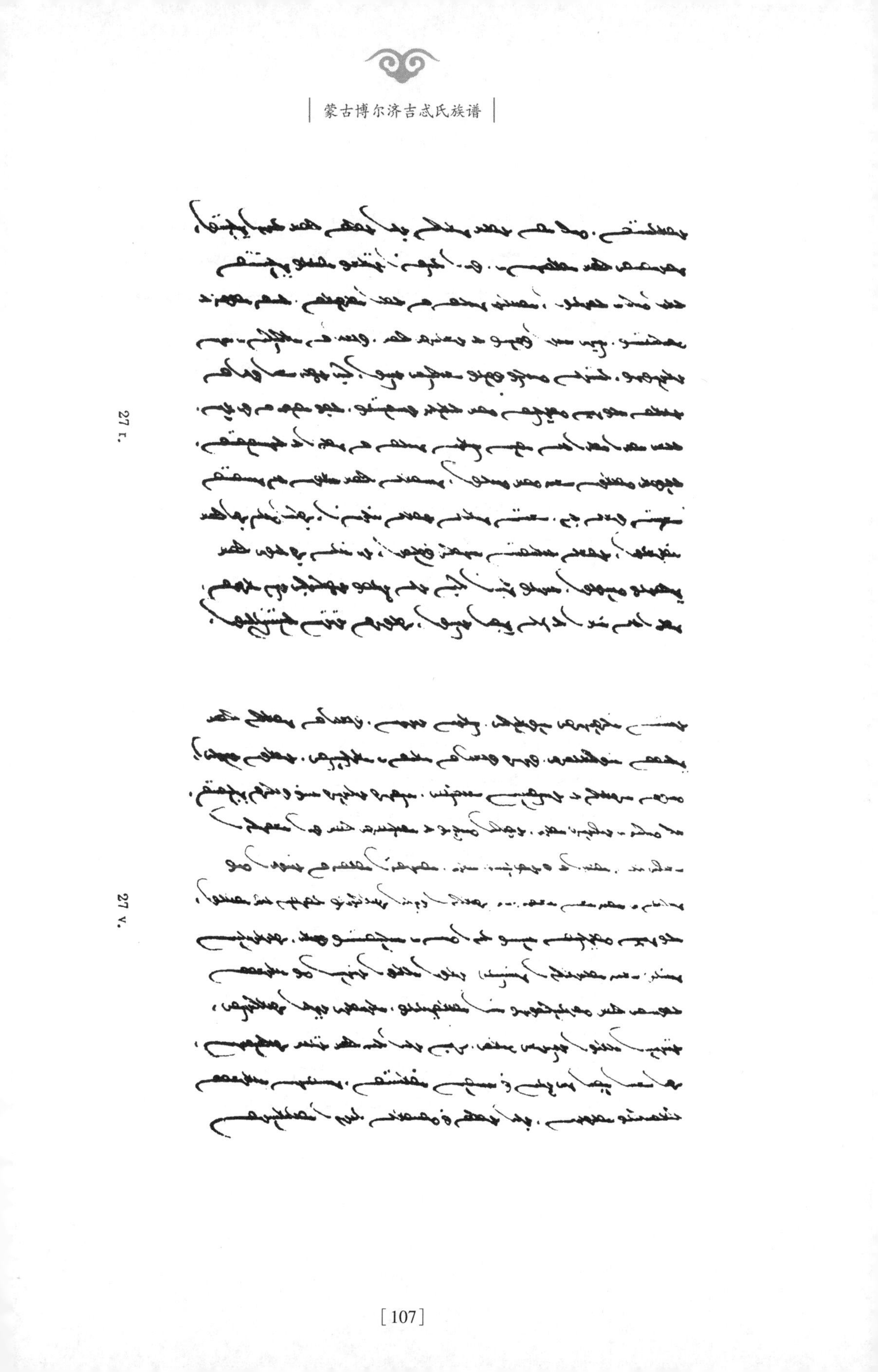

27 r.

27 v.

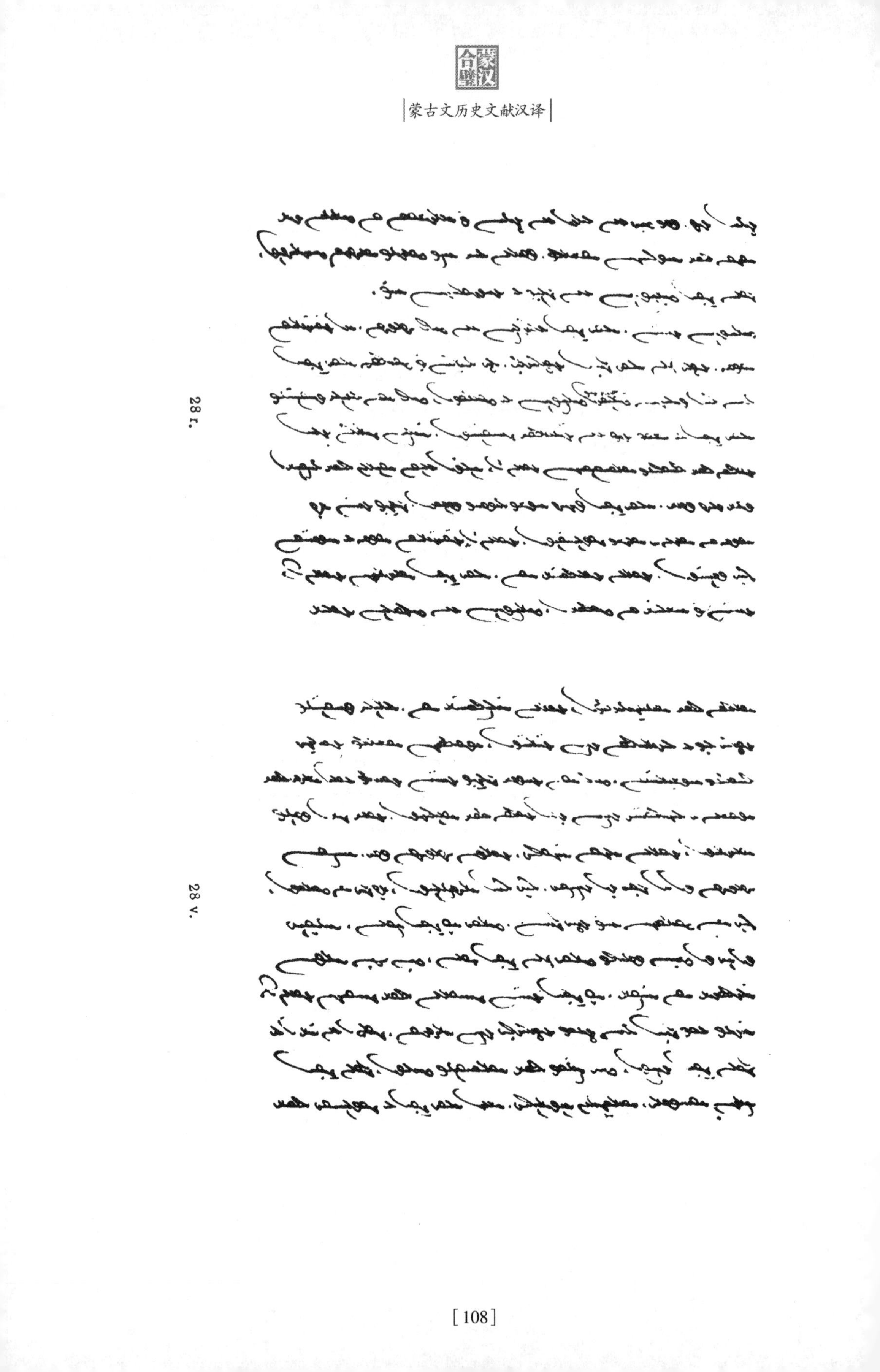

28 r.

28 v.

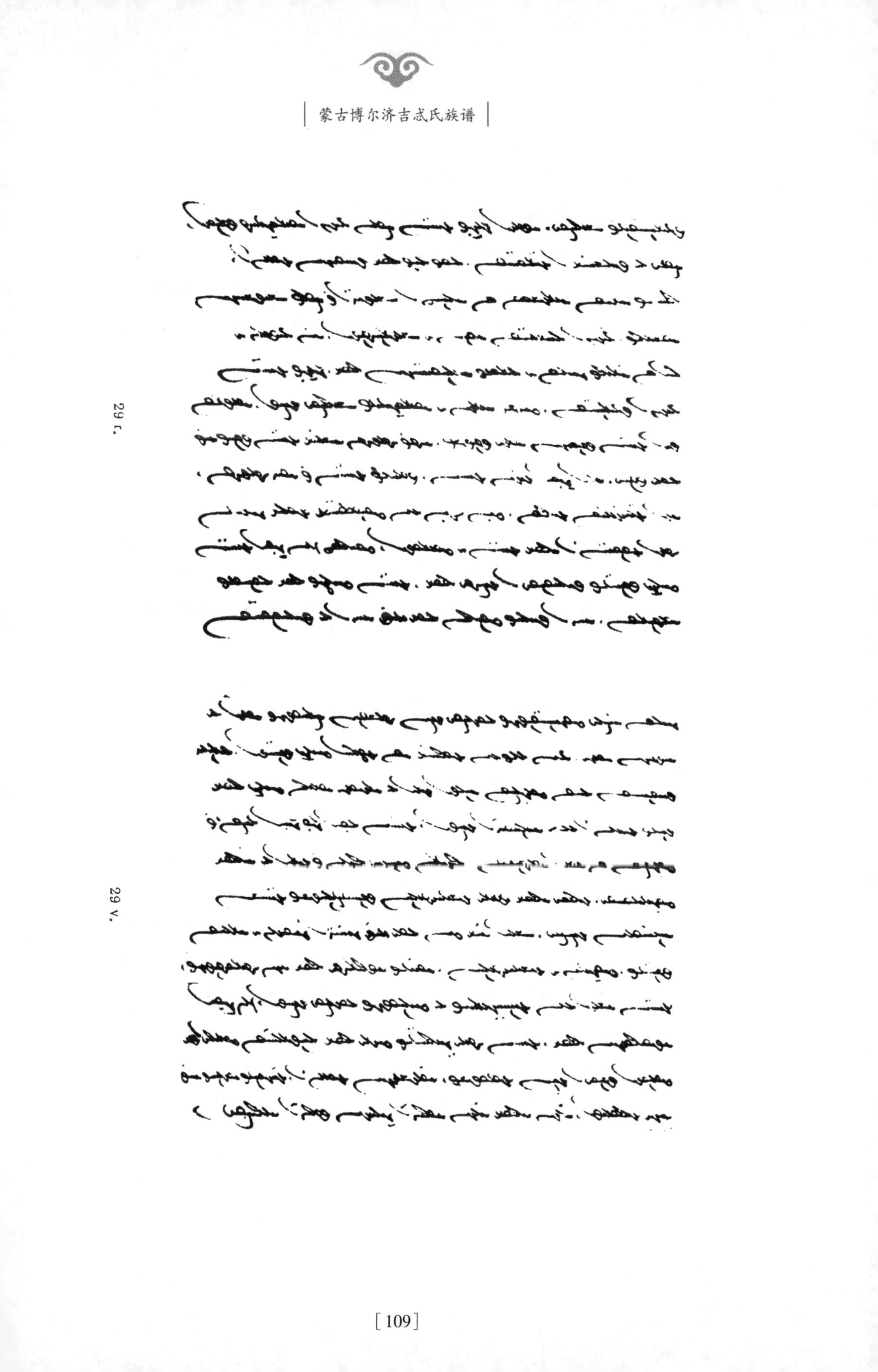

29 r.

29 v.

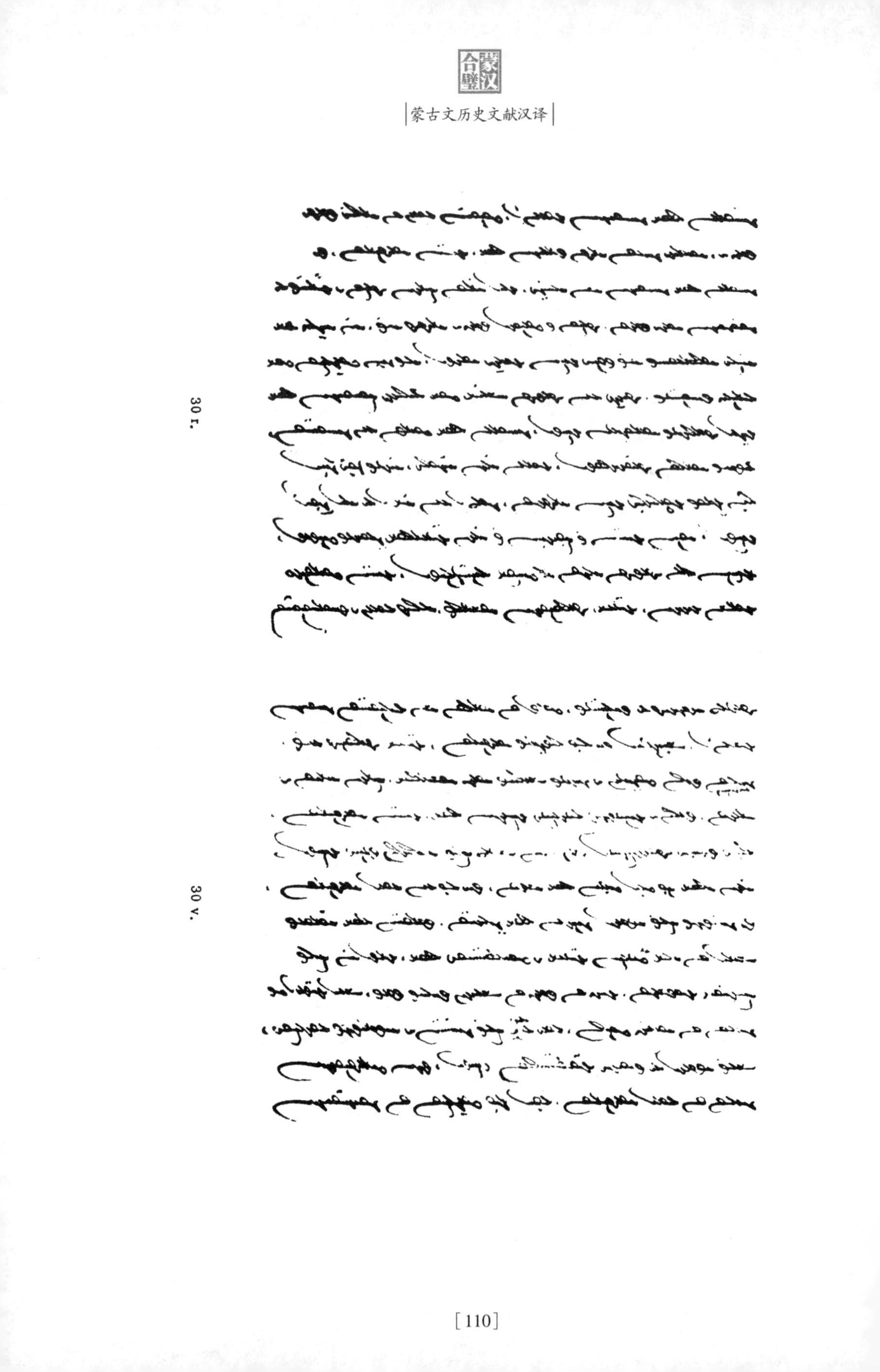

30 r.

30 v.

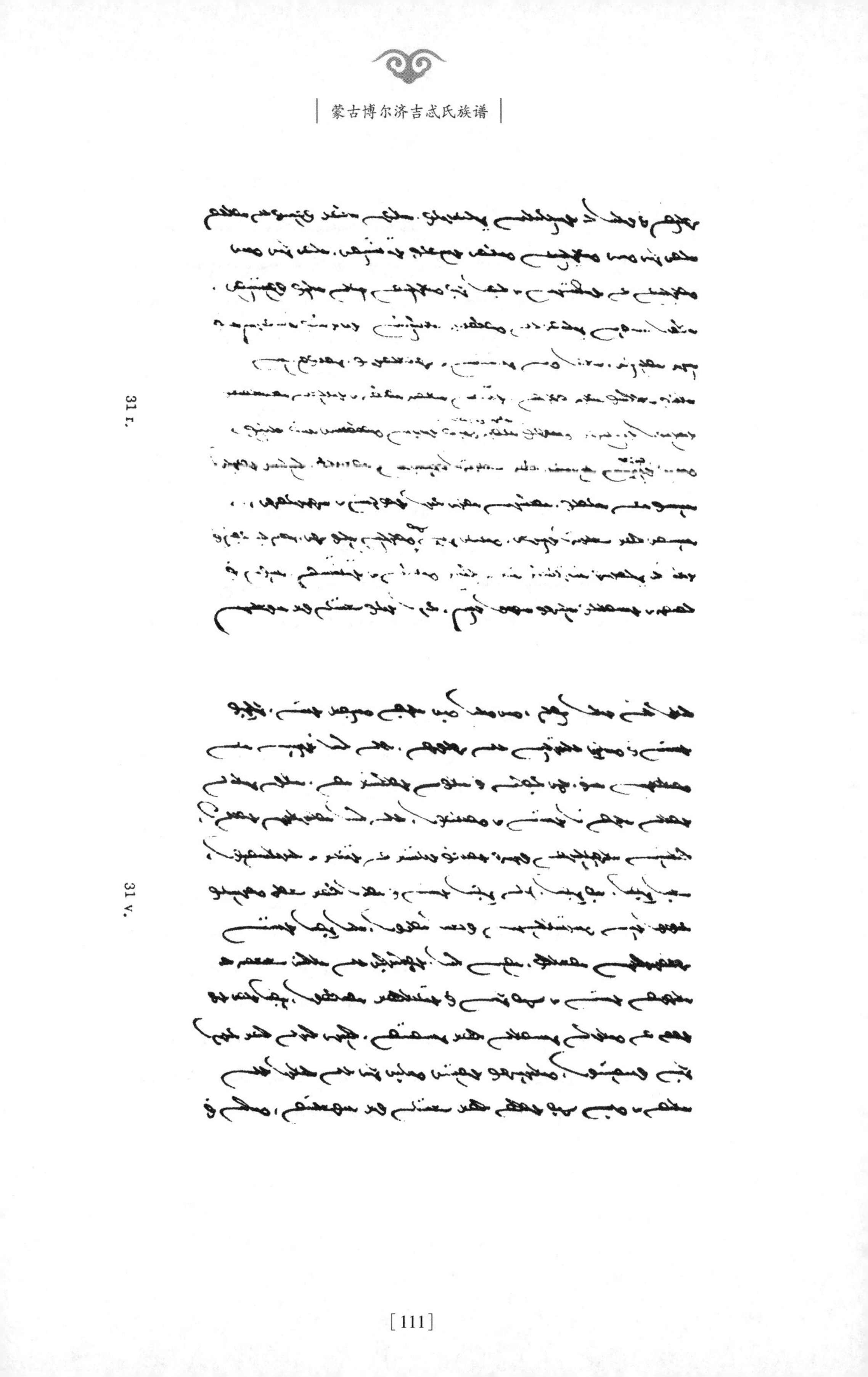

31 r.

31 v.

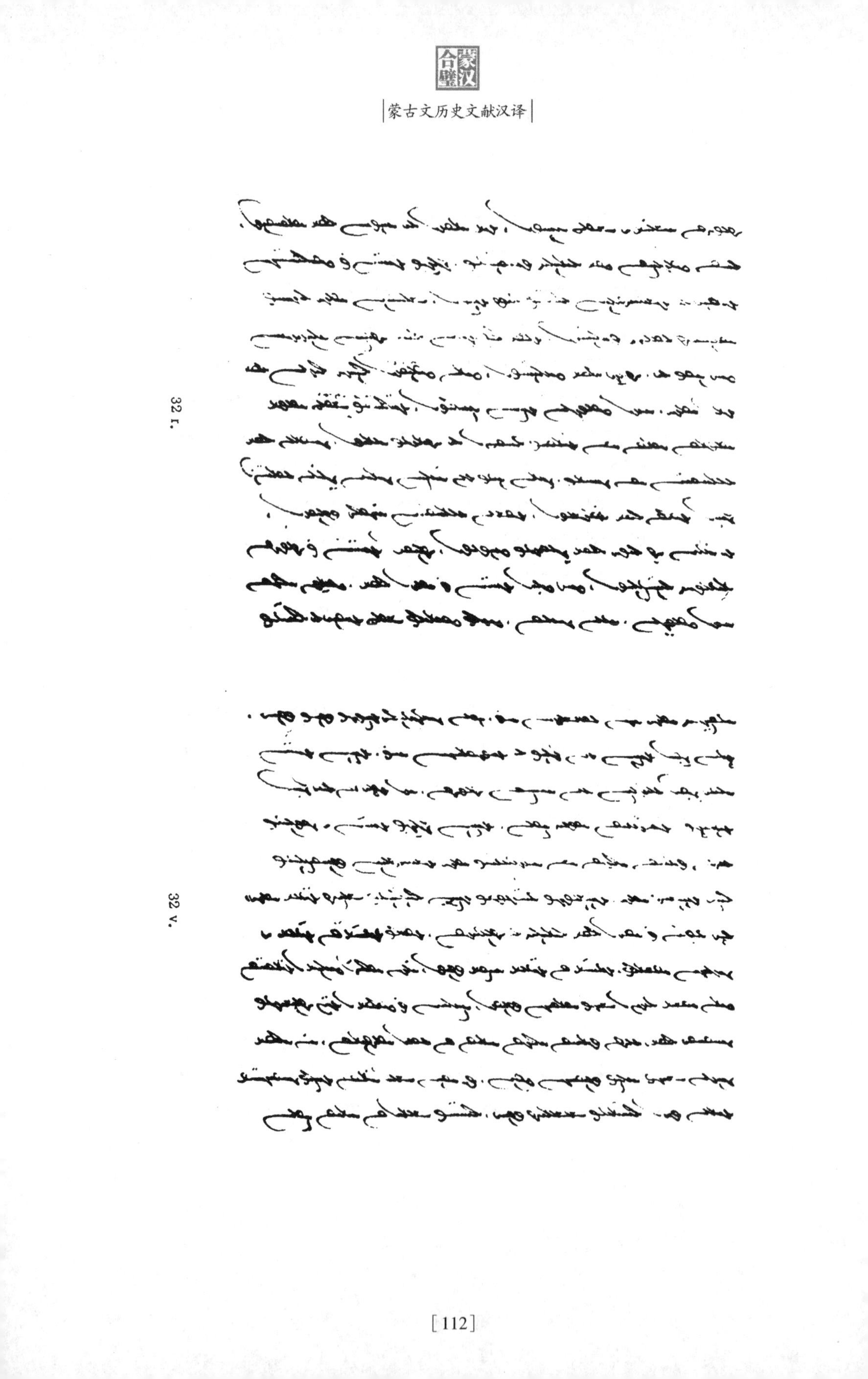

32 r.

32 v.

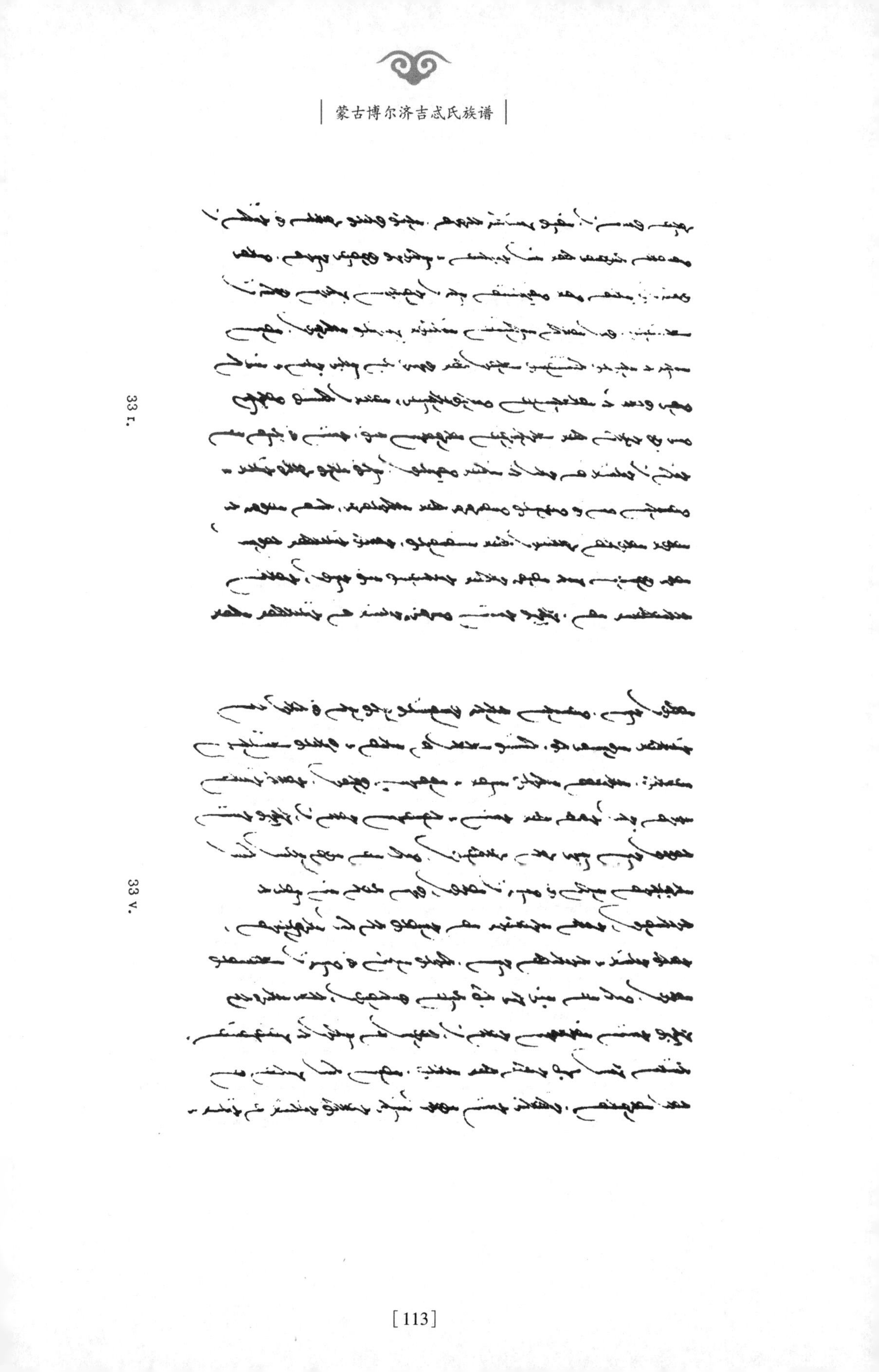

33 r.

[illegible]

33 v.

[illegible]

34 r.

34 v.

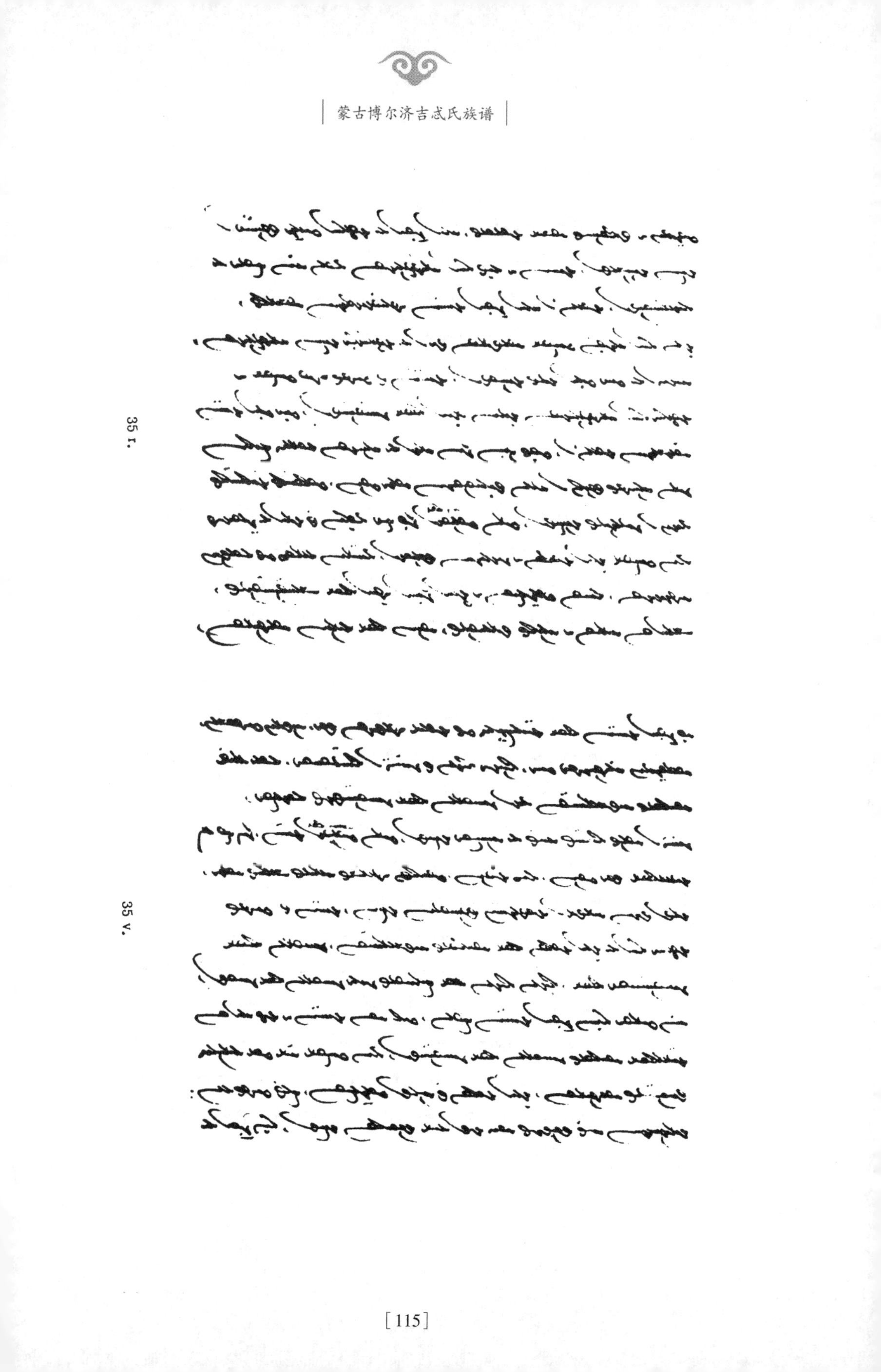

35 r.

35 v.

36 r.

36 v.

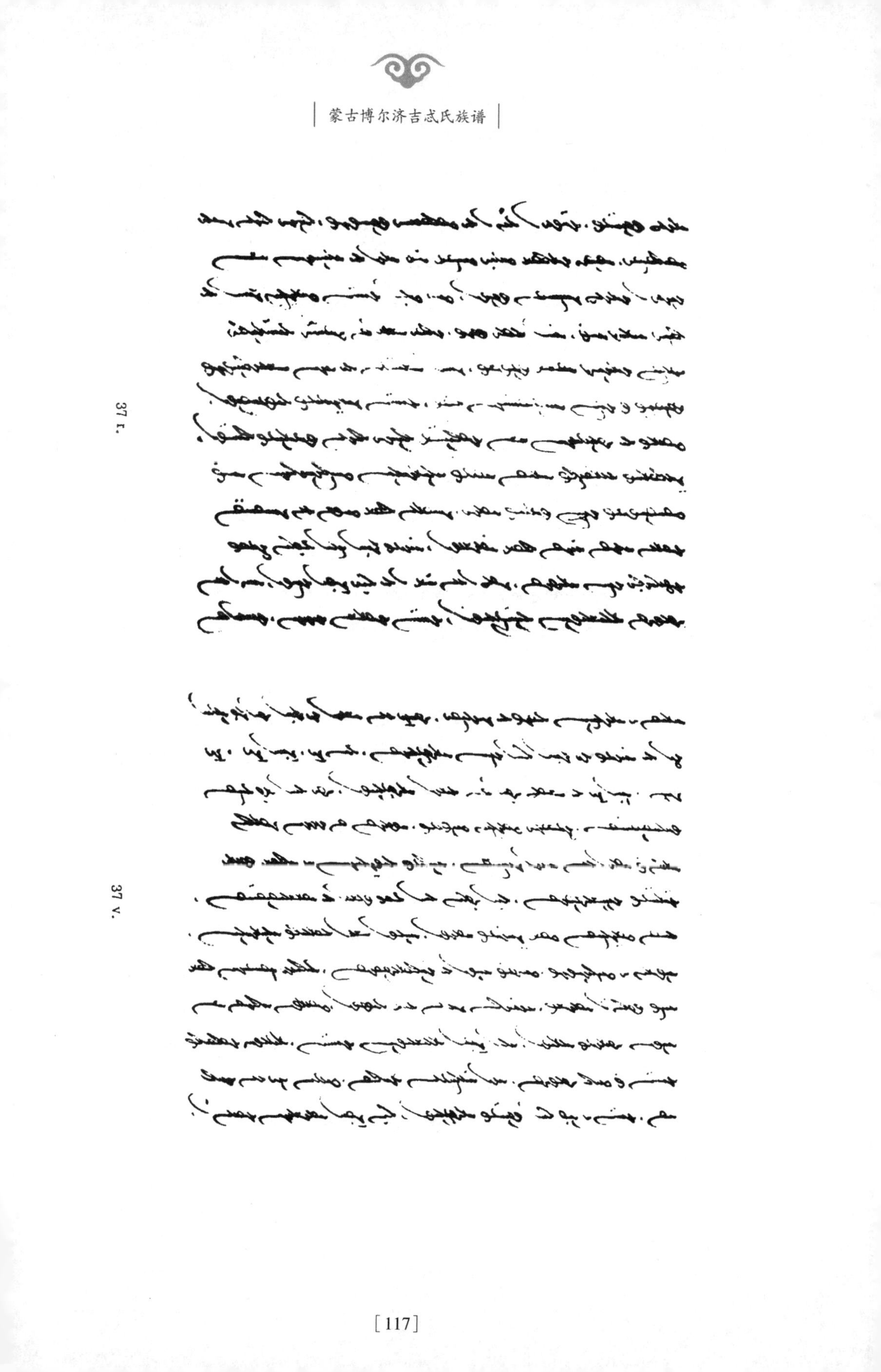

37 r.

37 v.

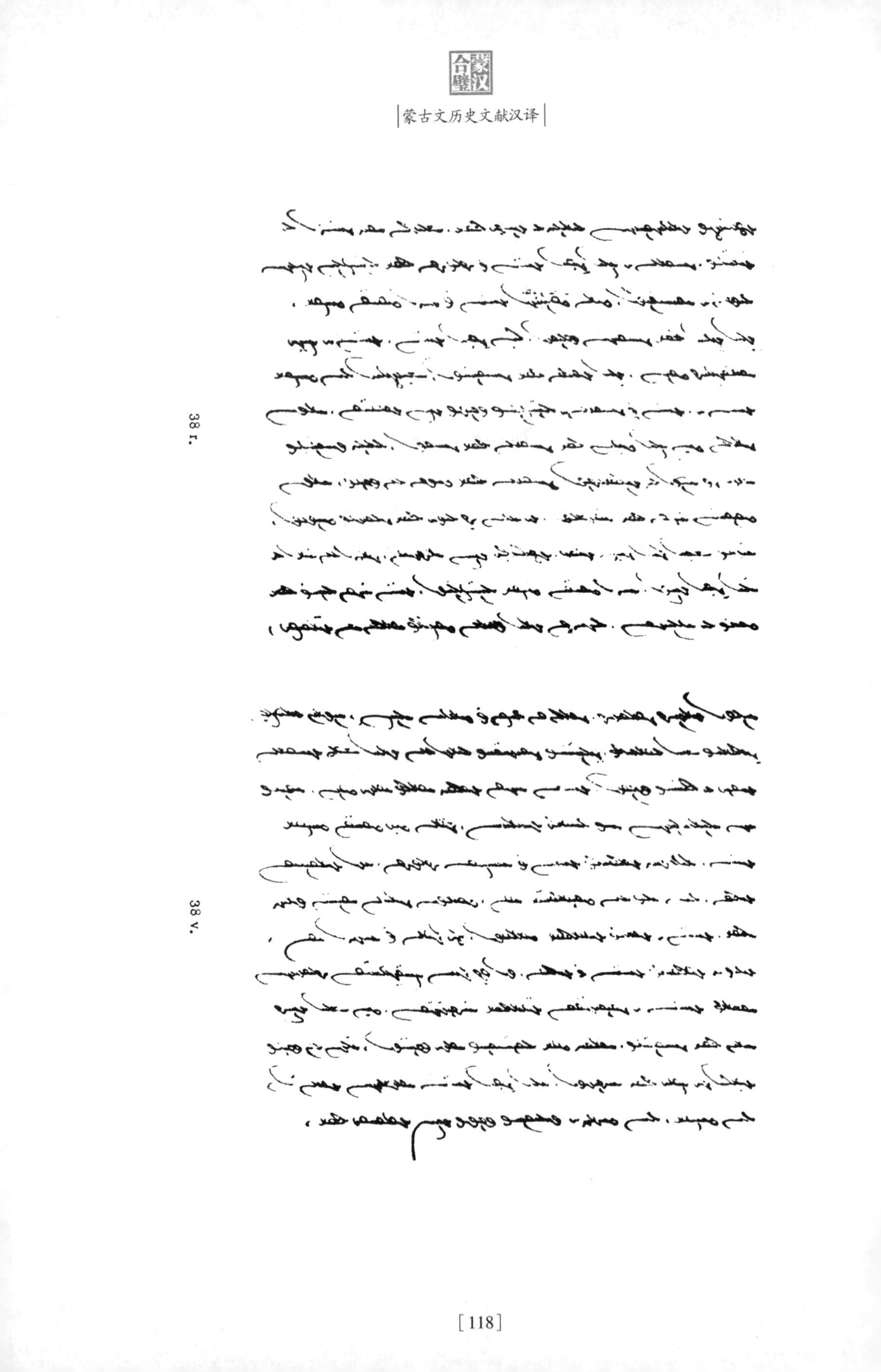

38 r.

38 v.

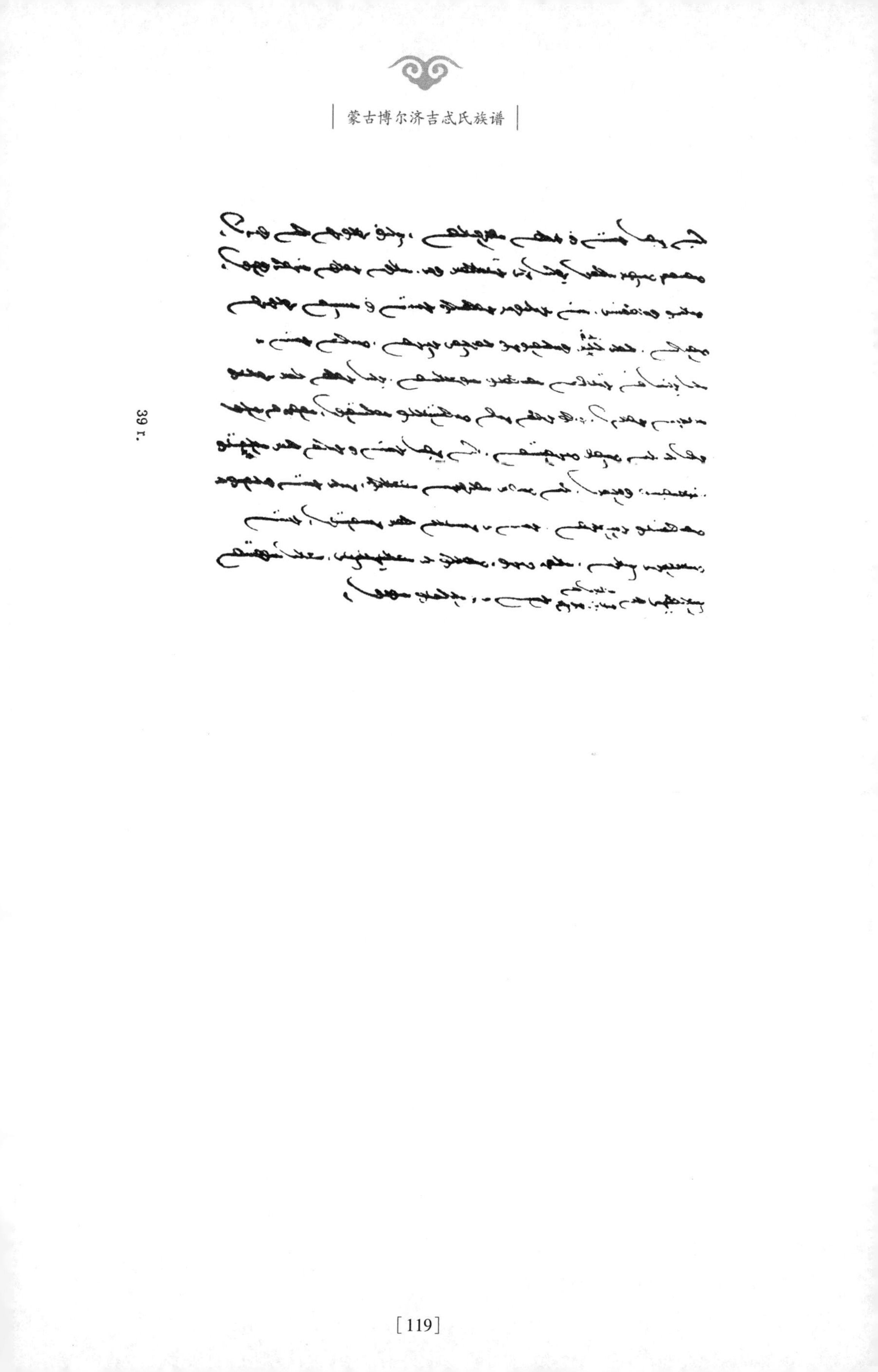

39 r.

ᠵᠠᠷᠯᠢᠭ ᠪᠣᠯᠤᠭᠰᠠᠨ ᠰᠣᠨ ᠪᠢᠯᠡ ᠪᠠᠢ᠌ᠨ᠎ᠠ ᠃

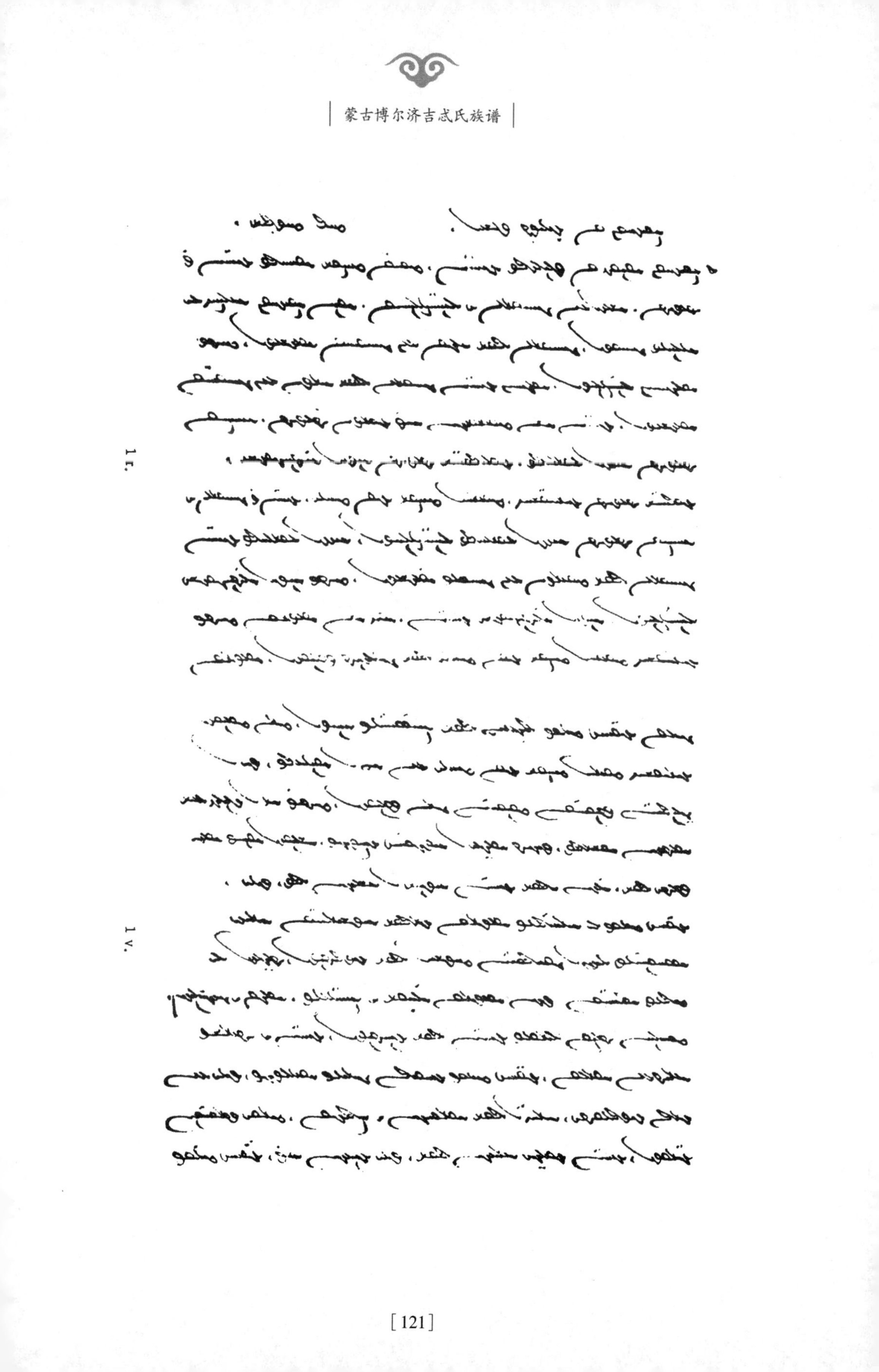

1r.

1v.

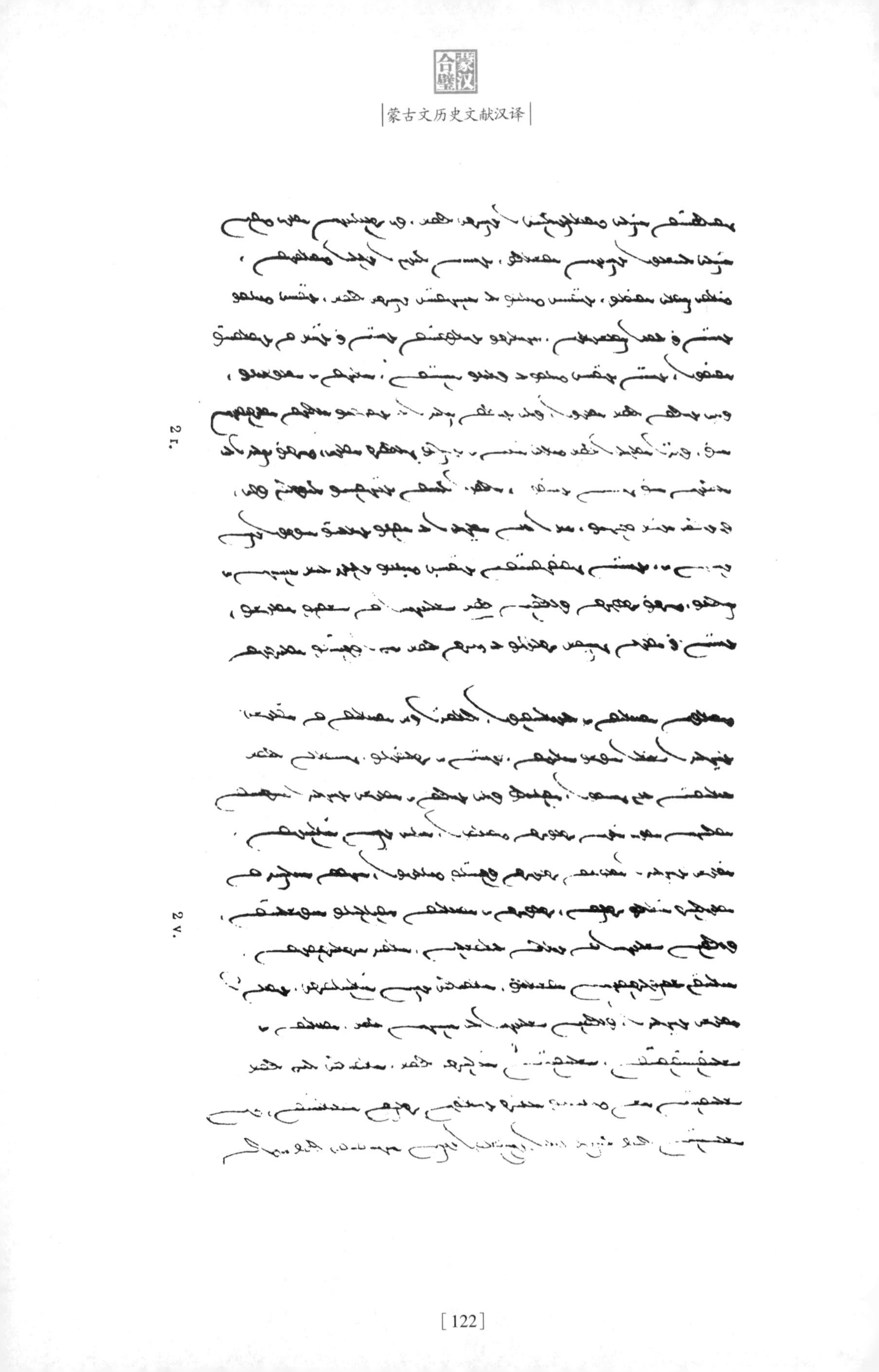

2r.

2v.

3r.

3v.

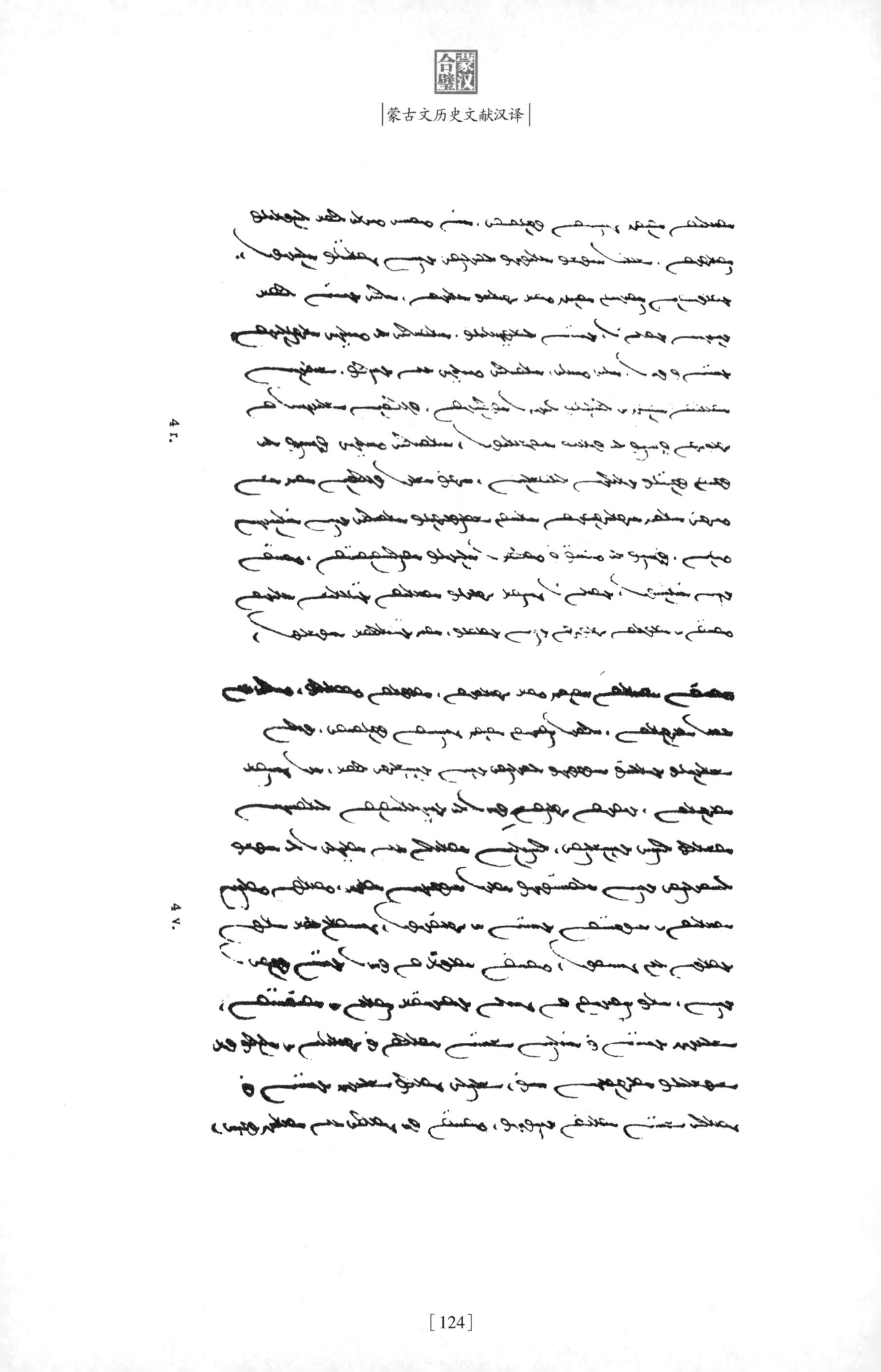

4 r.

4 v.

5 r.

5 v.

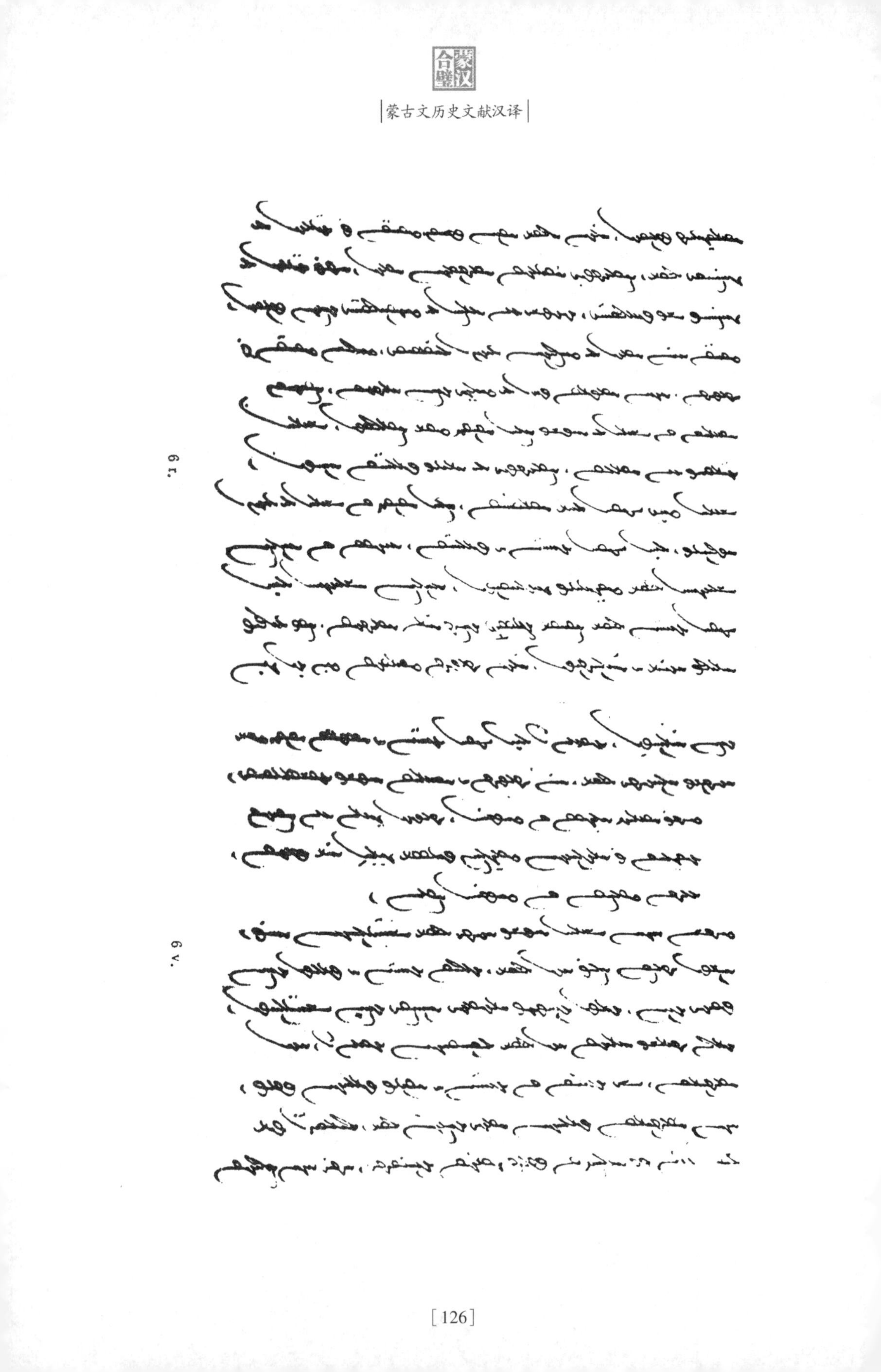

6r.

6v.

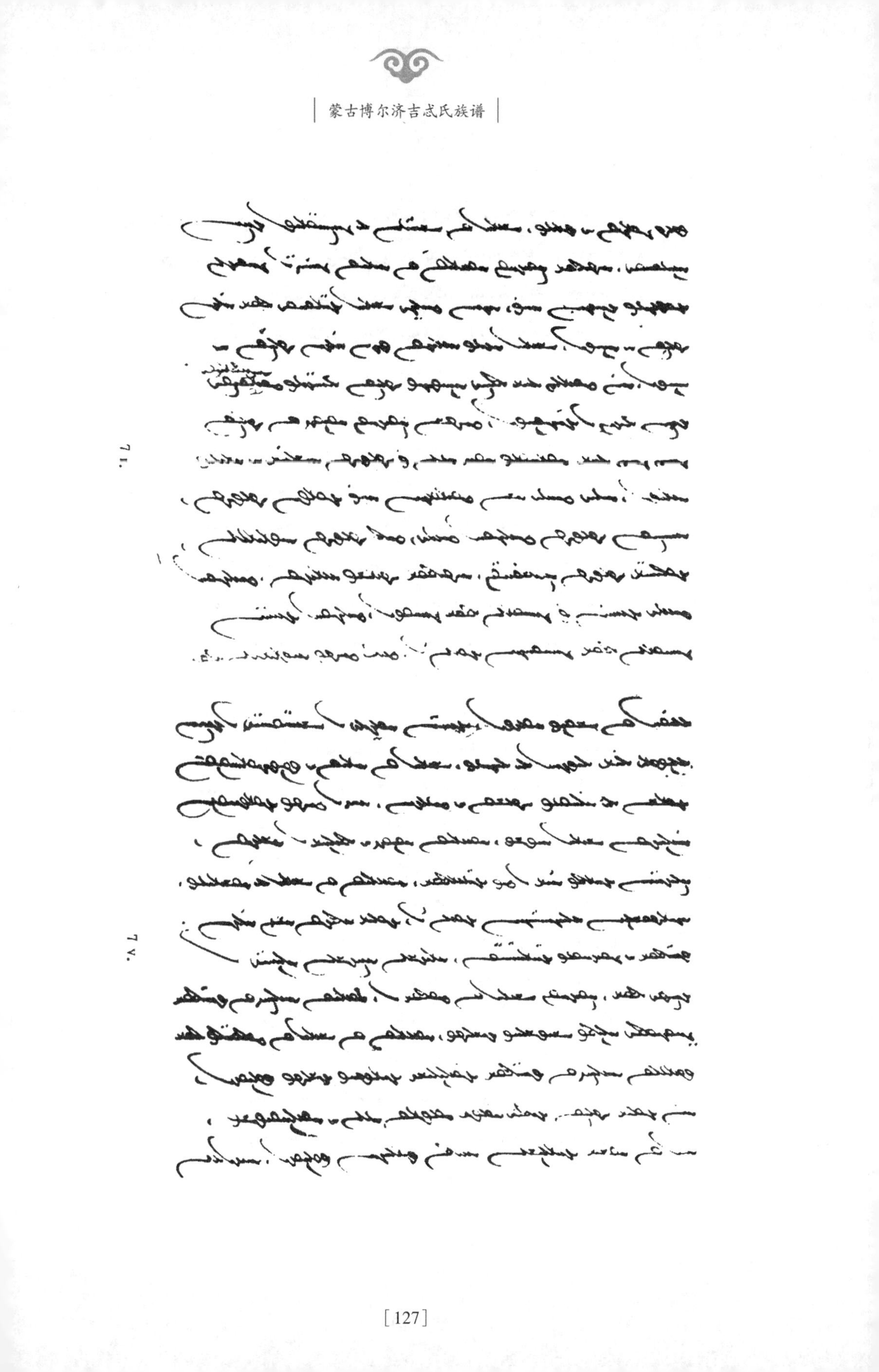

8r.

8v.

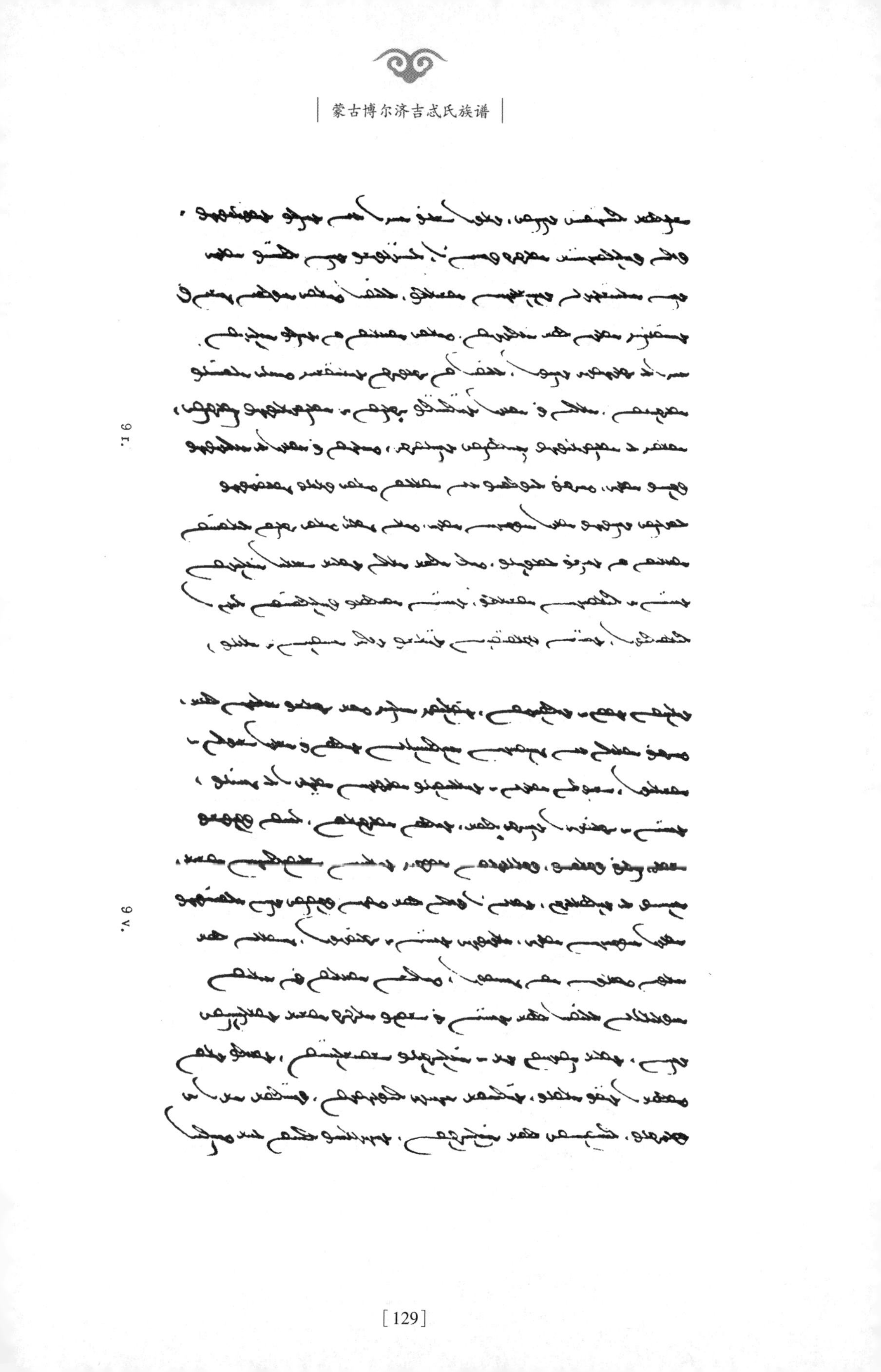

9r.

9v.

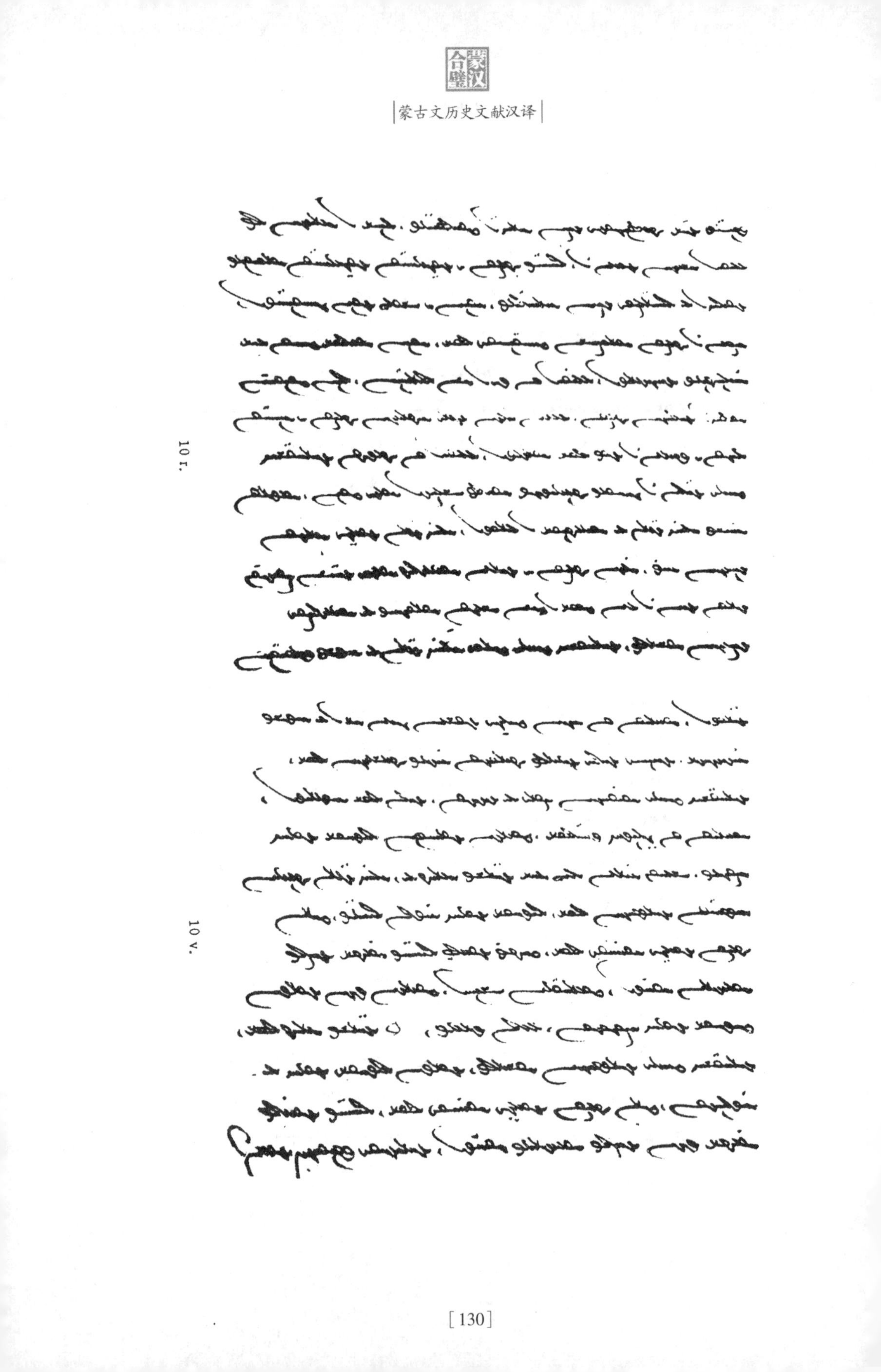

10 r.

10 v.

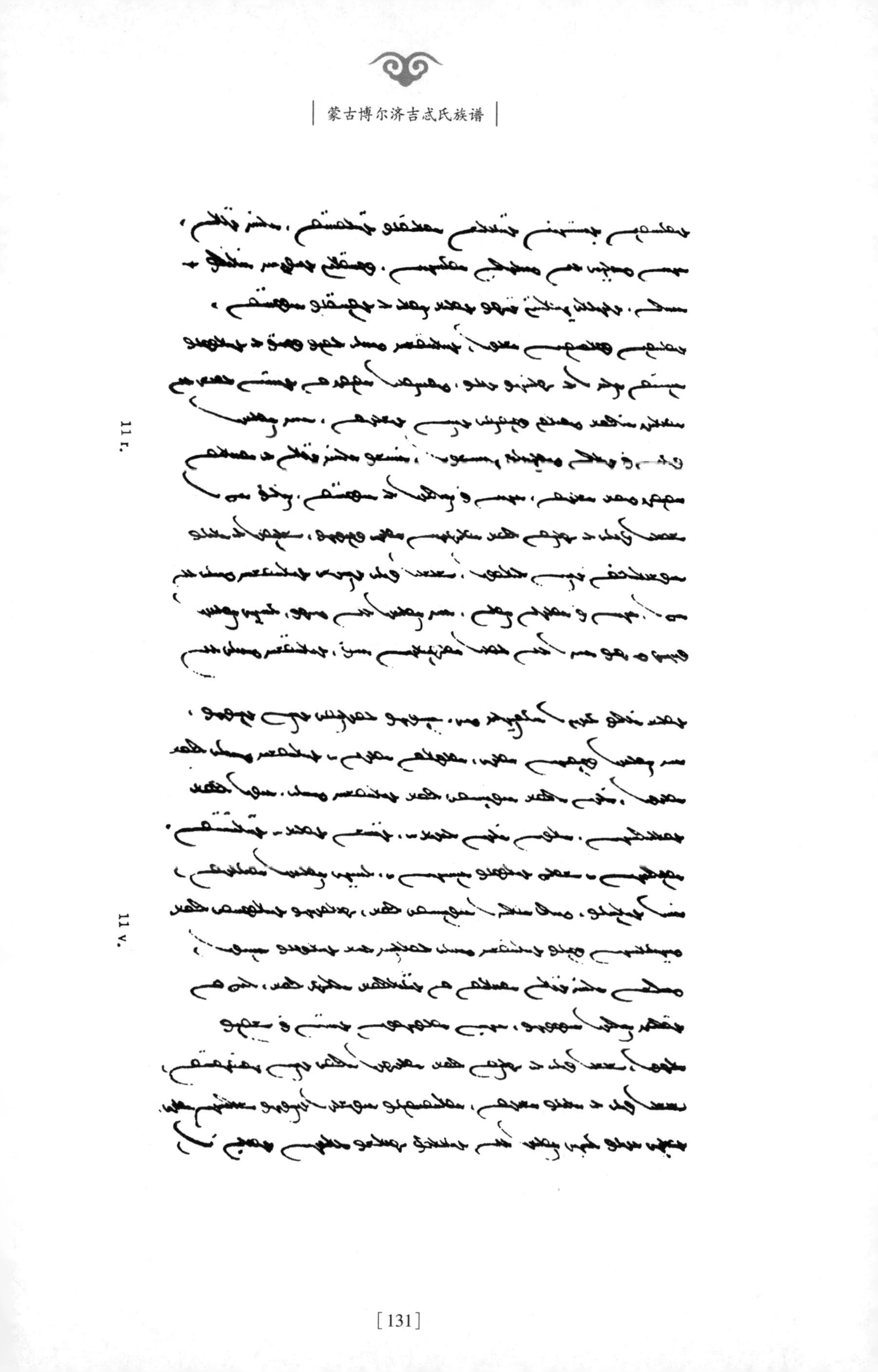

11 r.

11 v.

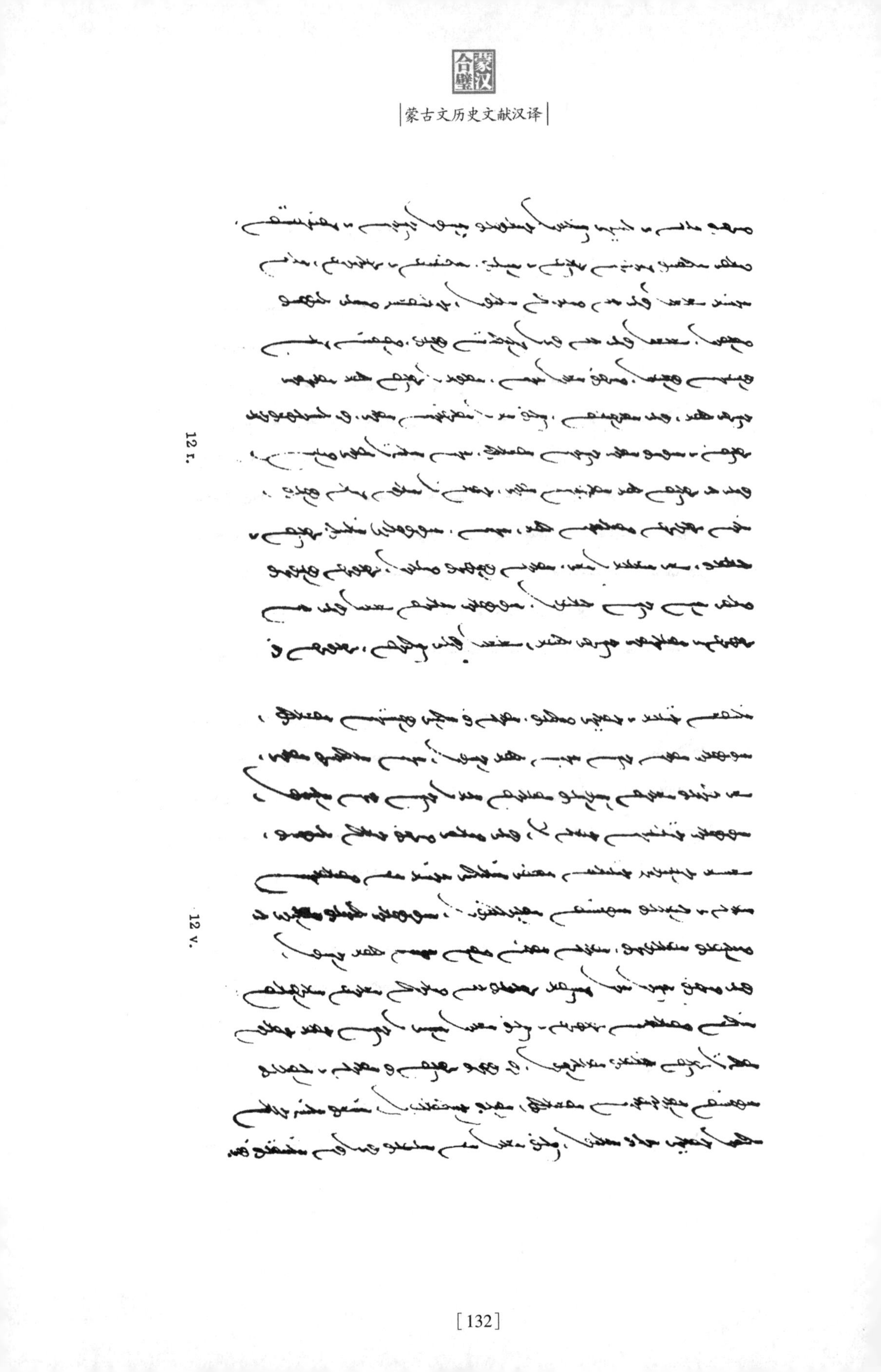

12 r.

12 v.

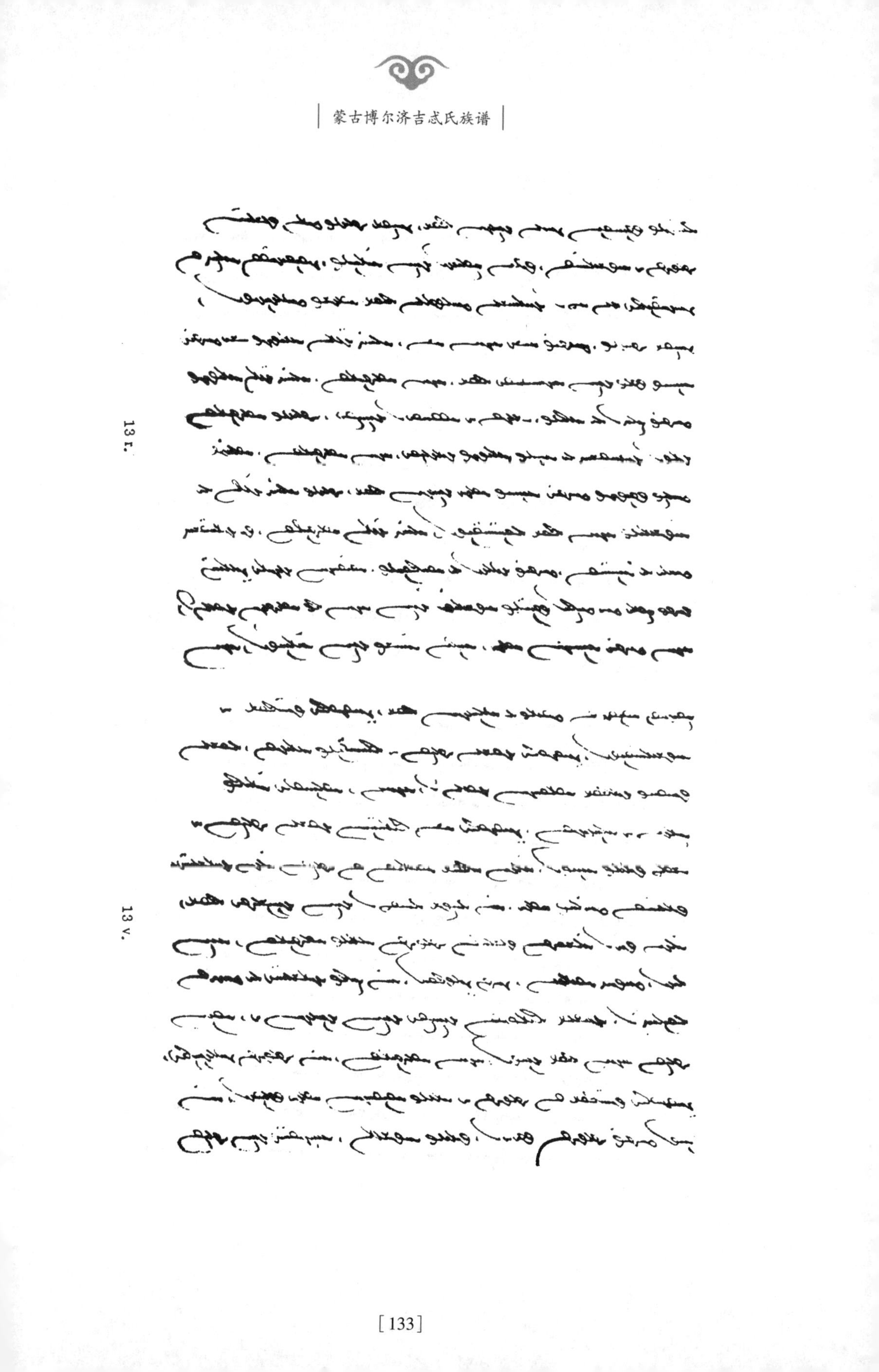

13 r.

13 v.

14 r.

14 v.

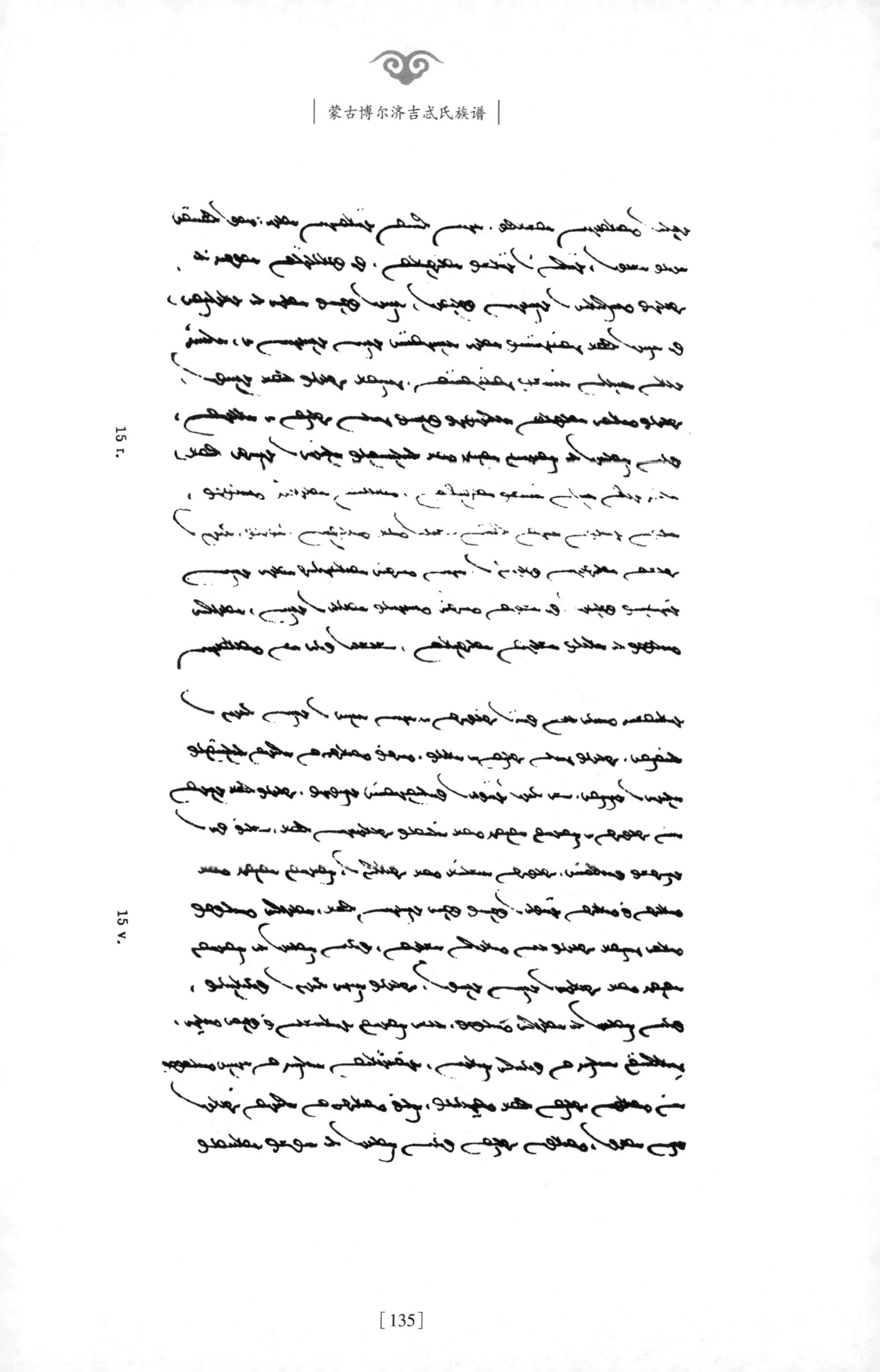

15 r.

15 v.

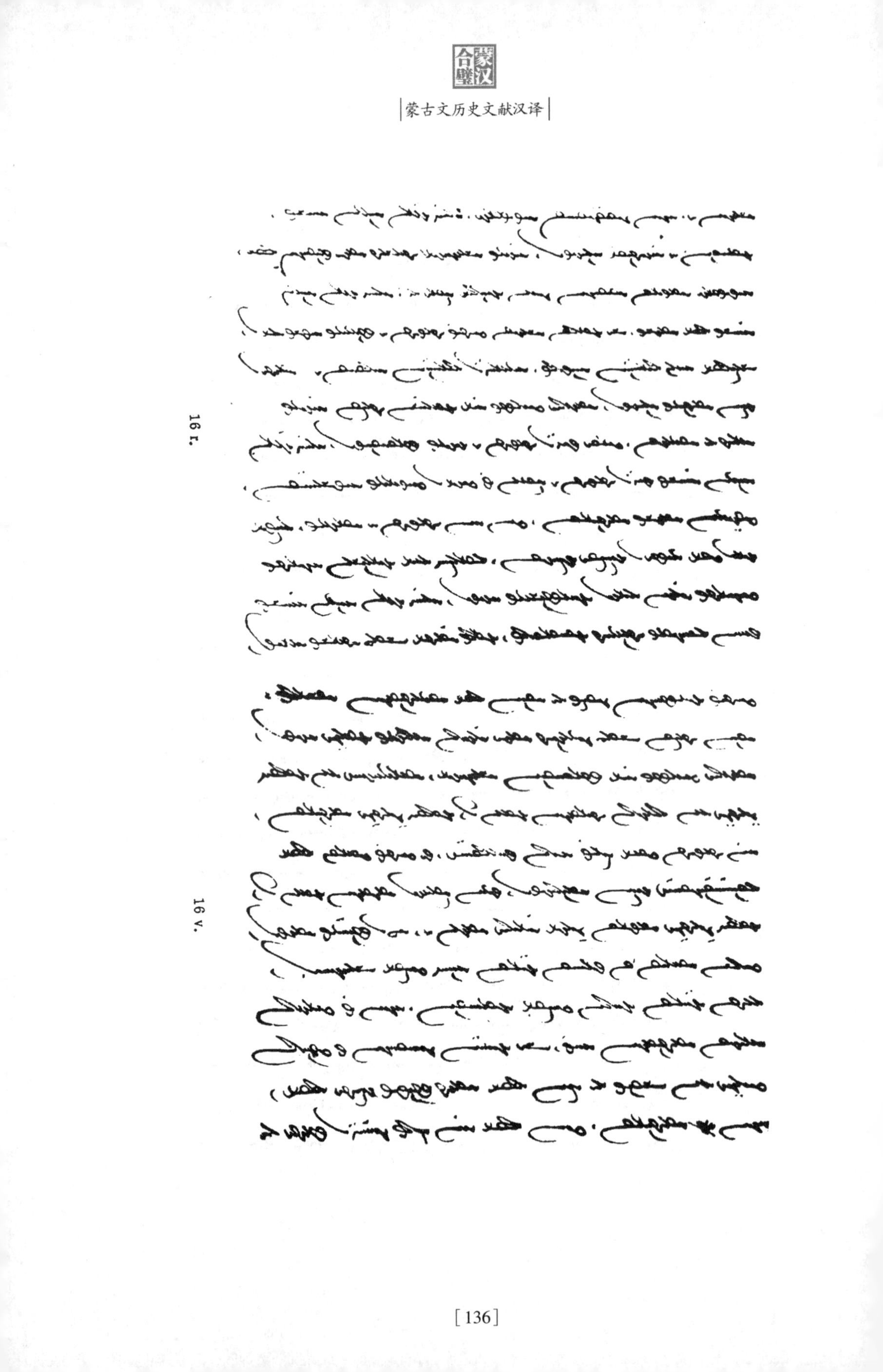

16 r.

16 v.

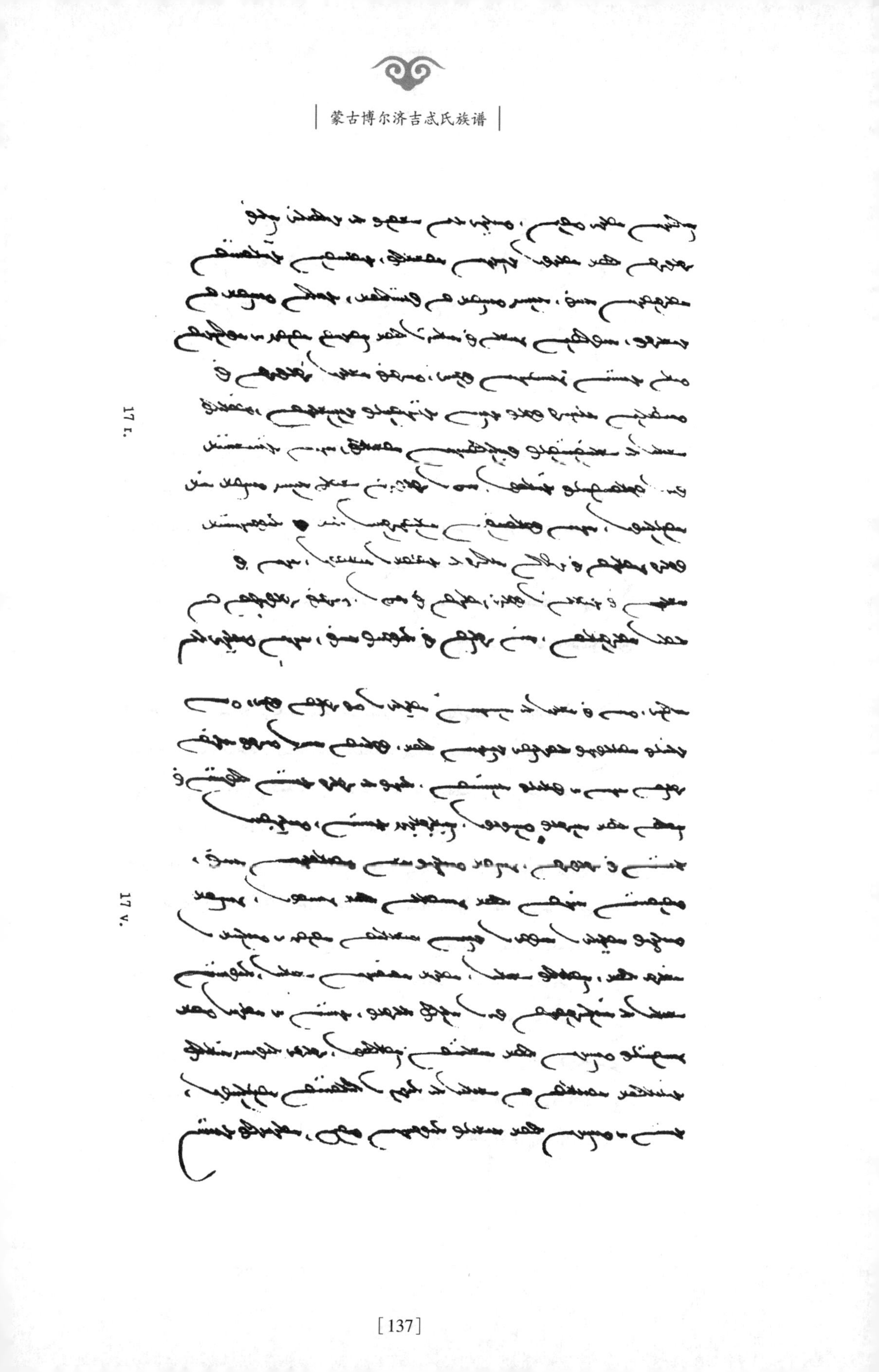

17 r.

17 v.

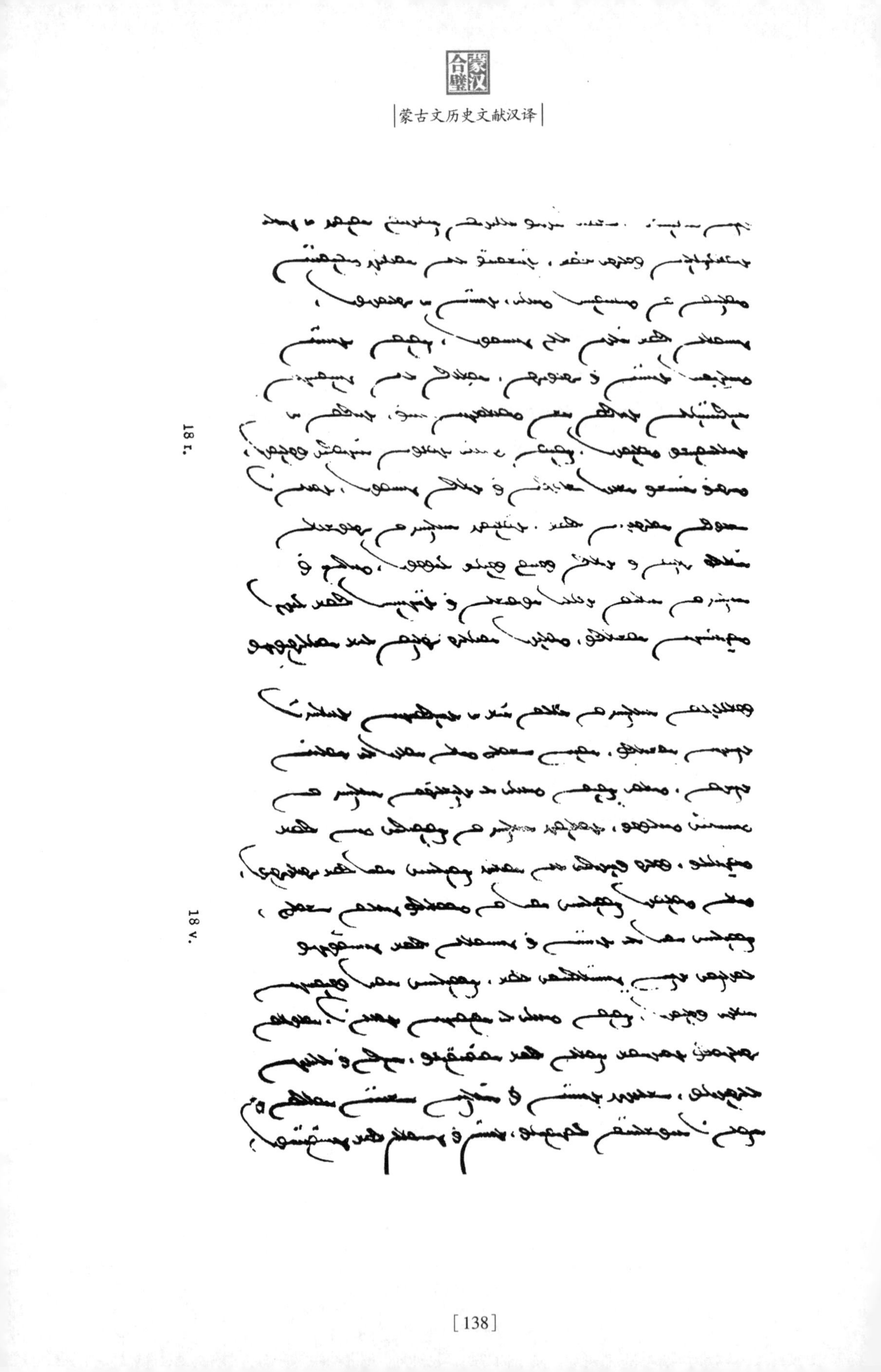

18 r.

18 v.

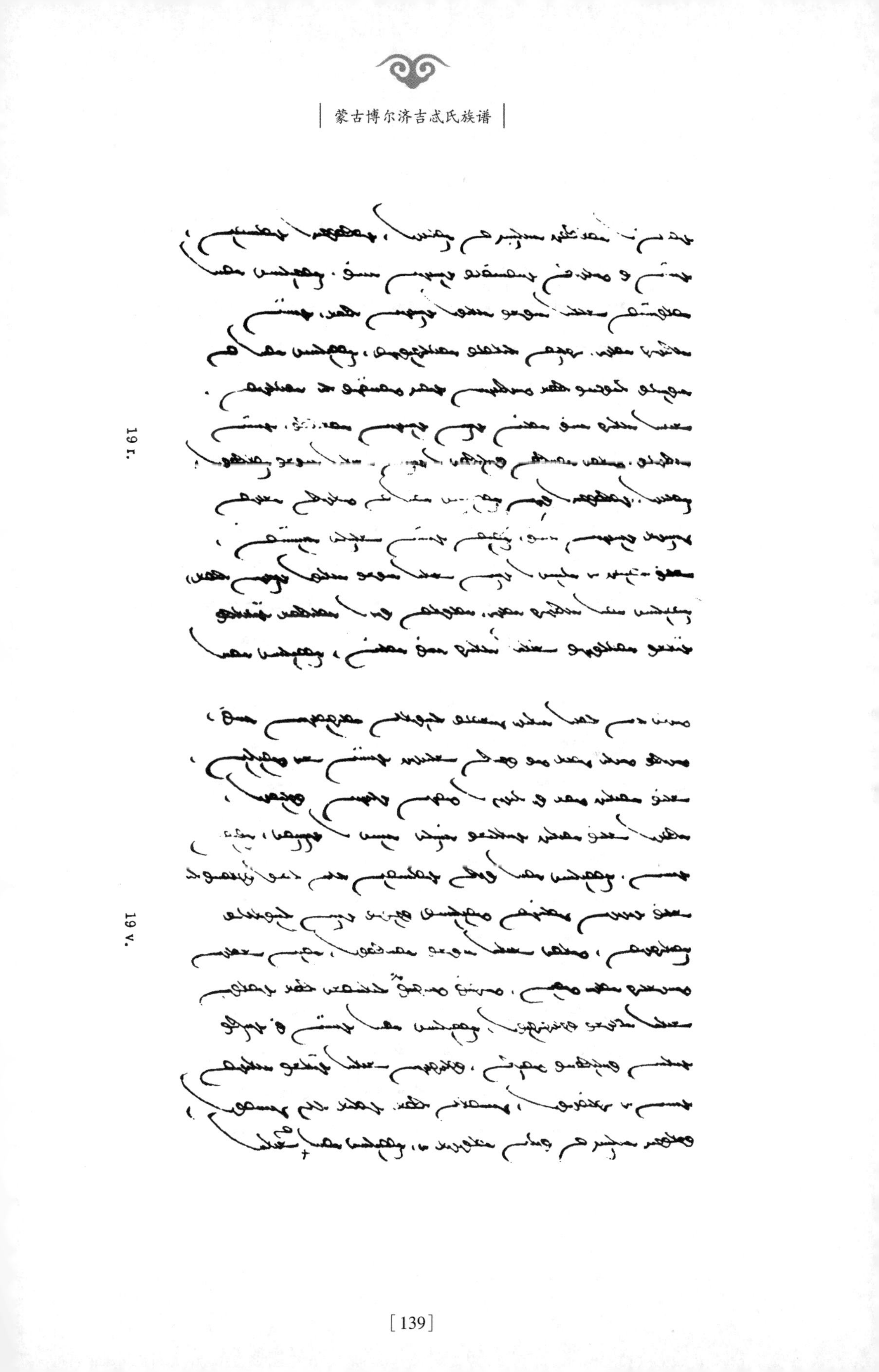

19r.

19v.

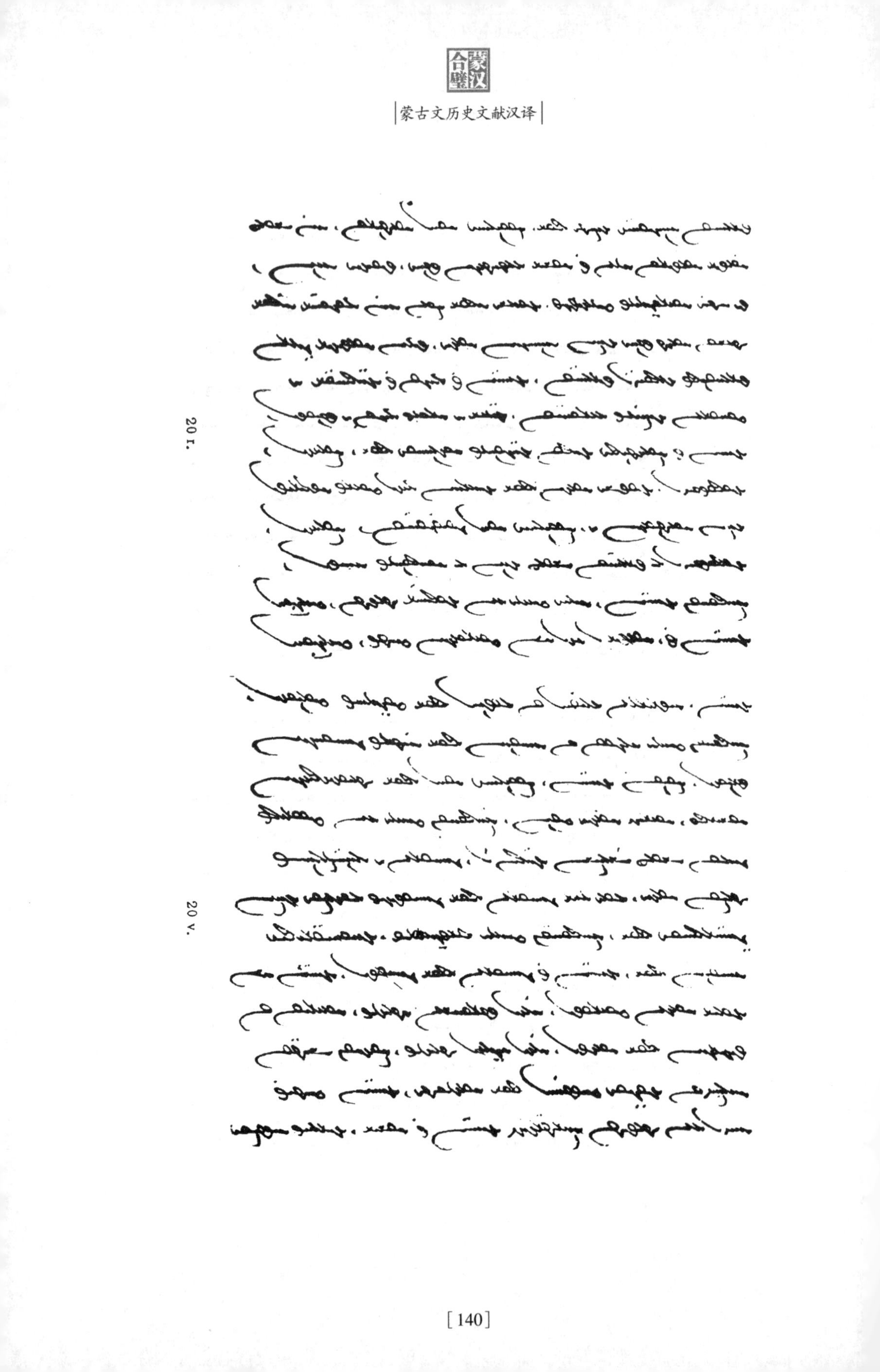

20 r.

20 v.

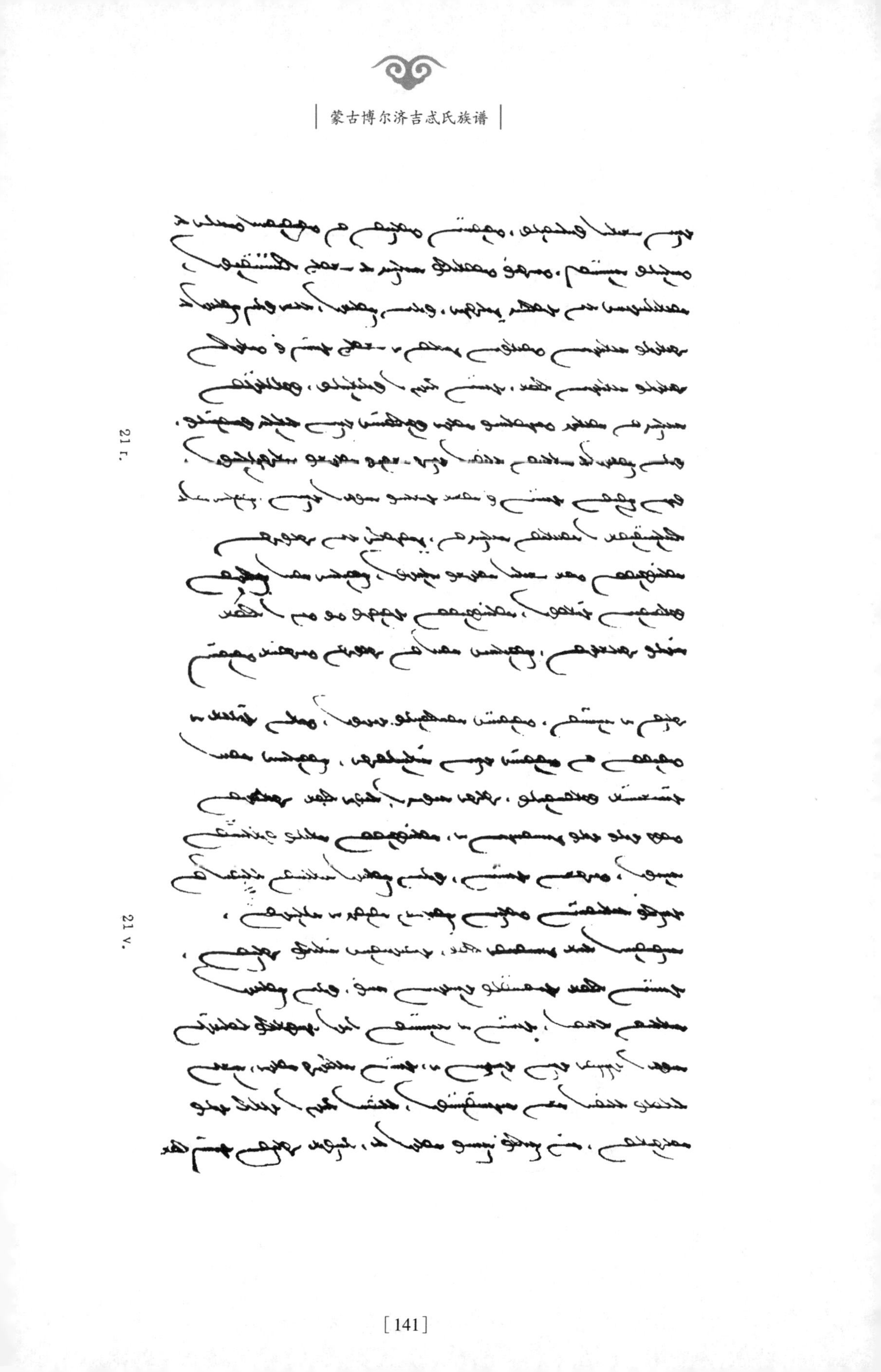

21 r.

21 v.

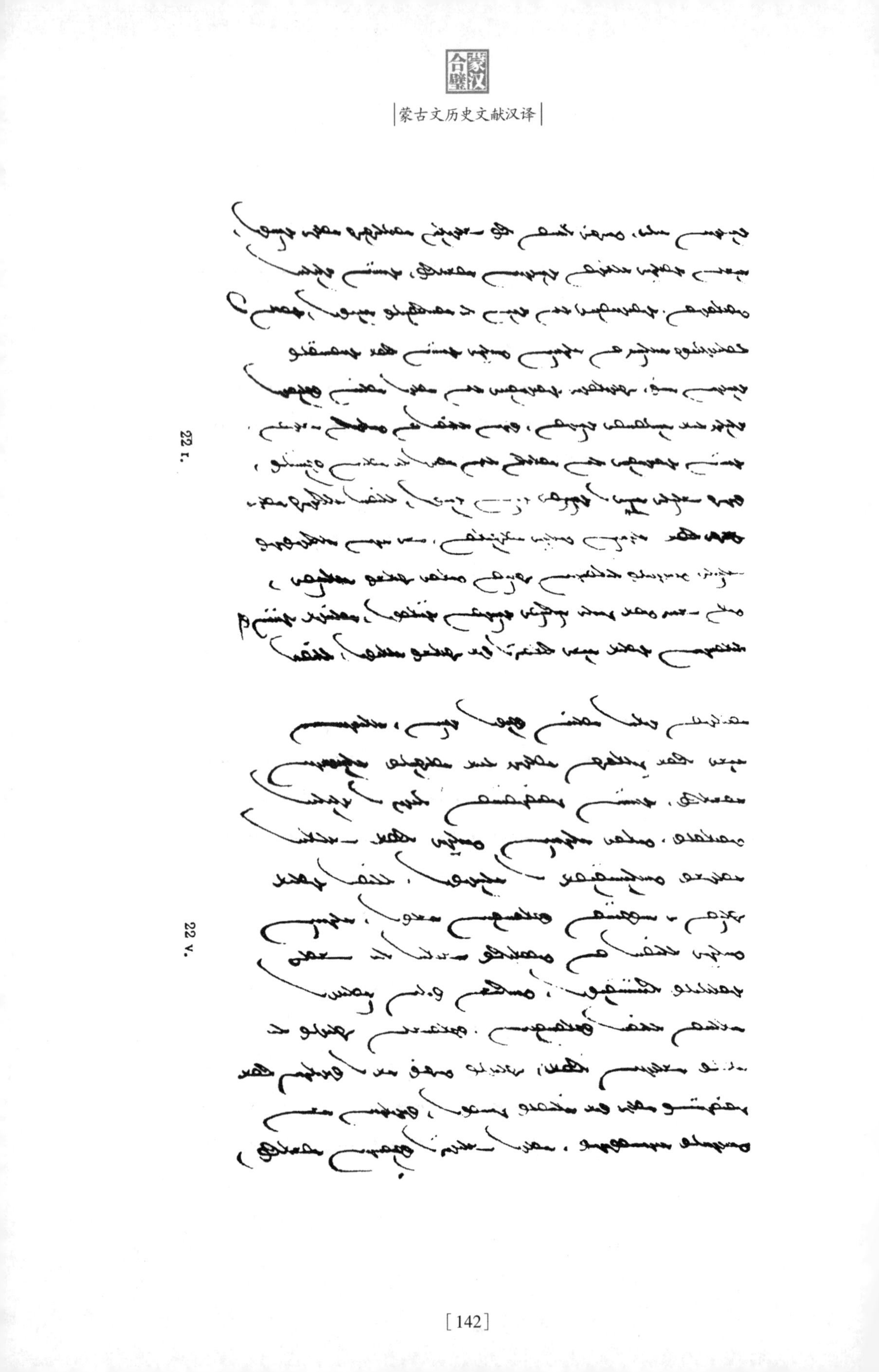

22 r.

22 v.

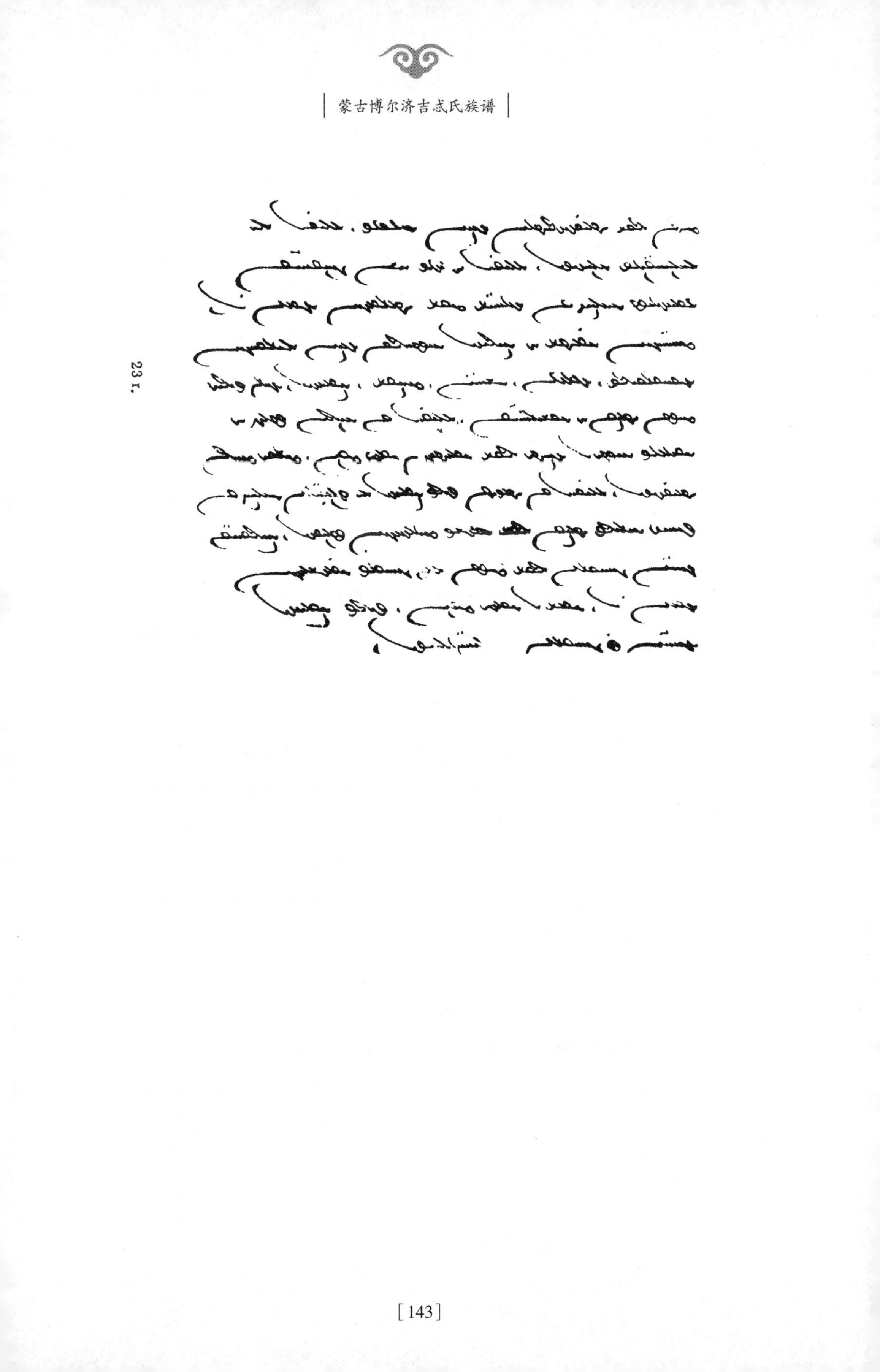

23 r.

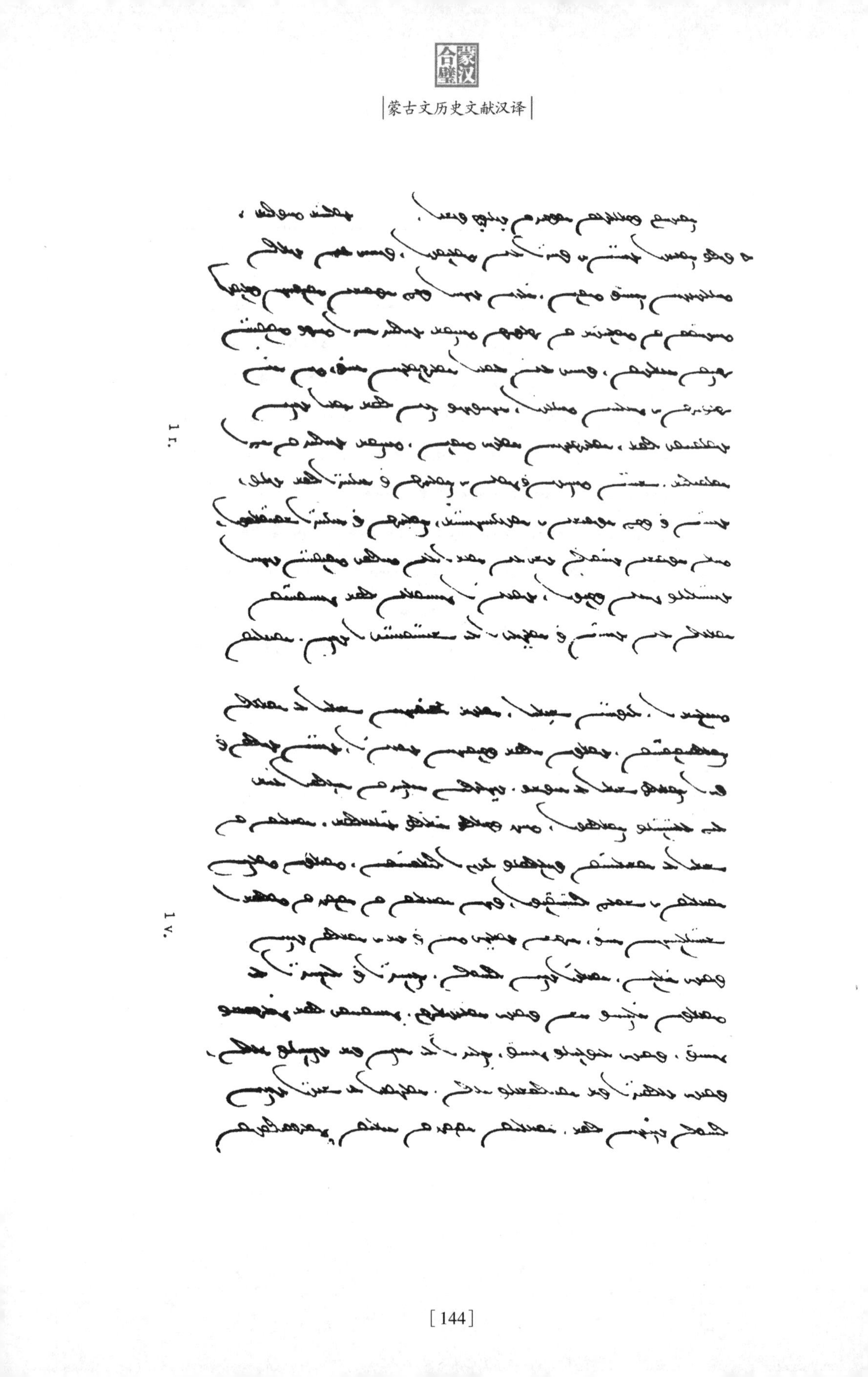

1 r.

1 v.

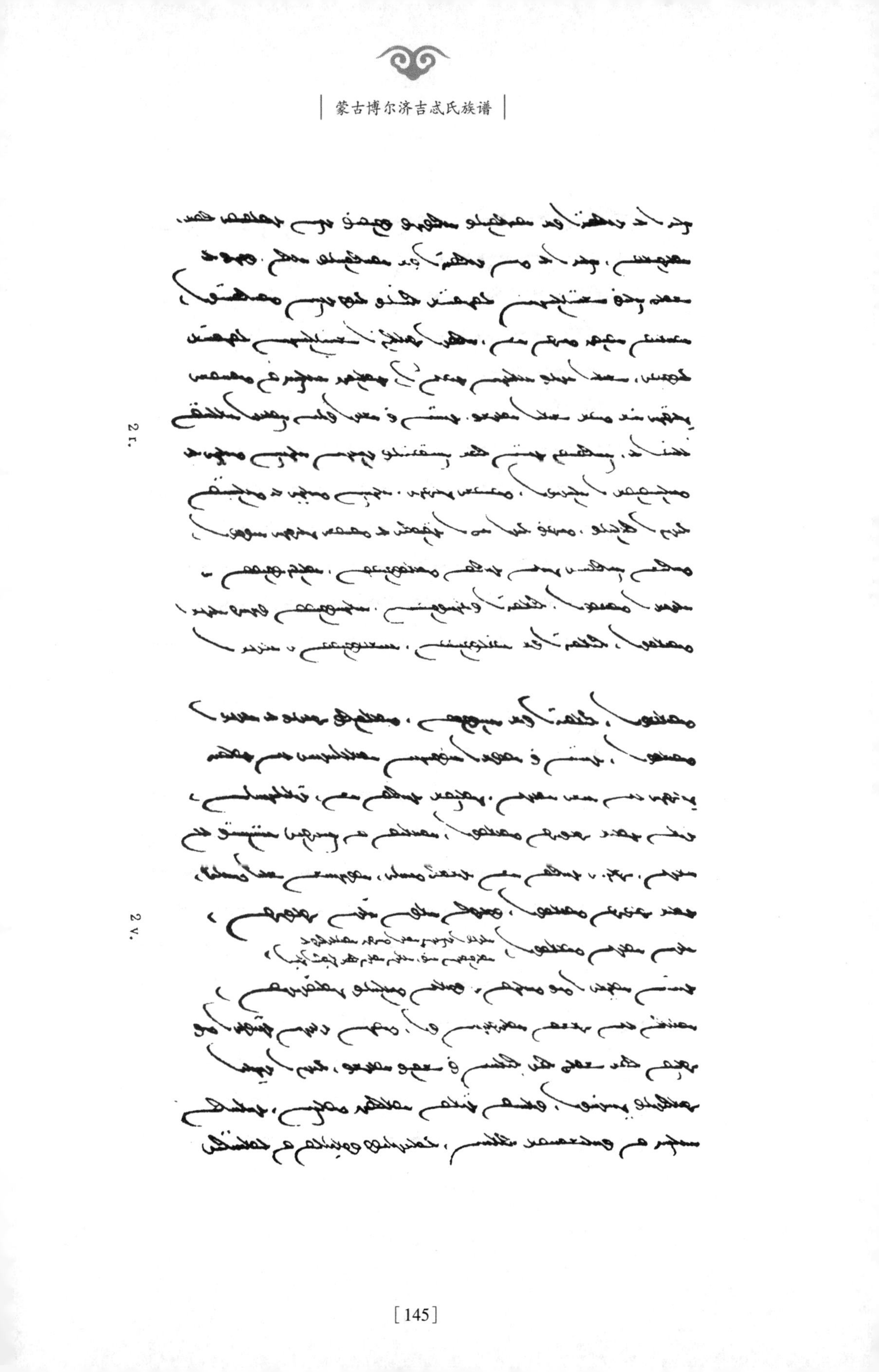

2r.

2v.

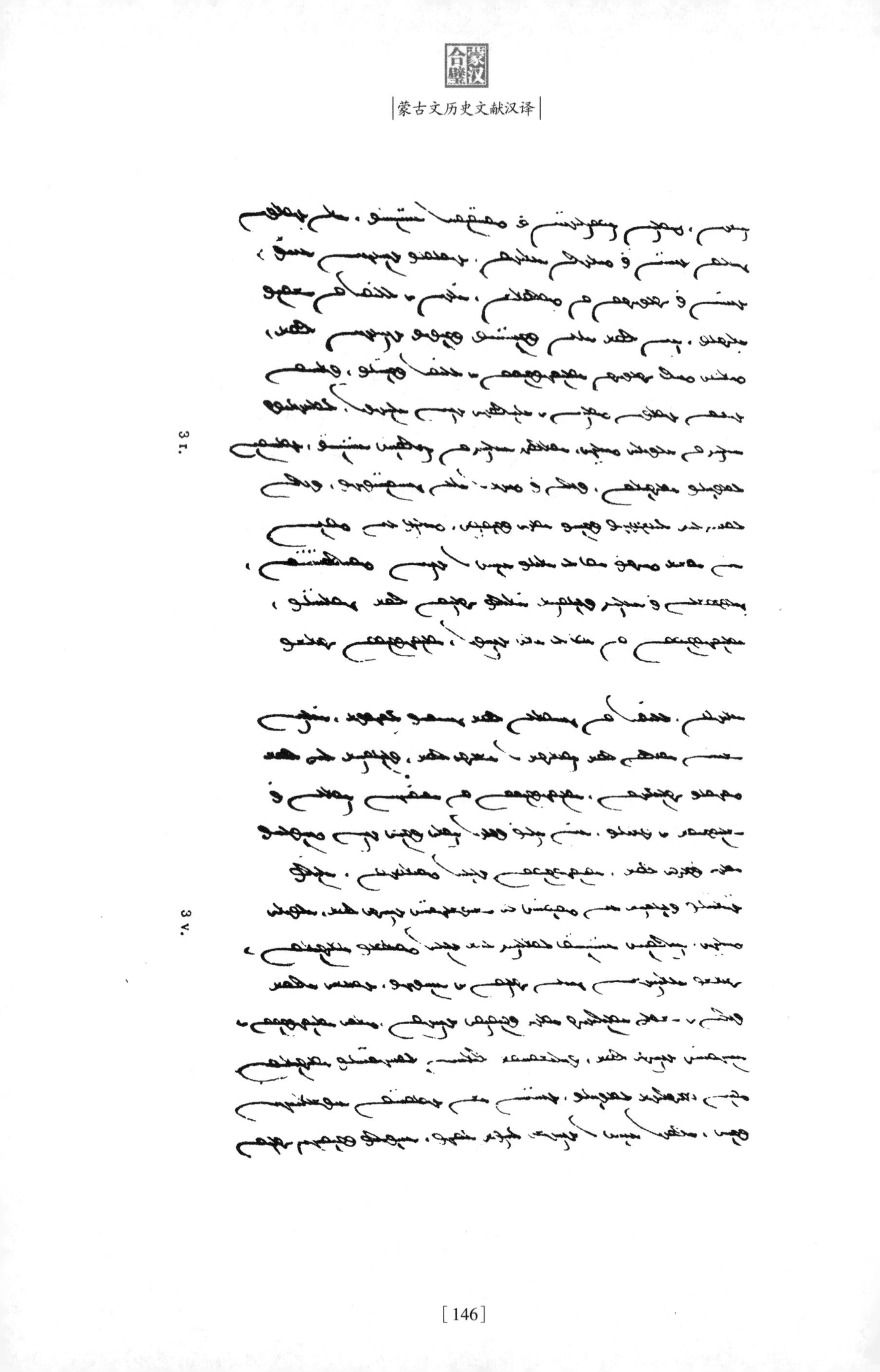

3 r.

3 v.

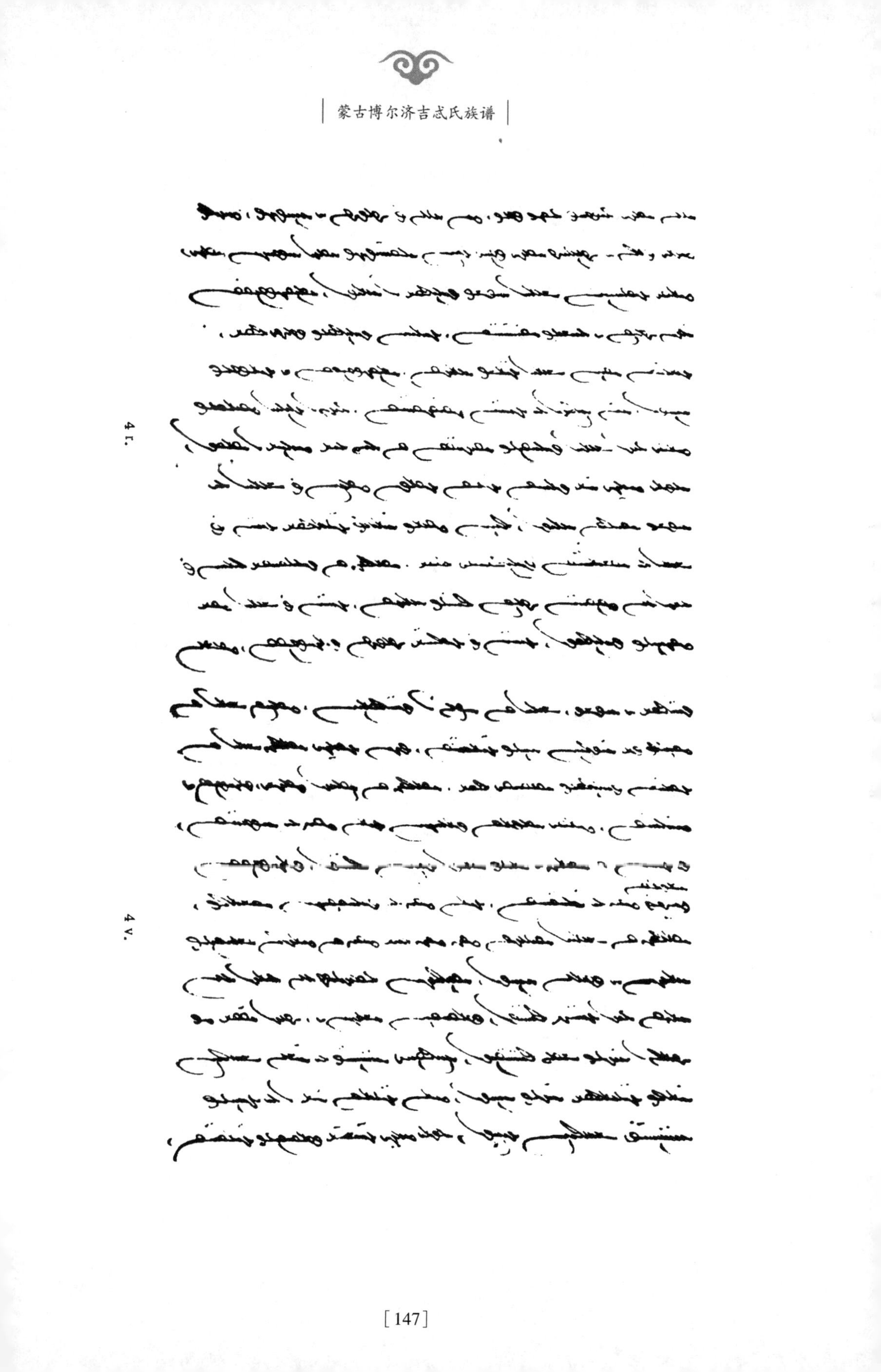

4 r.

4 v.

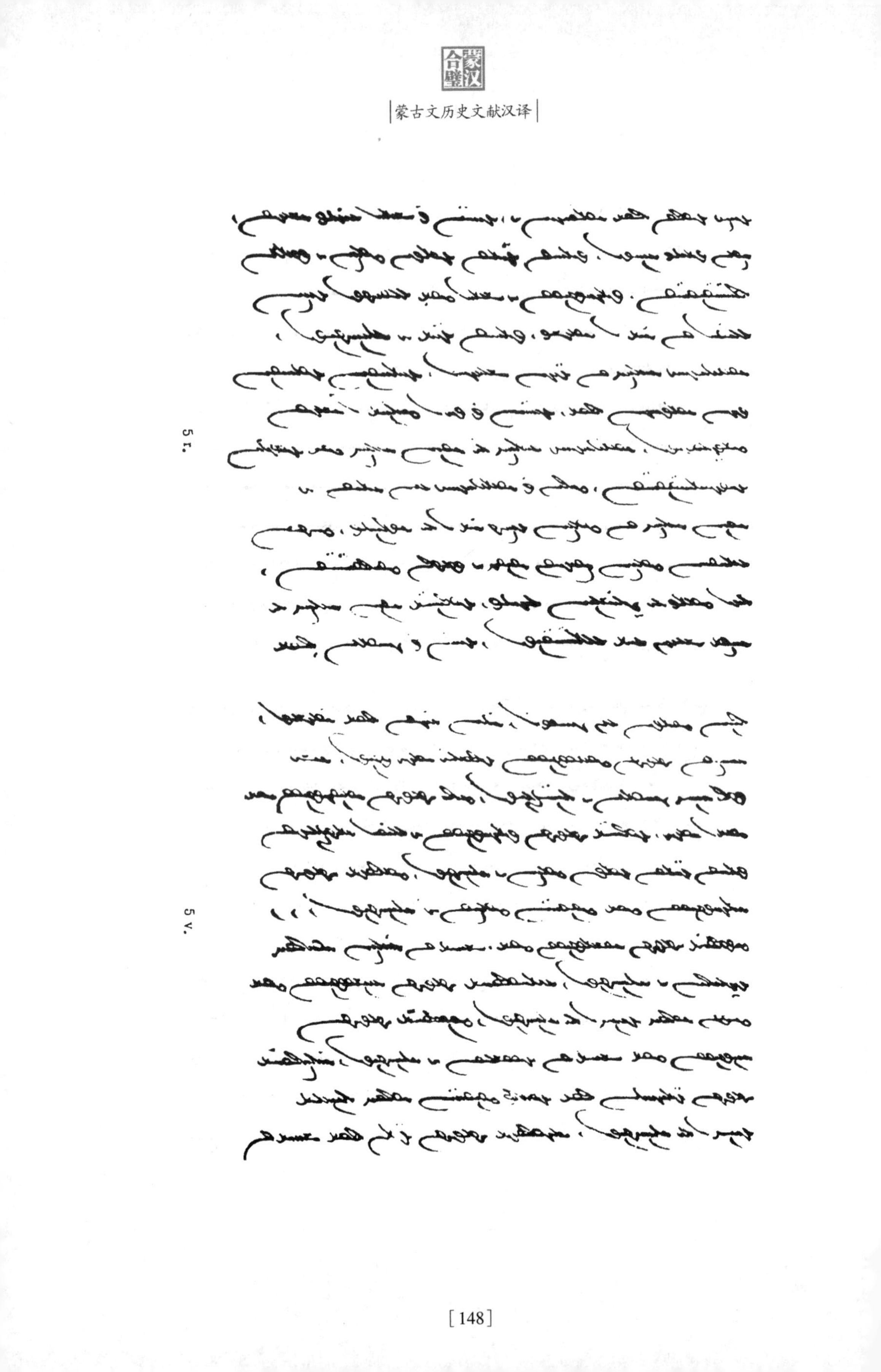

5 r.

5 v.

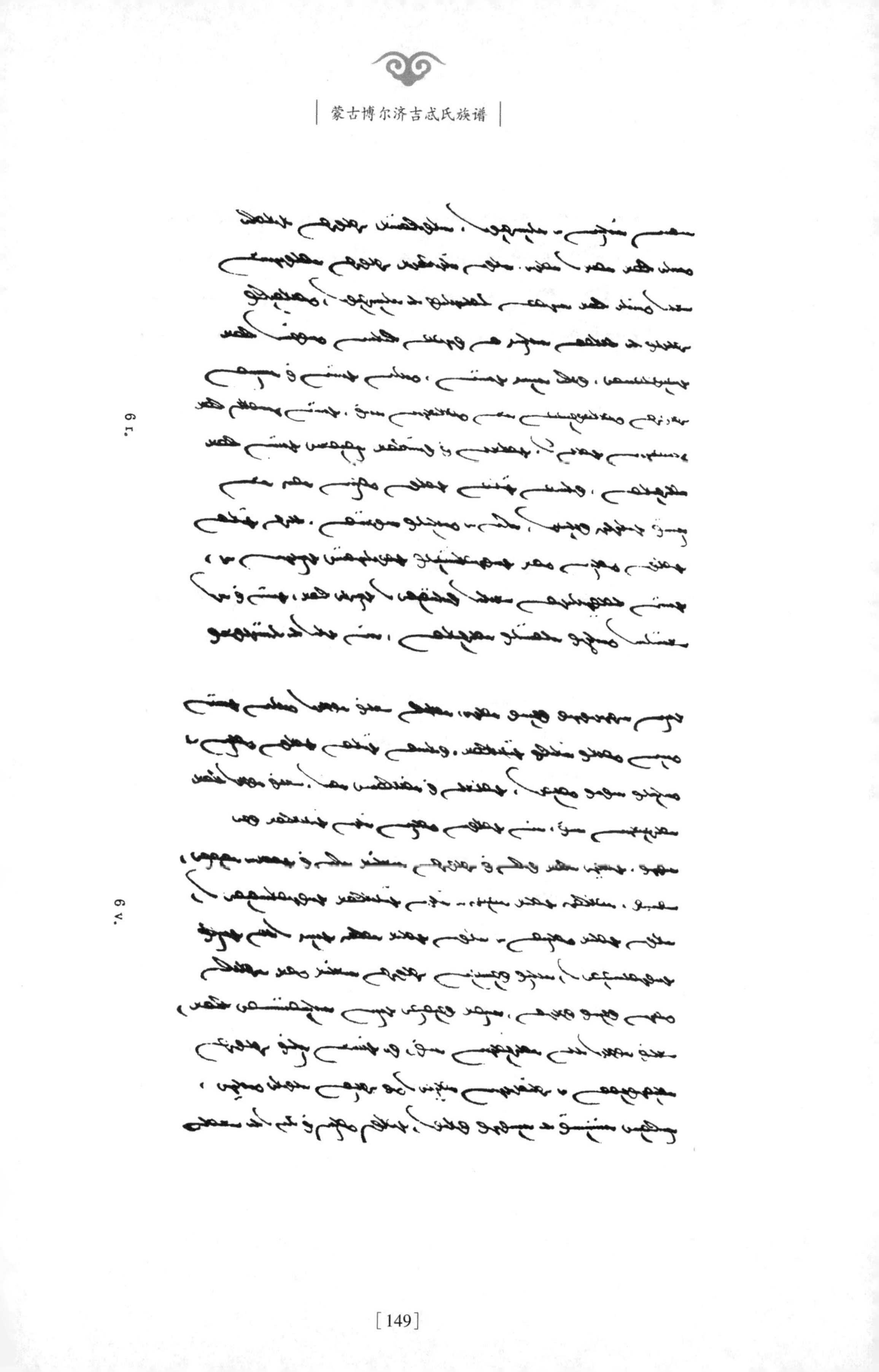

6 r.

6 v.

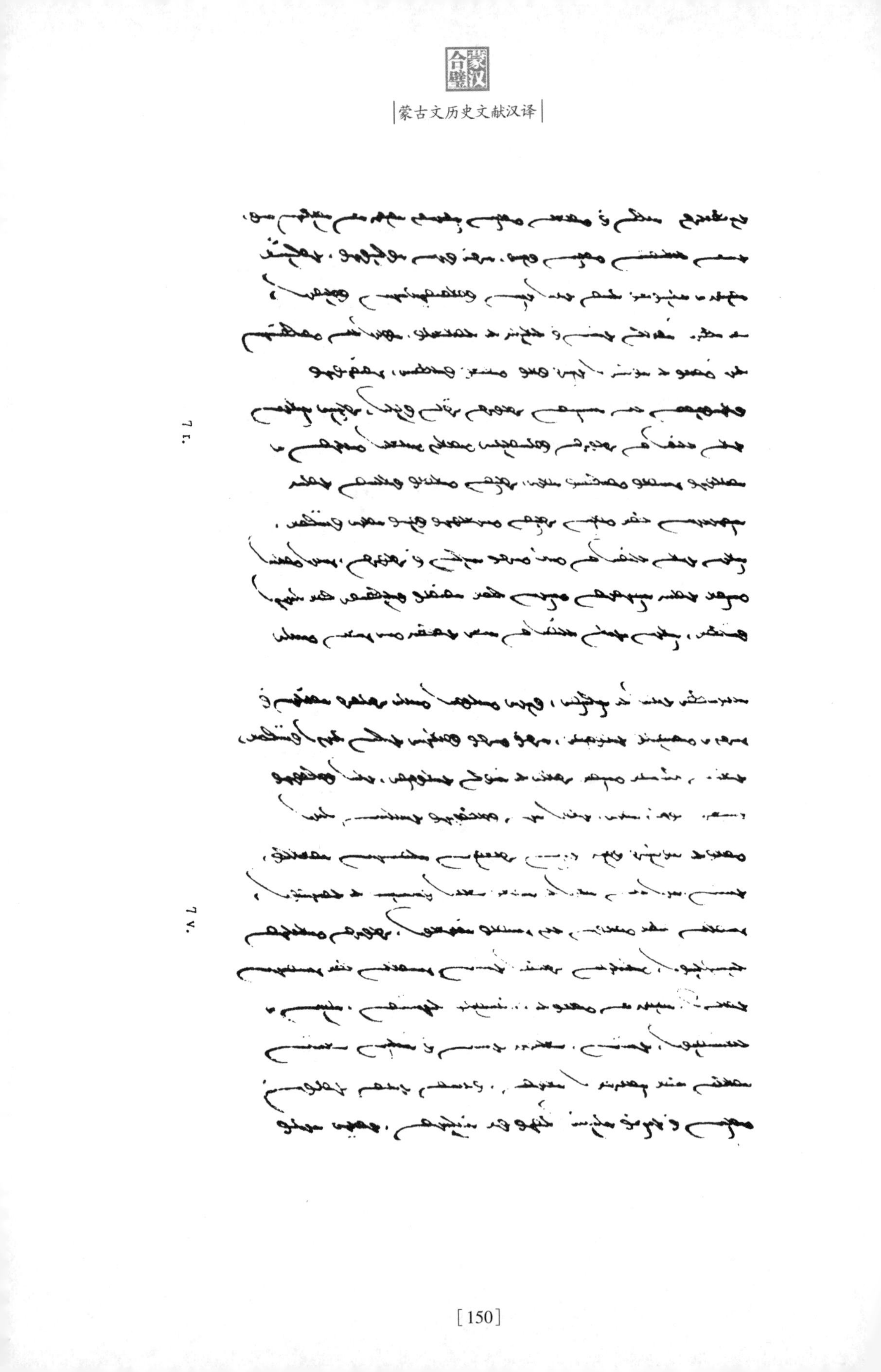

7r.

7v.

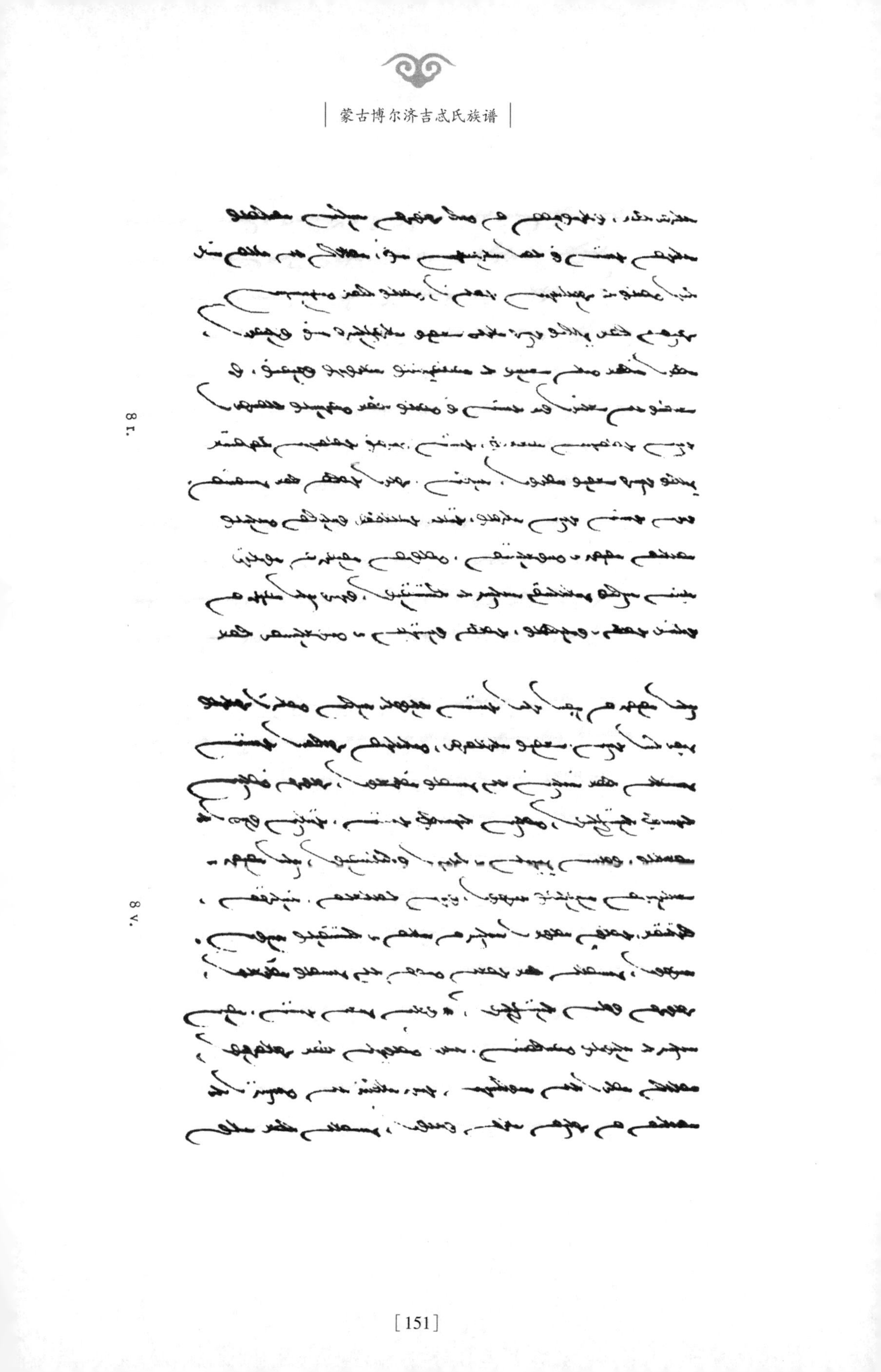

8r.

[illegible]

8v.

[illegible]

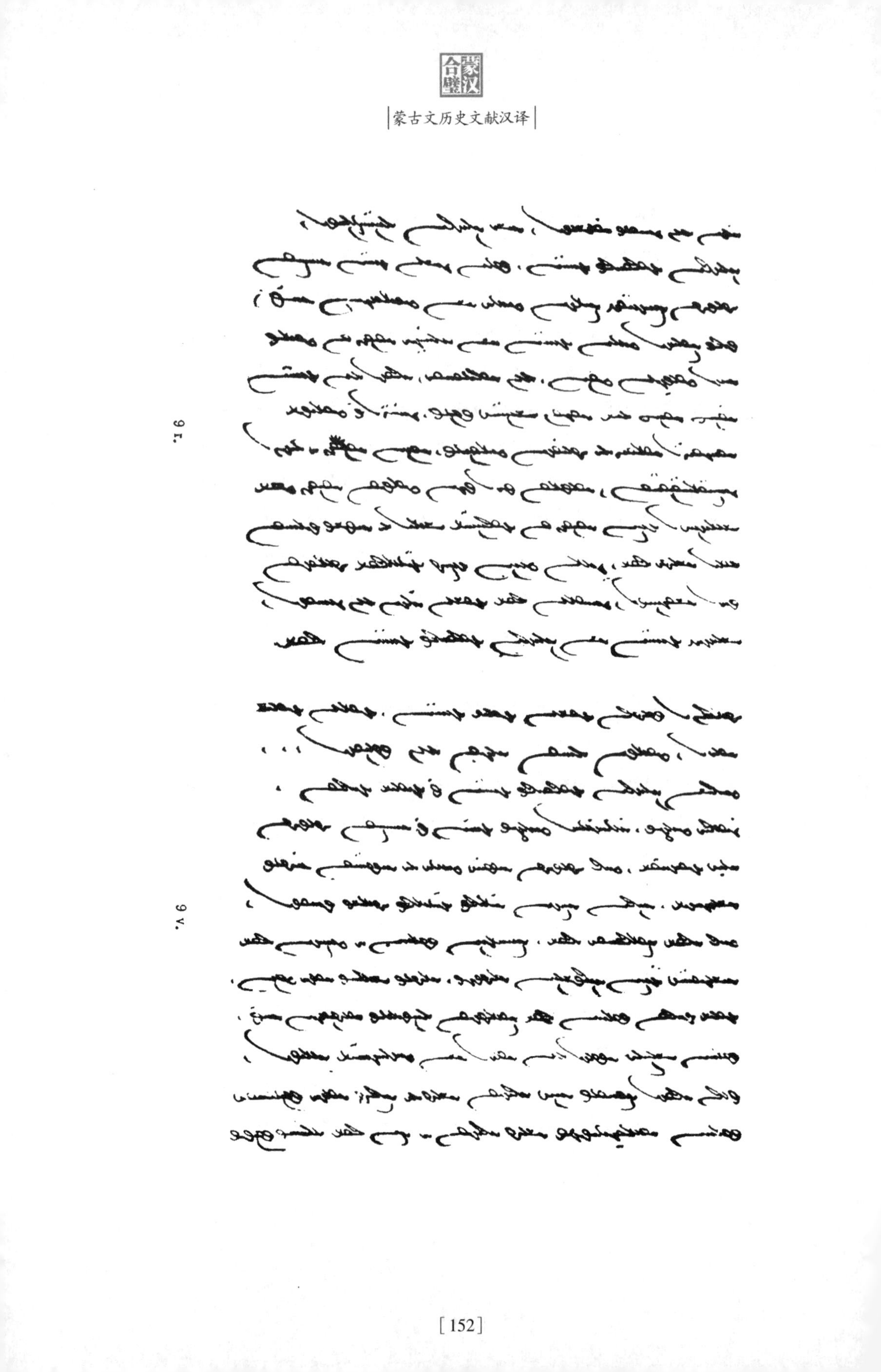

9r.

9v.

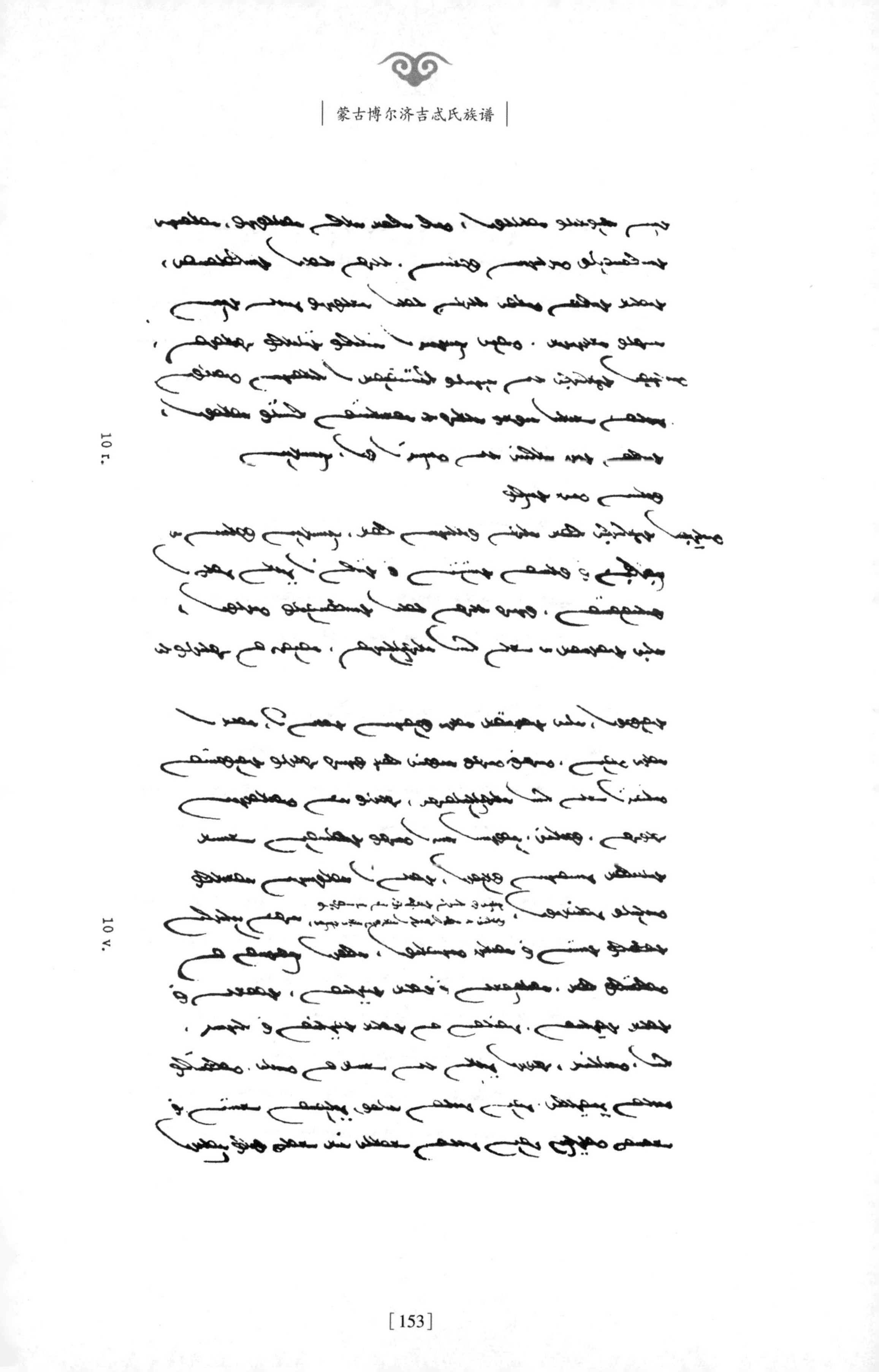

10 r.

10 v.

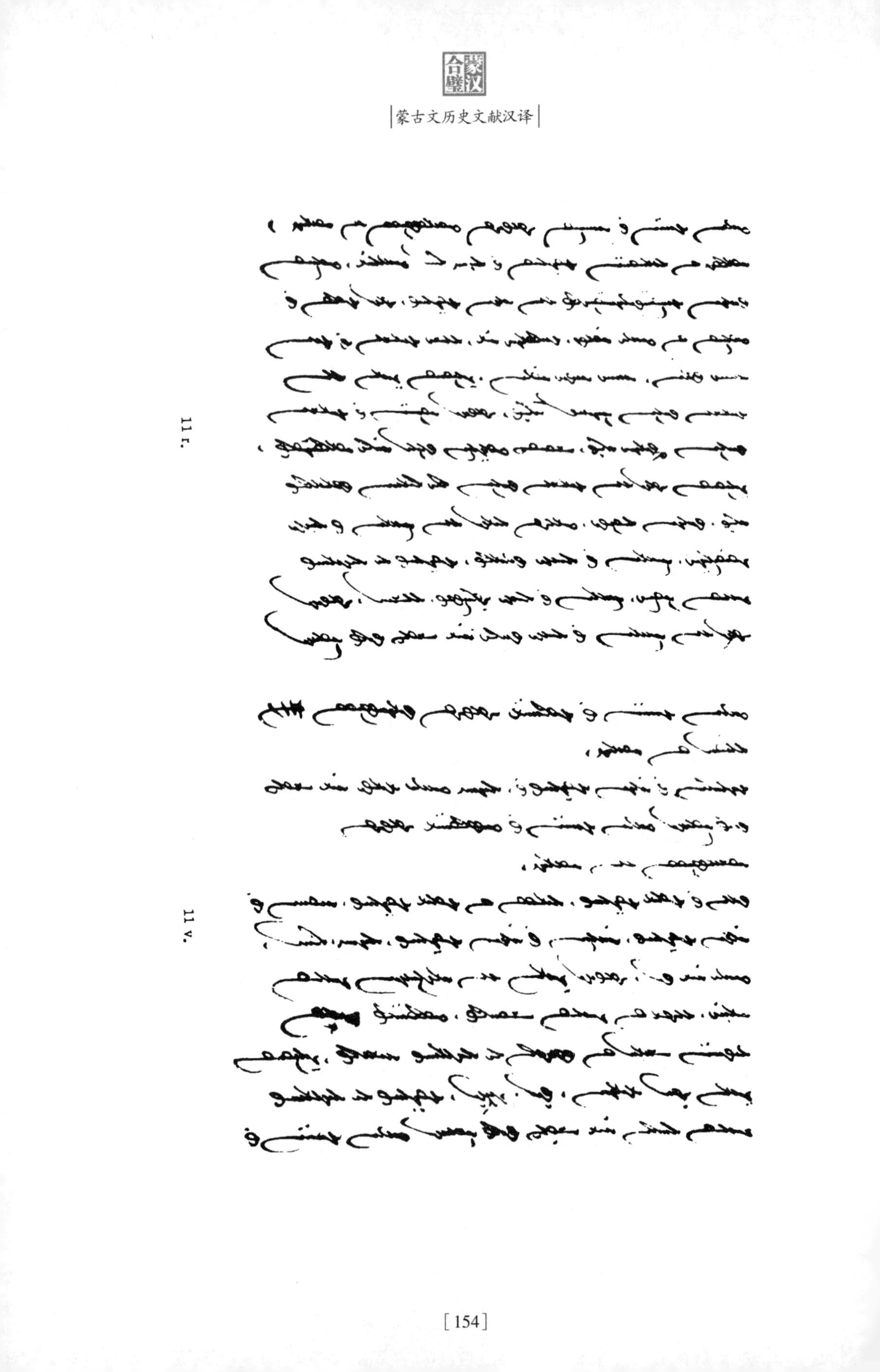

11 r.

11 v.

12 r.

12 v.

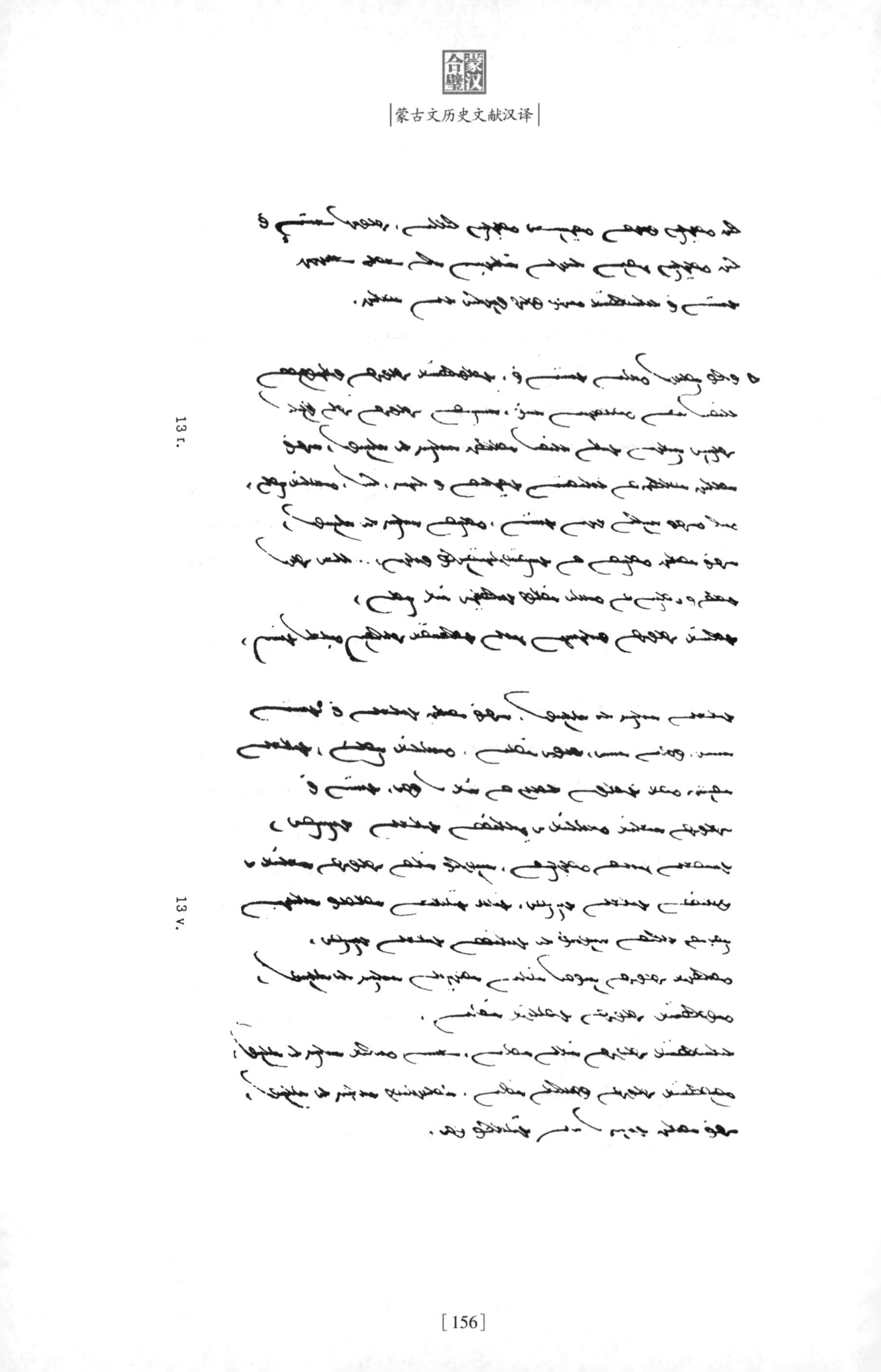

13 r.

13 v.

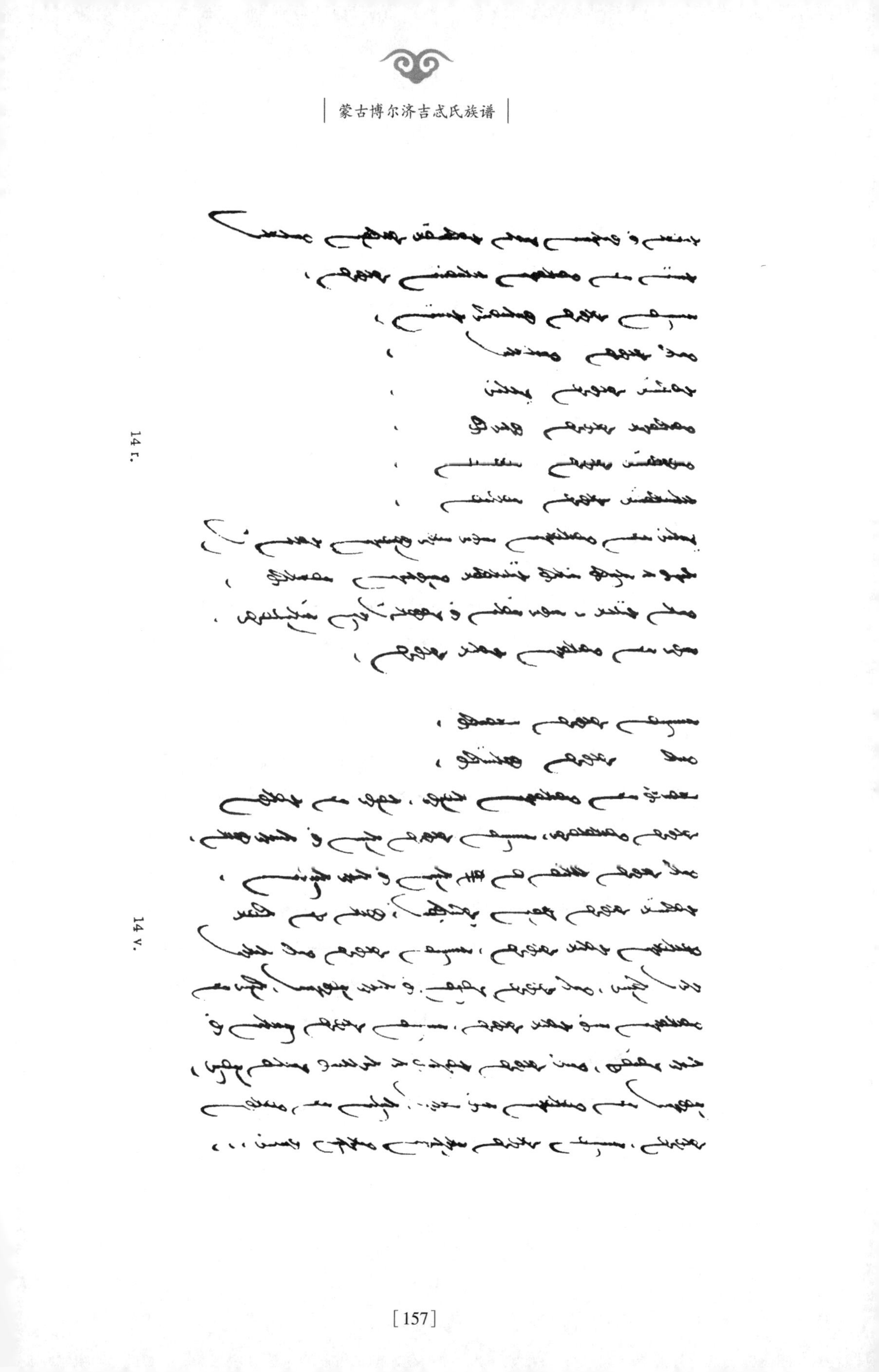

14 r.

14 v.

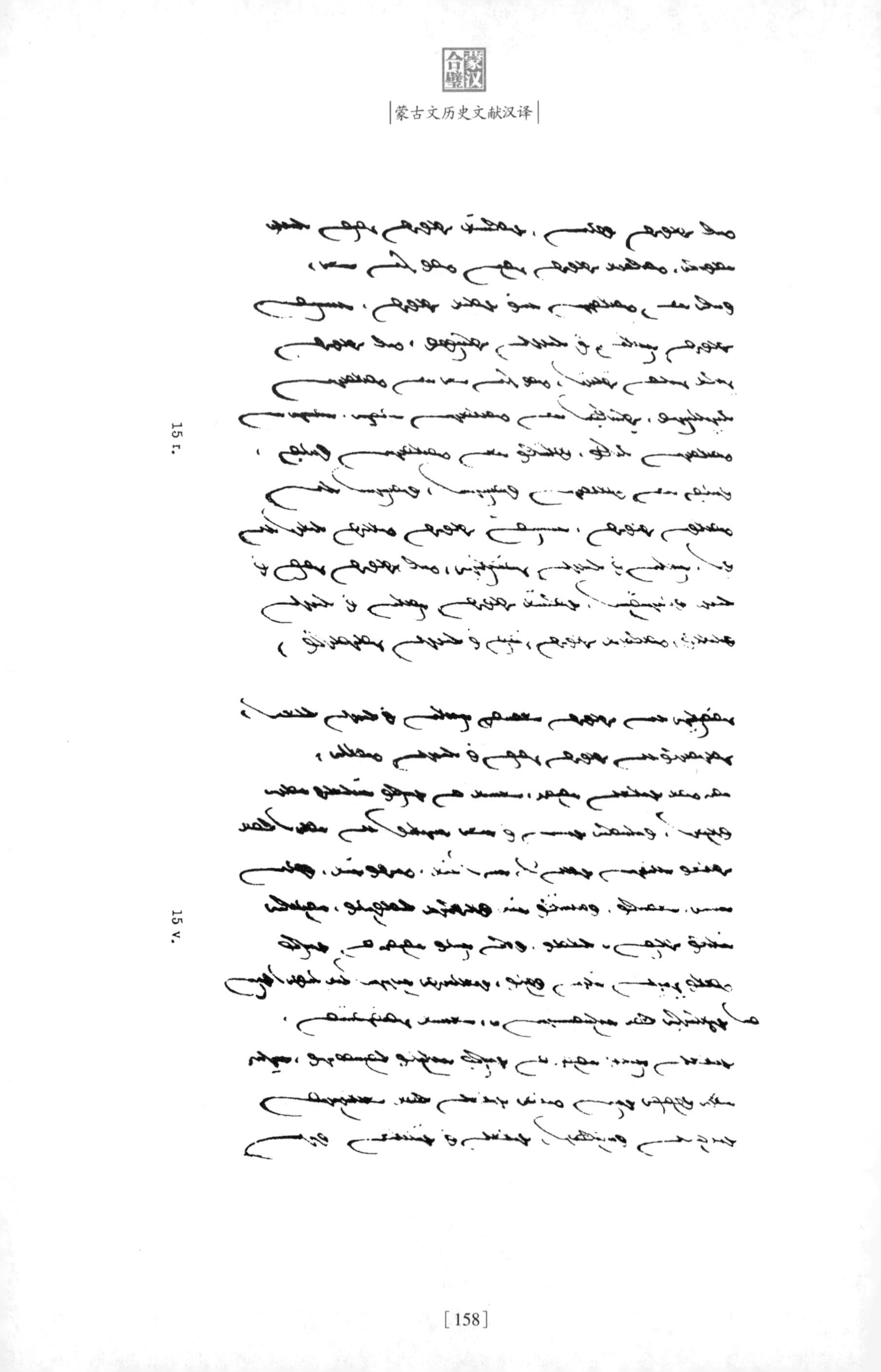

15 r.

15 v.

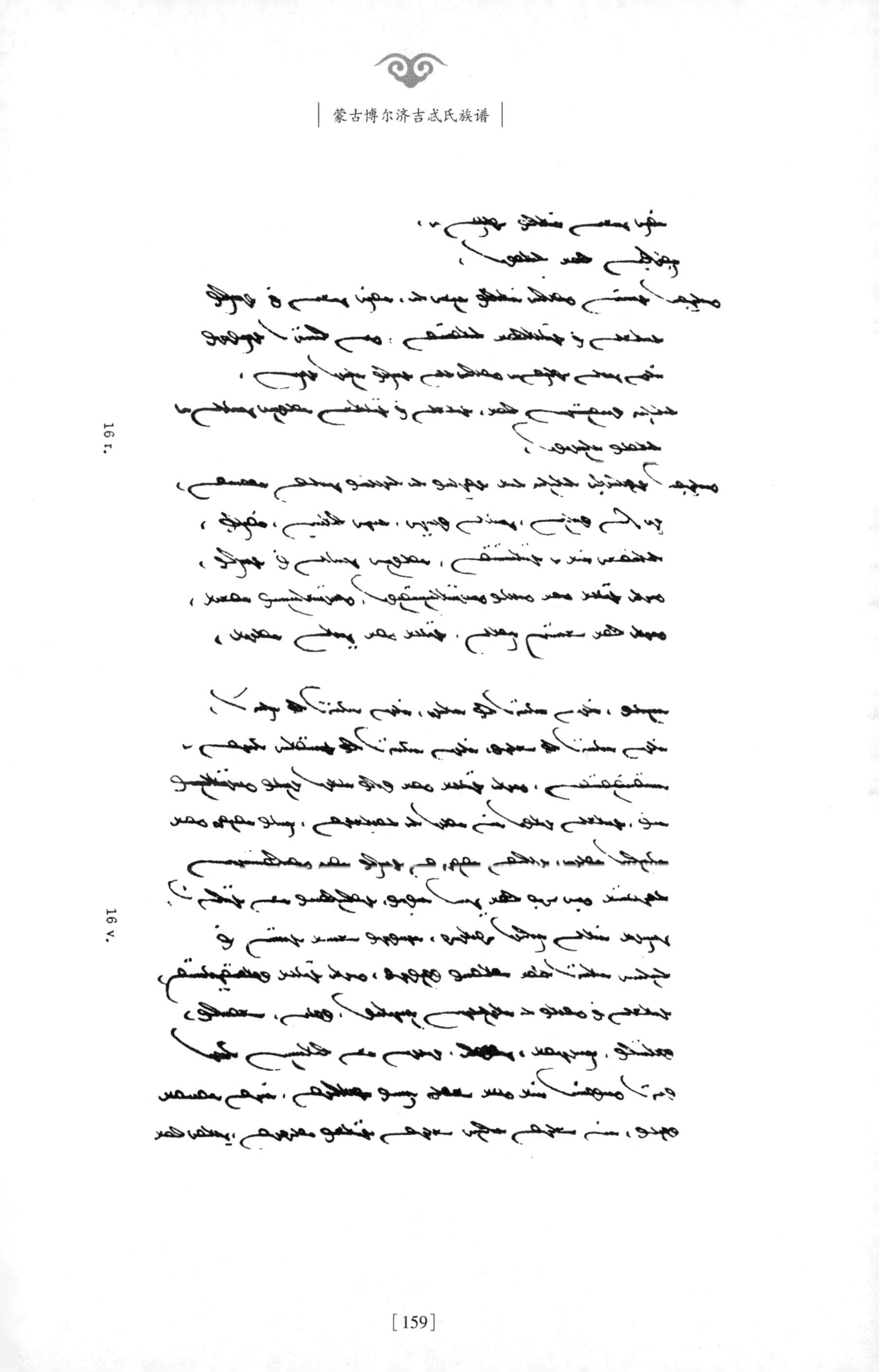

16 r.

16 v.

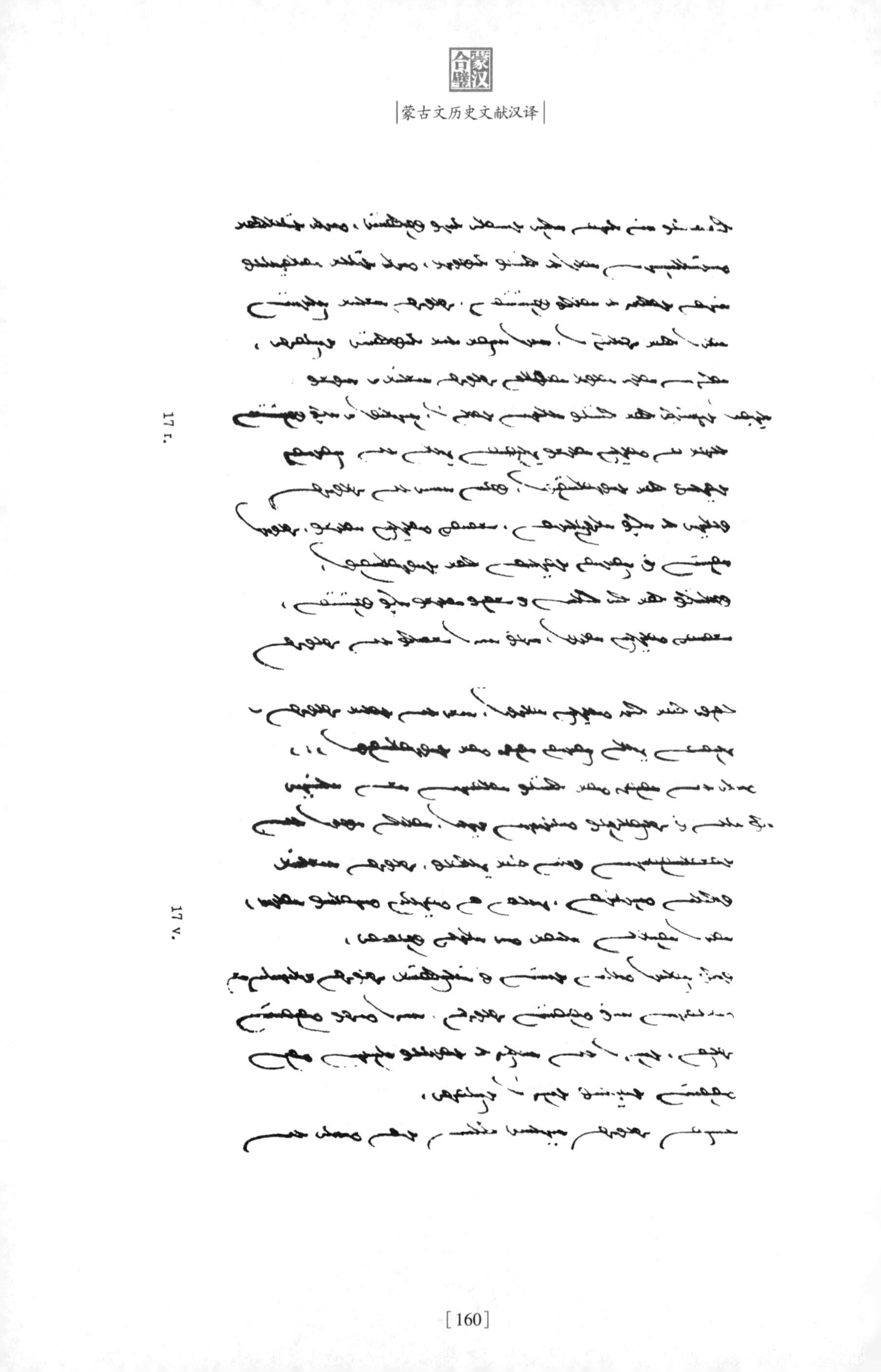

17 r.

17 v.

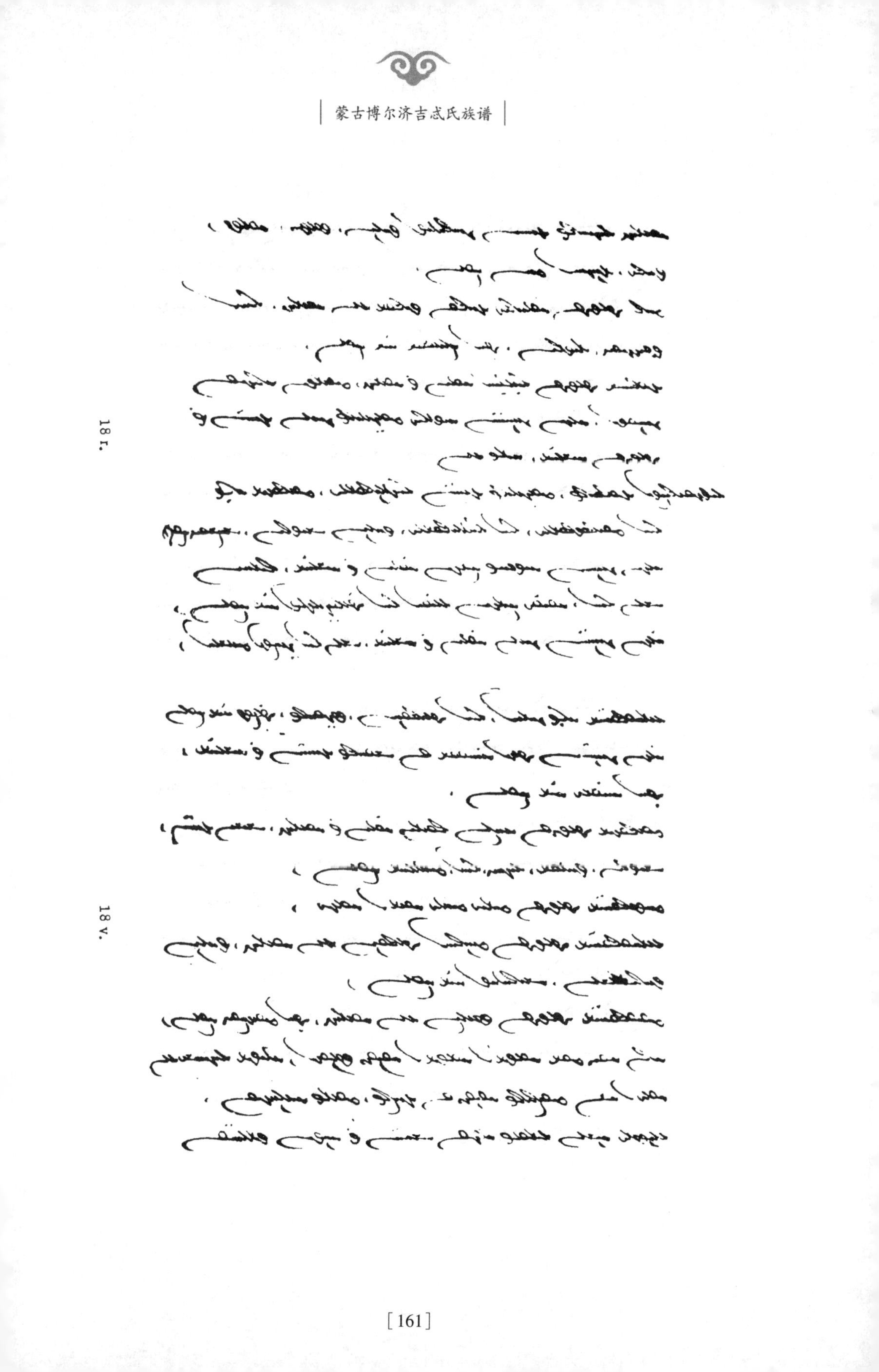

18 r.

18 v.

19 r.

19 v.

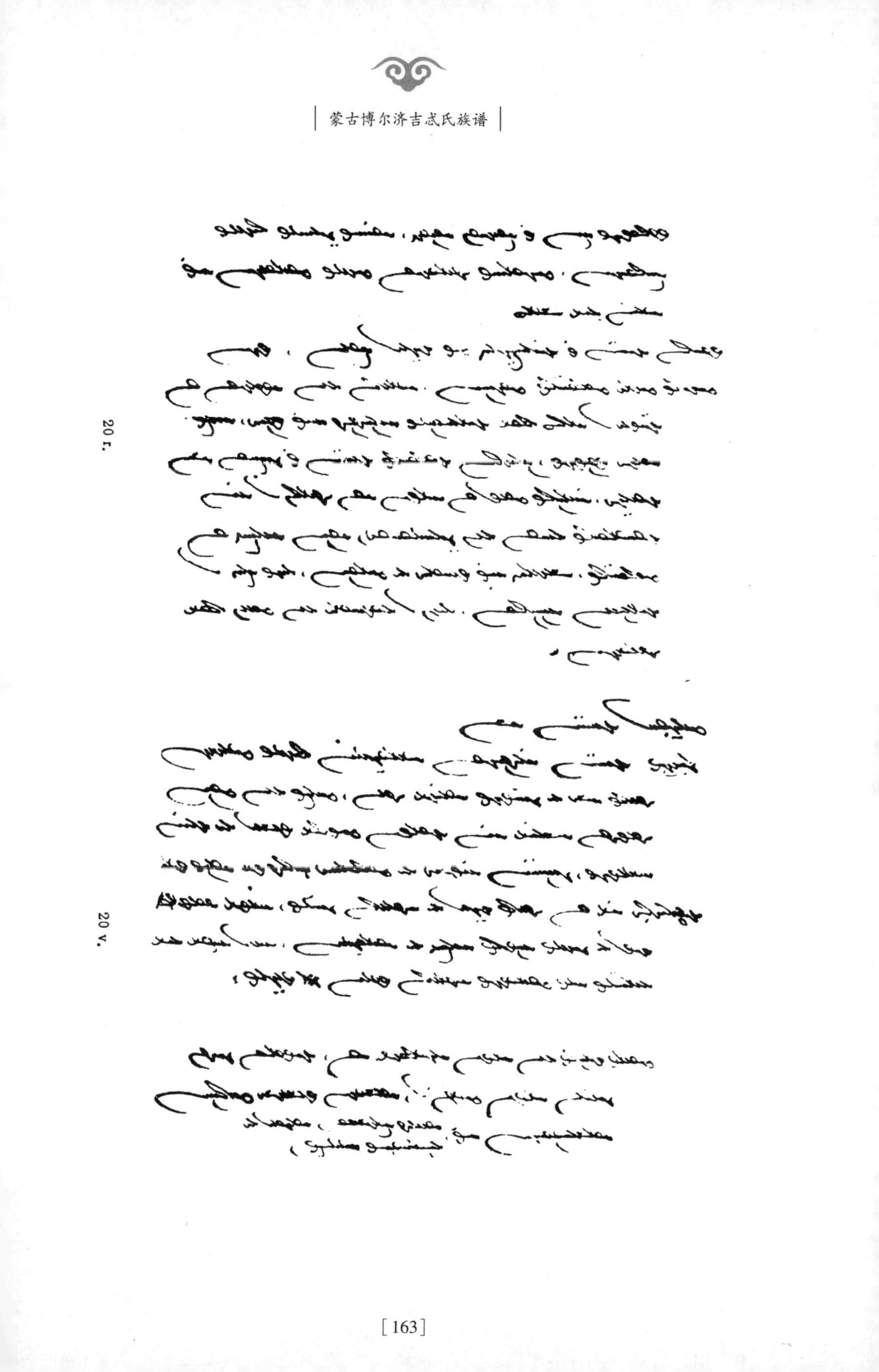

20 r.

20 v.

蒙古黄史

佚 名著 乌力吉图译注

目录

引言　达赖喇嘛之箴言

达赖喇嘛所著之《青年宴史》云:“凡人若不知己之族源,则似迷林之猿猴;若不识己之家世,则似玉雕之蛟龙;若不读前辈之典籍,则似迷路之儿童。”

第一章 成吉思汗之祖先

一、世界之成因

初，金色世界已成。于青色之虚空中，十方风起，相互冲击，坚密不动，为“妙”风轮，其色青灰，厚九十九万波尔，广量无数。其上风起，七湖所成，由此生云，名曰“金藏”，降澍大雨，依风而住，谓之“底海”，深十三亿波尔，径一百二十万三千四百五十波尔，其水被风搏击，上结金尘，如熟乳停，上凝成膜，即金色世界也。其厚三十二万波尔，广量与水轮等。其金色世界上，连绵澍雨，其水积聚，即成外海。其海被风钻击，所出尘埃，聚成妙高山、七金山与四洲。妙高山麓，东为白银、南为青玉、西为朱石、北为黄金所成。妙高山之八万波尔浸入海中，八万波尔高出海上。各洲积土而成，四洲之外有铁围山。妙高山南，此赡部洲，形似车辕。赡部洲中，名摩竭陀。其上空中，四万波尔，清净无碍，胜坚风轮，从右而旋。日月星宿，依止而住。其上空中，行天所居。日者，火珠所成，日天子所居宫殿，径五十一波尔。月者，水珠所成，月天子所居宫殿，径五十波尔。一波尔量谓八白号角声闻处为一波尔。

二、人类之由来

彼时，源自初禅，始称曰人。其世，赡部洲人，长寿无量，一如色界天子。彼时，食非耕种之野稻，随食随取。后有一人，禀性奸猾，长取积贮，以为宿食。众亦随之，收取殆尽。从此以往，乃有耕田。因争田之故，由是大众，择一有德，雇令分田，尊之为主。

三、印度古代诸王

彼即印度最初之大三末多王，于蒙古语则谓之曰“众敬王”。自众敬王以至顶生王，号称“六转轮王”。自顶生王以来，历世经久之后，于印度摩竭陀地方，降生狮颊王。彼有四子：一名净饭，一名白饭，一名斛饭，一名甘露饭。净饭王之子有

二:一名释迦牟尼,一名难陀。

四、吐蕃古代诸王

雪山之麓,吐蕃诸王,宗族繁衍。彼时,乔萨罗国之“皈依王”,降生一子,发如犀毛,牙似白螺,指若鹅掌,目类鸟雀,下睫上附。所生之子,妙相俱备。令诸卜者视之,曰:“此子克父,宜杀之。”其父王敕官员杀之。诸官员加诸锋刃,皆不能伤,于是计穷,贮以铜匣,弃掷恒河。毗舍离城,适有一人,获而养之。苏醒之后,彼子问曰:“吾系何人之子?”养育之翁,俱告前因。彼颇以为异,前往东方雪地,至雅砻赞塘。苯教二僧,与彼相遇,问曰:“尔系何乡之子?”答曰:“吾父及祖,乃古印度众敬王之贵胄。”因俱告原委,乃令彼骑乘颈项而归,众共聚议,尊之为主。

彼即吐蕃最初之项椅王,其子人椅王,其子鸟椅王,其子麦椅王,其子马椅王,其子金椅王。

五、蒙古汗之起源

金椅王为臣下隆阿木所弑,其臣篡立为王。金椅王之幼子孛儿帖赤那遂出走恭布地方,因不服水土,携妻豁埃玛兰勒东渡腾汲思海,行至布尔汗哈勒都纳山,逢北狄人众,告知原委。彼北狄之众共议,尊之为主。

蒙古最初之诺颜即孛儿帖赤那也。孛儿帖赤那以后,历十二世降生朵奔篾儿干。朵奔篾儿干寿终之后,其妻阿兰豁阿寡居,夜则明光透室,一黄白之人循天窗入与同居,遂生天子孛端察儿。孛端察儿之后裔即为孛儿只斤氏。

第二章　成吉思汗之生平

自孛端察儿之后，历经九世，从释迦牟尼佛示寂之后，逾三千二百九十六年，岁次丙午，圣武成吉思汗降生，征服五色四夷之国。兄弟四人行动之际，孛斡尔出结义而来。由是，友伴渐增，遂征服四十万户蒙古国。年二十八岁，于克鲁伦河畔之阔迭额阿剌勒即汗位。年二十九岁，出征女真之完颜汗，尽降其众。年三十一岁，远征高丽之布合察罕王，越三年而降之。年三十三岁，自汉人最初之唐高宗以来，历十九代皇帝之后，驱逐金国皇帝，征服八十万户汉人之十三行省，号称"大明圣武成吉思汗"。年三十四岁，杀黄撒儿塔兀勒之莎勒坛汗，取撒儿塔兀勒之五行省。年三十五岁，杀托克马克之莽古剌汗，遂取托克马克。年三十七岁，岁次壬午，征服克列亦惕之王罕。年三十九岁，征服乃蛮之塔阳汗。年四十一岁，征服郭尔罗斯之纳林汗。年四十三岁，哈剌鲁之阿昔兰，汗出兵前来，遂迎战，杀彼之身，取彼之国。年四十五岁，出征吐蕃之功嘉朵儿只。吐蕃王闻讯，遣伊拉古诺颜等众使者，谓曰："伏愿纳贡请降。"使者来至柴达木，成吉思汗嘉许之，大赉施舍毕，复以伊拉古诺颜为使，致书献礼于萨斯迦之察克罗匝斡阿南达克尔贝喇嘛，书云："朕本欲聘汝，然世事未济，故未迎请。朕谨遥申皈依之诚，仰恳护佑之力。"由是，木华黎征服三部黑吐蕃之三行省。进而往征印度，越察达克里克岭，行进之间，一曰"犀牛"之独角兽奔至，三屈其膝于君主前而拜叩之。主上谕曰："朕闻印度金刚之区，乃圣佛释迦牟尼降生之地，今此不通言语之兽类，竟肖人叩拜，其故何哉？盖朕之天父藉此示警欤?"遂班师而返。年四十七岁，与撒儿塔克沁之俺巴孩汗所率之十万大军战于贝加尔湖，大败之，尽降其众。

远征回师之后，向九员主将等效力人众，赐以显爵，赏以厚禄，授以百户诺颜、千户诺颜、万户诺颜之职，溥施恩赏，唯弗及于孛斡尔出。夜晚。孛尔台薛禅贤明太后曰：

当汝竭蹶之际，

未曾寸步分离，

尽心竭诚效力者，

得非孛斡尔出欤？

讵忘孛斡尔出耶？

主上曰：“朕欲使忌妒者知孛斡尔出之德也。彼断不怨朕。孛斡勒伯沁往觇之，觇彼居家言何！”遂遣之。

窃听其妻特古斯根豁阿云：

际遇于未兴之前，

聚集起全体民众，

竭尽全力辅佐大统，

超群之人卓著勋功，

宁可舍弃父母妻儿，

矢志不移为君效忠，

如今主上施恩众属，

却未及于汝者何耶？

孛斡尔出曰：

尔妇人平素短见，

主上之尊驱永固，

则吾之幸运久远，

若吾之性命安然，

非尔之幸运而何？

吾不图钻营获赏，

唯一心宣力效劳，

尔无须急切怨望，

君虽未加恩于我，

必能施及我子孙。

孛斡勒伯沁将其言语悉行奏闻，主上谕曰：“朕非云乎？彼素来无分隐显，超群著力，孛斡尔出舍此复有何念！”

次日，集众降旨曰：“昨朕遗忘孛斡尔出，至夜朕之后孛尔台坐谈怨朕，有近侍过孛斡尔出之家，将孛斡尔出与特古斯根二人言谈之语悉皆奏闻。”遂复述其言，且谕曰：

股皮撒袋至于破坏，
却不动声色者，
孛斡尔出是也。
艰难竭蹶之时，
却效力而至者，
孛斡尔出是也。
毛皮撒袋至于朽烂，
却不露真伪者，
孛斡尔出是也。
殊死鏖战之际，
却不惜身命者，
孛斡尔出是也。
凡九员主将等诺颜大臣，
于此勿生忌妒。

遂赐号：内大政之上卿外九省之诺颜曲律孛斡尔出，封其妻特古斯根豁阿为兀真大夫人，又赐封孛斡尔出为众臣之首辅。主上降旨云：“朕承玉皇天父之命，驾驭天下十二大汗。朕之大业已就，今宜休养身心。”遂闲居十九年。

由是，主上降旨云：“一者先曾有言，二者今惟彼等未附。”遂出征西夏之锡都尔固汗。及至，锡都尔固汗变为蛇，主上即变作大鹏。锡都尔固汗复变为虎，主上即变作狮子。锡都尔固汗又变为童子，主上即变作玉皇，遂擒锡都尔固汗。锡都尔固汗云：“若杀我，则害及尔身，若免之，则害及尔之子孙。”主上云：“朕身无妨，愿朕子孙安善。”及戮，锡都尔固汗云：“可搜取吾妻古尔别勒津豁阿哈屯之黑钳。”主上即纳古尔别勒津豁阿哈屯。古尔别勒津豁阿哈屯往黑河沐浴。其父乃宁夏城之汉人吴氏，名曰贤者王甲。其父家中饲养一鸟，古尔别勒津哈屯于其鸟颈写书云：“我将溺此黑河而死，毋向下游寻找骨殖，可向上游寻找。”因系书于鸟颈而遣之。古尔别勒津哈屯于其隐秘处夹一钳，致伤主上之隐秘处，遂逃奔黑河而溺死。因哈屯之死，遂称黑河为哈屯河（黄河）。其父向上游寻骨殖不获，仅得单袜，汉人每人掷土一锹，遂称“铁芦冈”云。

由是，主上之疾渐至沉重，弥留之际，谕曰：

朕之贤淑兮，孛尔台哈屯！
朕之挚友兮，孛斡尔出！
朕之辅翼兮，九员主将！
朕之香獐兮，四弟！
朕之骏马兮，四子！
朕之磐石兮，臣僚！
朕之府库兮，大众！

言讫晕厥。雪你惕部之吉鲁克台巴图尔祷祝毕，主上微起，谕曰：

朕之遗孀兮，孛尔台哈屯！
朕之遗孤兮，窝阔台与托雷！
愿尔等诚挚而行，
愿为其效忠不渝。
言必信者志益坚，
行必果者为人杰，
抑小欲以协众庶，
果非入化之躯耶？
愿尔等护佑大统！
精铁无瑕，
贵体无常，

愿尔等坚毅而行！

稚孙忽必烈聪颖，

愿尔等遵奉而行！

言讫，年六十六岁，丁亥年七月十二日逝世于西夏灵州城。

第三章　成吉思汗之后裔

主上生前谓曰："令术赤镇守托克马克，察合台镇守撒儿塔兀勒，窝阔台即汗位，托雷守产业！"

托雷于主上生前即殁。

由是，窝阔台丁未年生，年四十二岁，子年即位。欲往请萨斯迦之札巴监藏，因事耽延。逾六年，年四十七岁，巳年逝世。窝阔台汗之子有二：一名贵由，一名阔端。

贵由年二十九岁即位，逾六月逝世。其弟阔端寅年生，年二十九岁，午年即位，未年患瘫症。众议云："长生之地有一萨斯迦功嘉监藏者，乃精通五明之上师也。"遂遣使往迎。彼乃文殊师利之转世萨斯迦班弥怛者也。年二十七岁，赴印度，制胜诸左道者之辨难，获班弥怛号而归。其伯父札巴监藏曾经预言："此后将有一日，东方之蒙古人，帽若栖鹰，靴似猪鼻，屋类木网，彼国之主，乃菩萨之化身，名曰阔端汗，彼将请汝，汝宜往行，汝之禅教将大兴于彼国。"因谓："适逢其时也。"年六十三岁，辰年启程。年六十六岁，未年谒汗，并为汗灌顶加持。汗痊愈，众皆欢喜，即遵萨斯迦班弥怛之令而行，禅教遂初兴于边陲蒙古之地。年七十岁，亥年示寂。阔端汗在位十八年，年四十六岁，亥年逝世。

由是，君主托雷之唆鲁禾帖尼妣姬太后生蒙哥、忽必烈、旭烈兀、阿里不哥四子。长兄蒙哥即位，逾八年逝世。由是，其弟忽必烈薛禅汗亥年生，年四十六岁，申年即位。夏则避暑于上都开平库尔都城，冬则避寒于大都城。四围无虞，八方不扰，俾众庶共享安宁。由是，萨斯迦班弥怛之侄名曰罗古罗思监藏，丁未年生，年十三岁，随其伯父而来。年三十岁，呼图克图忽必烈薛禅汗之察必豁阿哈屯奏大汗云："此罗古罗思监藏恰似我圣上喇嘛。愿受其本尊功德喜金刚之灌顶。"遂受灌顶，并赠以"法王八思巴喇嘛"封号。薛禅汗施行十善禅政，致天下安宁，人咸称曰

"转千金法轮之恰克剌瓦尔迪汗"。在位三十六年,年八十二岁,戊申年逝世。

由是,恰克剌瓦尔迪汗之察必哈屯生朵儿只、忙哥剌、真金、那木罕,共四子。真金太子之子甘麻剌、答剌嘛八剌、完泽笃三人。祖父谓曰:"可令完泽笃执政。"遂使完泽笃即汗位。完泽笃汗丑年生,供奉萨斯迦之文殊功嘉剌特纳吉都喇嘛,整建二政,遂致安宁。执政十一年,年四十三岁逝世。

由是,答剌麻八剌之子曲律即位,命通译绰思吉斡节尔翻译经史,溥施二政,在位四年,年三十一岁,亥年逝世。

其弟普颜笃即位,供奉萨斯迦本钦锡里巴达喇嘛,在位九年,年三十六岁,申年逝世。

其子格坚即位,供奉萨斯迦之博达克师利喇嘛,在位三年,年二十一岁逝世。

由是,甘麻剌之子也孙铁木儿即位,供奉萨斯迦之本雅巴达喇嘛,在位五年,年三十六岁逝世。

曲律汗之长子剌札巴克,年三十岁即位,逾四十日逝世。

其弟和世瑓即位,年二十五岁,逾一月逝世。

由是,普颜笃汗之子札牙笃即位,敬奉萨斯迦之阿难陀巴达嘉剌喇嘛为顶饰,崇敬释迦牟尼之禅教,修明二政,逾四年,年二十九岁逝世。

和世瑓之子懿璘质班即位,逾一月,年七岁逝世。

札牙笃汗之子妥欢帖睦儿兀哈笃汗壬午年生,年十六岁即位。供奉萨斯迦之阿难陀玛第喇嘛,悉遵前政,溥施二教,道教赖以安乐。岁次甲申,汉人朱氏老翁之子名曰朱哥者,彼子生时,彩虹映室。其时,昔曲律孛斡尔出之后裔伊剌呼丞相奏汗云:"凡人出世,无有此兆,此必异相之人,乘其年幼,请即杀之。"汗拒谏并痛斥之。由是,朱哥长成,奏汗云:"愿往南京征赋以归。"遂与八十万户汉人相约。归来之后,载于大车之兵即出。汗袖玉玺,携哈屯及皇子出奔。彼时,合撒儿之后裔脱穆剌忽巴图尔台吉与孛斡尔出之后裔伊剌呼丞相奋力救出兀哈笃汗。兀哈笃汗在位三十六年,年五十一岁,岁次申年,自成吉思汗即位后,逾一百八十年,失掉大统。此前,蒙古共十五位可汗执政。兀哈笃汗由古北口奋战出逃,四十万户蒙古内,唯有十万户逃出,其余三十万户尽皆陷没。聚集逃出之十万户,抵达克鲁伦河岸,起造巴尔斯城居之,年五十三岁,戊年逝世。

第四章 兀哈笃汗之后裔

兀哈笃汗之子必力克图汗年三十四岁即位，逾八年逝世。

此后，其弟乌萨哈勒汗年三十岁即位，逾十年逝世。其子恩克卓力克图、额勒伯克尼古埒苏克齐、哈尔固楚克等三人。

恩克卓力克图年三十一岁即位，逾四年逝世。

其弟额勒伯克年三岁即位，号称额勒伯克尼古埒苏克齐汗。额勒伯克汗突然鬼迷心窍，见兔血滴于雪上，乃曰："安得面色洁白似此雪，颧额红艳似此血之妇人乎?"卫拉特之浩海达裕答曰："令弟哈尔固楚克杜棱洪台吉之鄂勒哲依图果斡妣姬姿色尤丽。"额勒伯克汗遂杀己弟哈尔固楚克杜棱台吉，纳鄂勒哲依图果斡妣姬。彼已怀孕三月矣。迨可汗出，鄂勒哲依图果斡妣姬遣哈尔固楚克之仆人多克欣沙剌邀浩海达裕。鄂勒哲依图果斡妣姬以银卮盛酒曰："重赏虽由汗主之，然将我之卑体致于尊，贱躯致于贵，妣姬之名致于太后者，汝也。"遂以酒醉之，将彼置于床上，又自断己发，自毁己面，遣多克欣沙剌往奏汗。及汗至，见其背坐而泣，汗问之，乃云："浩海达裕戏弄我，我未从，致如此。"浩海达裕闻言遁逃，汗追之，浩海达裕将汗手指射断。汗擒杀浩海达裕，剥其脊皮，交与果斡妣姬。妣姬将汗之指血与浩海之皮油合而舔之，曰："我虽妇人，夫仇已报。得歹意者汗之血与谗佞者浩海之油足矣。快哉!"汗慕其姿色，并未迁怒，曰："朕误杀浩海矣!"因授彼之子巴图剌以丞相封号，以己女萨穆尔公主妻之，令主四卫拉特焉。其后，卫拉特之乌格齐哈什哈弑额勒伯克汗。鄂勒哲依图果斡妣姬改嫁额勒伯克汗之时，已怀孕三月，再嫁乌格齐哈什哈之时，已怀孕七月矣。后生一子，取名阿寨。巴图剌丞相令蒙古之童名乌格德勒呼者负筐拾粪，取名阿鲁台。

其后，蒙古稍振，已故额勒伯克汗之长子琨特穆尔年二十六岁即位，逾八年逝世。

其后，彼弟鄂勒哲依特穆尔年二十五岁即位，逾八年逝世。

其后，彼之子德勒伯克年十七岁即位，逾五年逝世。

是年，卫拉特之乌格齐哈什哈杀浩海之子巴图剌丞相。是时，乌格齐哈什哈亦死。乌格齐哈什哈之子额色呼纳巴图剌丞相之妻萨穆尔公主。阿鲁台太师役使果斡妣姬与阿寨台吉二人。额色呼殁，萨穆尔公主遂将鄂勒哲依图果斡妣姬与阿寨台吉二人背阿鲁台而出之，遣往母家蒙古地方，谓曰："额色呼已殁，卫拉特内乱，汝叩请君父，乘此出兵。"遂遣之。

主上之后裔阿岱台吉入主所遗之蒙古矣。阿岱台吉纳鄂勒哲依图果斡妣姬，年三十五岁即位，授阿鲁台以太师封号。阿岱汗、阿寨台吉与阿鲁台太师三路出征，于济剌满汗山进袭四卫拉特，获胜而归。俘巴图剌丞相之子巴哈木而归，阿寨台吉曰："我妹萨穆尔公主有善行焉，此子宜释之。"对曰："彼曾谓我乃恶人之子也，令我阿鲁台太师负筐而取名阿鲁台。"因覆巴哈木于釜底，名曰托欢，供其役使，萨穆尔公主亲自恳求，携归焉。托欢曰："彼蒙古之国业已衰败，无有约束，乘机征之可也。"遂率四卫拉特而来，弑阿岱汗。托欢太师围攻主上之白室，云："若汝为圣主，则我为圣母之后裔。"忽闻主上之撒袋内所插之箭铮然有声，只见托欢鼻口流血，召其子也先至，嘱之曰："尔之芒刺已除，宜杀蒙郭勒津蒙克！我乃圣母索岱之后裔，竟遭圣主如此暗算。"言讫而殁。

阿岱汗年三十七岁即位，年四十九岁殁于托欢之手。

其后，额勒伯克汗之子阿寨台吉有子三人：长子岱总台吉、次子阿噶巴尔济台吉与满都固勒台吉。岱总台吉年十八岁自即汗位。岱总汗兄弟三人行兵卫拉特，卫拉特迎战焉。两军对阵之时，双方夺魁之际，合撒儿之后裔巴图尔锡古素台出阵，卫拉特选派哈里雅特之后裔硅林齐巴图尔出阵。锡古素台服双重盔甲，胸插护甲，硅林齐戴双重盔甲，二人遇于阵前。硅林齐射穿双重盔甲与护甲，稍创躯体，锡古素台则斫及大腿。至夜相约：明日再战。遂宿营。

是夜，帖良古思之阿卜都拉彻辰云："闻阿噶巴尔济济农甚愚，然其子风流之哈尔固楚克颇狡黠，待吾施计赚之！"遂连夜来见阿噶巴尔济济农，说之曰："愿奉汝为汗。"阿噶巴尔济济农因与卫拉特之也先太师合，追击其兄岱总汗。岱总汗直奔肯特汗山，途遇郭尔罗斯之彻卜登，彻卜登念彼从前弃其女阿勒塔噶勒津，因将岱总汗弑之。岱总汗年三十一岁即位，逾十四年，殁于彻卜登之手。

由是，阿噶巴尔济济农告于卫拉特之也先云："吾子风流之哈尔固楚克曾谓'缘何与卫拉特合焉？宜将卫拉特斩尽杀绝'等语，吾将其止之矣。"卫拉特闻言讥诮云："此定非济农，乃蠢驴也。"言毕哗然大笑。

由是，也先宴请噶巴尔济济农等，借口按次把盏，使其鱼贯而行，将济农及羽翼之三十三人尽行杀戮。

阿噶巴尔济济农之子风流之哈尔固楚克携马夫名伊纳克格勒者逃出，卫拉特遣勇士三十人往追之，遂匿于翁衮峡谷。卫拉特之素勒必斯巴图尔服双重铠甲跟踪而来，马夫伊纳克格勒射透其双重铠甲，乃携其后人仆矣。其后，彻勒克图尔根服三重铠甲而来，马夫云："吾不能敌，台吉其射之。"台吉遂射透三重铠甲，由是携其背后之三人远遁焉。

至夜，谓曰："焉能步行！"马夫伊纳克格勒即往盗取也先太师之线脸沙毛马与无驹草黄马，因谓："托克马克汗乃术赤之后裔，吾亲族也。"遂往投之。托克马克之阿克蒙克巴颜助之，与彼结义而居，遣马夫伊纳克格勒，谓曰："往侦四十四万户！"适值托克马克畋猎之际，哈尔固楚克台吉射杀十只黄羊之九只，阿克蒙克之弟雅克锡蒙克反目，将其杀害。

维时，马夫伊纳克格勒既归，得悉台吉被害，遂取马一群，往投哈尔固楚克台吉之妣姬、也先太师之女彻彻克哈屯处。彼与哈尔固楚克分离时，已怀孕七月，越三月而生。其父也先太师遣人曰："生女则留之，生男则杀之。"彻彻克妣姬闻之，乃将稚子之胞系掣于臀后，其人误为女子而归。其后，将察哈尔之鄂堆老妪之女置于摇车内，往祖母萨穆尔公主处诉其故，公主遂取其子，取名巴延蒙克，付与高丽之桑古勒岱之哈萨克沁太夫人哺育之。也先言于祖母萨穆尔公主曰："此子宜杀之。"公主未允，对曰："彼乃吾之外孙，非尔之甥乎？彼岂能长成而复仇耶？若吾子托欢在，焉能如此？"由是，也先欲匿公主而杀之，伊纳克格勒闻讯，往告公主，公主谓曰："愿得诚信之人遣送蒙古。"伊纳克格勒答曰："卫拉特之乌格台太保郁郁寡欢，可试探之。"遂往见乌格台，谓曰："尔欲获显爵重赏乎？如今，哈尔固楚克之彻彻克妣姬生子甫三岁，若将其往送蒙古，不仅尔之此身，而且尔之后裔，皆为达尔罕矣。”乌格台太保遂晋见公主，曰：“吾愿送赴汝之母家。”公主喜甚。乃令卫拉特之乌格台太保、喀喇沁之博赉太师、撒儿塔兀勒之巴延泰阿哈剌忽墨尔根、弘吉剌惕之额色赉太保等四人往送之。途中，乌尔固特之阿罗出少师将女锡占尔许与巴延蒙克台吉为正宫，嘱之曰：“送彼至其尚存之宗族！”遂令其服侍焉。

由是，卫拉特右翼之阿剌克丞相与特穆尔丞相二人袭击也先太师。也先只身逃出，被蒙古之布库素尔森之子巴固擒杀，肆诸库克汗山坡之树上。

闻也先殁，岱总汗之妃萨穆尔太后所生之子名曰莫尔古尔吉斯者，年七岁，被贮诸皮箱。萨穆尔太后佩剑出征，于崆奎・札布罕之地袭击四卫拉特，大获而归。遂奉莫尔古尔吉斯即位，称之曰“乌珂克图汗”。年八岁，被土默特部合赤斤之后裔多古朗台吉所害。

其后，彻卜登弑岱总汗之时，以摩伦台吉为其外甥，遂未杀。彻卜登既殁，当摩伦年十七岁之时，翁尼古惕之毛里孩奉其即位。于是，高丽之和托巴噶向双方僭言，当摩伦汗十九岁时，毛里孩王将其害死。

摩伦汗殁后，其叔阿寨台吉之卫拉特哈屯所生一子名满都古勒，年三十八岁即位，为报乌珂克图汗之仇，行兵杀害合赤斤之后裔多古朗台吉。其后，四大臣及阿罗出少师将巴延蒙克台吉与锡吉尔妣姬二人从卫拉特护送而至，其叔满都古勒汗大悦，赐巴延蒙克以博勒呼济农之称，封四大臣为达尔罕，令世袭罔替。四达尔罕云者，此之谓也。其后，为报摩伦汗之仇，再次出征，袭杀毛里孩王。正当满都古勒汗与博勒呼济农二人收抚散佚之六万户之际，伊斯满太师谗间汗与济农，汗遂率兵往擒博勒呼济农，博勒呼济农侥幸逃脱。伊斯满太师即霸占博勒呼济农之妻锡吉尔太后。博勒呼济农之锡吉尔太后生一子名曰巴图蒙克，甫一岁，付与巴海之妻哺育焉。满都古勒汗年四十二岁逝世。博勒呼济农年三十一岁，被永谢布之克里叶豁吉格尔所害。

巴延蒙克博勒呼济农之子巴图蒙克甲申年生，年七岁，满都海彻辰哈屯壬午年生，年三十三岁，往赴圣上之白室，令孟根伊剌古洒祭祷祝毕，亲奏先妣太后云：

妾于青白不分处施礼：

当汗之后裔巴图蒙克年幼时,
当合撒儿之孙乌讷博罗特求婚时。
妾前来母后之宫室。
如谓汝之广大门庭为轻微,
如谓汝之高大门槛为低垂,
而适异乡之乌讷博罗特,
则请以长缨与宏福,将妾套回!
如谓汝之子冲幼而鄙视之,
则请套取乌讷博罗特!
若妾之祷祝能如愿,
则适汝之幼子巴图蒙克,
使妾内襟生七男,
外襟生一女。
若妾之祷祝能如愿,
则请赐以七"博罗特"之名,
令彼等承继汝之事业。

言讫而归。巴图蒙克年七岁,满都海哈屯年三十三岁结为夫妇,岁次寅年,谓曰:请主天下。遂号巴图蒙克达延汗,即位于圣上之白室。

聪睿之满都海哈屯,
将垂发向上缠拢,
将国君达延汗贮诸皮箱,
率兵出征。

满都海哈屯于特斯博尔图之地征服四卫拉特,为置约法,令曰:"汝等今后不得称房为舍,只许称宅;冠缨不得过二指;居常许跪不许坐;食肉许啮不许割;马奶改称为御格!"卫拉特人乞求曰:"食肉用刀何如?"许之。时至今日,犹奉其约法焉。

由是,满都海彻辰哈屯所生双胎图鲁博罗特与乌鲁思博罗特,双胎巴尔斯博罗特与阿尔苏博罗特，双胎斡其尔博罗特与阿勒楚博罗特，双胎阿勒博罗特与格根阿拜。另有卫拉特部克里叶豁吉格尔之女固实哈屯所生二子格鲁迪与青。乌尔古特部阿罗出少师之女吉密思根哈屯所生二子格埒博罗特与格埒森札。达延汗有子十一人，女一人。年八十岁，卯年逝世。

第五章　达延汗之后裔

乌鲁思博罗特无嗣。

达延汗之长子图鲁博罗特在即位前逝世。图鲁博罗特之子：博迪阿剌克、乌巴撒察台吉、额莫利克台吉。

博迪阿剌克年四十一岁即位，逾四年逝世。博迪阿剌克汗之子：库登达赉逊台吉、库克齐台台吉、翁衮都剌勒台吉。

库登年二十九岁于白室前即位而归，时巴尔斯博罗特之次子阿勒坦向汗求赐号云："汝为大汗矣！祈赐我以护卫大统之司徒汗之称号！"遂许之，赐阿勒坦以"司徒汗"之徽号。库登汗平治大政，致大众于安宁，年三十八岁逝世。其子图们台吉、钟图都喇勒、巴噶达尔罕、岱青台吉。

图们台吉年二十八岁即位，会见噶尔玛喇嘛，遂受禅教，聚集六万户，造大法典。令左翼三万户内阿穆岱洪台吉、喀尔喀之素布该卫征，右翼三万户内鄂尔多斯之库图克台彻辰洪台吉、阿速特之诺木达剌豁洛齐诺颜、土默特之阿穆岱楚鲁克洪台吉等人执政焉。号称图们札萨克图汗，致生灵于安宁。在位三十五年，年五十四岁逝世。其子布延、桑噶尔济杜棱济农。

布延年三十九岁即位，号称"布延达云彻辰汗"，致政教安宁，年四十九岁逝世。其子忙古思台吉、剌卜噶尔台吉、茂乞塔惕洪台吉。

忙古思台吉于父生前即殁。忙古思台吉之子林丹巴图尔台吉与桑噶尔济鄂特欢台吉二人。

林丹巴图尔台吉辰年生，年十三岁即位，从弥勒法王卓尼绰尔济等承受深奥密乘之灌顶，扶持禅教焉。年二十六岁，从萨斯迦之沙尔巴丹津库图克图承受深奥密乘之灌顶，兴修寺庙，建造释迦牟尼佛像等，召请译师贡噶斡泽尔等，令以蒙古文翻译《大藏经》,号称:林丹呼图克图圣武成吉思大明睿智战无不胜伟大恰克剌瓦尔迪太太宗天神之天神宇宙之玉皇转金轮法王。广立二政,因罪业增多,施逆政于六万户之君民,难以和合,遂强制六万户兀鲁思,迁往西方。在位三十一年之后,年四十三岁,于沙剌塔拉之地逝世。

林丹汗之二子,一名额尔和洪果尔,一名阿布乃亲王。额尔和洪果尔无嗣。阿布乃亲王之子布尔尼王与罗卜藏,二人无嗣。彼等居于察哈尔。

博迪阿剌克汗之次子库克齐台台吉之子:布尔海楚琥尔、布延诺颜、绰罗岱。布尔海之子塔巴哈和硕齐,其子腾机思墨尔根王、腾机特卫征达固里思呼王。墨尔根王之子萨玛迪王。达固里思呼王之子贡布贝勒。布延诺颜之子叟塞杜棱王,其子齐希台杜棱王,其子阿玉什王。彼等居于苏尼特。

博迪阿剌克汗之季子翁衮都剌勒之子巴延泰诺颜,其子多尔济彻辰济农、伊勒呼巴图尔诺颜。多尔济彻辰济农之子确僧格,其子察罕巴拜亲王,其子素达尼彻辰亲王,其子色登敦多布亲王。彼等居于乌珠穆沁。

库登汗之次子钟图都剌勒诺颜之子忙赉额尔德尼,其子札干杜棱、博罗特额尔德尼王、班布木土谢图。札干杜棱之子噶尔玛札布王,其子剌布坦王,其子车布登王。博罗特额尔德尼王之子阿赖充额尔德尼王。彼等居于浩齐特。

库登汗之季子巴噶达尔罕诺颜,其子拉什岱青,其子拉玛札布额尔合诺颜,其子纳木札勒额尔德尼、乌格勒特伊勒登巴图尔、老巴嘎。彼等居于察哈尔。

伊勒呼巴图尔诺颜之子色棱额尔德尼多罗诺颜。其子茂里海诺颜。拜赛诺颜之子伊尔必思彻辰诺颜、伊尔必思。彼等居于乌珠穆沁。

达延汗之次子乌鲁思博罗特无嗣,幼时被卫郭特之伊巴列太师杀害。

达延汗之第三子巴尔斯博罗特济农,其子古莫利墨尔根哈剌济农,阿勒坦葛根可汗、拉布克台吉、巴雅斯哈勒昆都楞汗、巴延达剌纳林台吉、博迪达剌鄂特欢台吉。

古莫利济农之长子诺延达剌济农,其子布延巴图尔济农,其子博硕克图济农。图巴济农无嗣。确剌济农之子固鲁亲王,其子栋罗布郡王。

古莫利济农之次子拜桑固尔郎诺颜,其子卓力克图诺颜,其子阿南达墨尔根和硕齐,其子塔尔巴,其子善达贝勒,其子索诺木郡王,其子松剌布王。

古莫利济农之第三子卫达尔玛诺木欢诺颜。其子特格依和硕齐,其子锡剌乞塔惕台吉,其子达剌什台吉,其子阿齐泰彻辰,其子札木素公,其子索诺木公,其子杜棱贝子。

古莫利济农之第三子卫达尔玛诺木欢诺颜之次子纳海雅昆都楞岱青,其子桑吉楚琥尔王,其子沙克札贝子。其子固鲁斯希贝勒。

古莫利济农之第四子诺木塔尔尼台吉,其子库图克台影胜彻辰台吉,其子锡达岱彻辰楚琥尔,其子固实诺颜,其子额琳沁贝子,其子达尔扎贝勒,其子旺楚克贝勒。

古莫利济农之第六子巴札剌卫征台吉,其子明海岱青,其子固鲁岱青,其子色棱贝子,其子衮布剌什贝勒,其子根都什希贝子。

巴尔斯博罗特济农之次子赛音葛根汗,其子僧格杜棱汗、布延巴图尔台吉、土伯特台吉、宾图伊勒登台吉、达拉特库鲁克台吉、布塔什理台吉、衮楚克台吉,札木素台吉。

葛根汗之长子僧格杜棱汗,其长子苏密尔台吉,其子乃达赖喇嘛元丹嘉措呼必勒干,其母系合布图合撒儿之后裔诺嫩卫征诺颜之女拜罕珠拉。

葛根汗之次子嘎勒图诺颜,其子鄂木布诺颜,其子衮布贝子,其子拉札布贝子。

葛根汗之第三子土伯特台吉,其子额哲依岱青,其子温春台吉,其子诺尔布台吉。其子噶尔丹台吉、佐领根都剌什台吉、丹津台吉。

巴尔斯博罗特济农之第三子拉布台吉,其子巴图尔台吉、达尔玛台吉。

巴尔斯博罗特济农之第四子巴雅斯哈勒昆都楞可汗,其子拜桑固尔卫征台吉、翟桑固尔青巴图尔、赉桑固尔台吉、忙古思台吉、忙呼泰台吉。

巴尔斯博罗特济农之第五子巴延达剌纳林台吉,其子郎台吉、华台吉、都剌勒台吉、达尔达台吉。

巴尔斯博罗特济农之第六子博迪达剌鄂特欢台吉,其子恩克达剌岱青诺颜、额森达剌都剌勒诺颜、诺木达剌豁洛齐台吉。

博迪达剌鄂特欢台吉之长子恩克达剌岱青诺颜之子恩克彻辰诺颜、额森卫征诺颜、鄂勒哲依图阿拜。

恩克彻辰诺颜之子图迈台吉、巴特玛台吉、阿拜图台吉、多尔济额业图宰桑、噶尔玛伊勒登、拉玛扎布楚琥尔、布延图青巴图尔、确尔札卫征台吉、色棱达什额尔德尼台吉、札木素楚琥尔、衮布台吉、扎木延台吉、额琳沁札布台吉。

额森卫征诺颜之子布剌海彻辰楚琥尔、多尔济诺木齐宰桑、噶尔玛卫征卓力克图。

鄂勒哲依图阿拜无嗣。

布剌海彻楚琥尔之子额琳沁台吉。诺木齐宰桑之子沙剌斡勤岱青托音。卫征卓力克图之子车布登额尔合宰桑,其子固实托音。

达延汗之第四子阿尔苏博罗特之子墨尔根台吉布,其子吉格尔台吉、诺嫩台吉。布吉格尔台吉之子大巴图尔台吉、墨尔根台吉、卓力克图台吉、赴青海即位之库腾豁洛齐诺颜之子固鲁洪台吉、阿海囊素。诺嫩台吉之子博罗克沁台吉、克彻固僧格台吉。

达延汗之第五子阿勒楚哩罗特,其子库剌噶齐台吉、哈萨尔诺颜。库剌噶齐台吉之子卫征诺颜、苏巴海斡朋、塔布台、秀噶卓力克图。哈萨尔诺颜之子巴图尔诺颜、卫征诺颜。巴图尔诺颜之子达尔罕诺颜,其子色特尔诺颜,其子色布腾,其子鄂齐尔郡王、拉布坦纳希。鄂齐尔郡王之子纳木达克郡王。卫征诺颜之子伊勒登诺颜,其子都剌勒诺颜,其子阿尔山旗主,其子阿尔尼阿里罕。

达延汗之第六子斡齐尔博罗特,其子塔尔尼、达赉逊。塔尔尼之子翁衮塔尔尼赛音阿剌克、卫征巴图尔。赛音阿剌克之子墨尔根萨剌勒岱诺颜,其子达尔玛纳忽,其子札萨克台吉阿玉什。塔尔尼之次子卫征巴图尔,其子阿惠彻辰台吉,其子苏密尔台吉,其子班迪彻辰台吉,其子剌勒布台吉,其子斡泽尔台吉。

达延汗之第七子阿尔博古剌台吉,其子纳楚台吉、沙拉台吉、布克台吉、摩伦台吉。纳楚台吉之子博格尔色台吉。沙拉台吉之子沙尔古特台吉。布克台吉之子卓力克图台吉、巴图尔台吉、宾图台吉、伊勒登台吉、布延图台吉。

达延汗之第八子格鲁迪无嗣。

达延汗之第九子青台吉,其子通希台吉、青力台吉。

达延汗之第十子格埒博罗特台吉,其子龙台吉。

达延汗之第十一子即季子格埒森札札赉尔洪台吉，其子阿什海达尔罕洪台吉、诺颜泰哈坦巴图尔、诺诺和卫征诺颜、阿敏都剌勒诺颜、塔尔尼台吉、德勒登昆都楞、萨木鄂特欢。

格埒森札札赉尔洪台吉之长子阿什海达尔罕洪台吉之子巴延达剌洪台吉、图们达剌岱青果多郭尔、乌特克依伊勒都齐。

巴延达剌洪台吉之子齐诺沙拉、赉瑚尔汗。齐诺沙拉无嗣。赉瑚尔汗之子素班岱札萨克图汗、乌班岱达尔玛什利。札萨克图汗之子索诺木阿海楚琥尔、斯希布额尔德尼、诺尔布弼什埒勒图汗、衮布雅克宾图阿海、衮布剌什达尔罕洪台吉、伊沙尔岳素图阿海、达沙尔彻辰阿海。阿海楚琥尔之子难斯希布台吉无嗣。斯希布额尔德尼之子卓特巴台吉无嗣。弼什埒勒图汗之子旺楚克墨尔根可汗、禅本札萨克图彻辰汗、黑阿玉什、白阿玉什、根敦岱青、让剌、噶尔丹库图克图。旺楚克墨尔根汗之子阿勒塔、洪果尔二人。禅本汗之子沙剌札萨克图汗、噶尔丹乌巴什、色布腾、策旺札布亲王。乌班岱达尔玛什利之子太平洪台吉、卓特巴伊勒登达尔玛什利。太平洪台吉之子衮布卓力克图乌巴什，其子札萨克台吉垂札布。达尔玛什利之子穆多尔济贝勒，其子诺尔布班策贝勒。

阿什海达尔罕之次子岱青果多郭尔。其子乌巴什洪台吉，其子巴特玛额尔德尼洪台吉、多尔济大洪台吉。巴特玛额尔德尼洪台吉之子赛音罗卜藏公。大洪台吉之子根敦岱青贝勒，其子松札布贝勒。

格埒森札札赉尔洪台吉之次子诺颜泰哈坦巴图尔之子土伯特哈坦巴图尔，其子崆奎彻辰济农、巴特玛哈坦巴图尔。

彻辰济农之子策凌楚琥尔、策里斯希布阿海岱青、巴哈兰阿海、察噶斯希布彻辰诺颜。策凌楚琥尔之子多尔济卓力克图济农，其子索诺木伊锡公。策里斯希布阿海岱青之子策旺多尔济察罕巴尔斯，其子博贝巴尔斯贝子，其子乌巴什公。巴哈兰阿海之子萨玛第济农，其子朋素克剌布坦郡王，其子格埒克延丕勒王。察噶斯希布彻辰诺颜之子札萨克台吉乌尔占彻辰洪台吉。

巴特玛哈坦巴图尔之子车凌衮布哈坦巴图尔，其子札萨克台吉衮占哈坦巴图尔。

格埒森札札赉尔洪台吉之第三子诺诺和卫征诺颜之子阿巴岱赛音汗、阿布和墨尔根诺颜、乞塔惕伊勒登和硕齐、图蒙肯昆都楞赛音诺颜、巴哈赉和硕齐诺颜、博迪松鄂特欢。

阿巴岱赛音汗之子锡布推鄂勒哲依图洪台吉、额列克墨尔根汗。

鄂勒哲依图洪台吉之子鄂尔果岱诺木齐、穆占乌巴什洪台吉。鄂尔果岱诺木齐之子达什洪台吉,其子札萨克台吉车凌札布。穆占乌巴什洪台吉之子锡布推哈坦巴图尔贝子、札萨克台吉青札萨克。

额列克墨尔根汗之子衮布土谢图汗、纳穆斯希布岱青诺颜、剌布塔尔豁洛齐达尔罕诺颜、多尔济都固尔格齐诺颜。

土谢图汗之子智勇双全之斡齐尔赛音汗、西第什哩贝勒、圣识一切难劫二世贤能睿智护教庄严转世佛葛根、多尔济宾图岱青。赛音汗之子噶尔丹王、多尔济斡齐尔土谢图汗、班第达额尔德尼。噶尔丹王之子栋鲁布王。班第达额尔德尼之子札萨克台吉班珠尔。纳穆斯希布岱青诺颜之子占巴拉岱青诺颜。剌布塔尔豁洛齐诺颜之子札萨克台吉巴哈兰,其子札萨克台吉旺布。多尔济都固尔格齐之子拉苏札布青洪台吉,其子车木楚克纳木札勒贝勒。

诺诺和卫征诺颜之次子阿布和墨尔根诺颜,其子昂噶海墨尔根诺颜、剌瑚里达赖诺颜。

墨尔根诺颜之子巴特玛什墨尔根楚琥尔、索诺岱青洪台吉、都噶尔札布宾图台吉、札木素朝克图岱青、札木延阿海、策凌达什阿尔占墨尔根岱青。墨尔根楚琥尔之子札萨克台吉车凌,其子札萨克台吉鄂巴。岱青洪台吉之子郡王固鲁什希墨尔根洪台吉,其子剌布坦多尔济王,其子敏珠尔王。阿尔占墨尔根岱青之子札萨克台吉开木楚克卫征岱青。剌瑚里达赖诺颜之子达尔罕亲王本塔尔、本巴斯希布朝克图、班本额尔德尼、札木素朝克图、桑噶尔济达赖岱青、固鲁墨尔根、琳沁台吉。亲王本塔尔之子达尔罕亲王诺内。达赖岱青之子鄂巴额尔合阿海,其子札萨克台吉礼塔尔,其子札萨克台吉旺楚克,其子札萨克台吉达什丕勒。

诺诺和卫征诺颜之第三子乞塔惕伊勒登和硕齐无嗣。

诺诺和卫征诺颜之第四子图蒙肯赛音诺颜。赛音诺颜之子卓特巴彻辰诺颜、根都斯札布额尔德尼卫征诺颜出家后号称“诺们额真”、策凌都喇勒诺颜、鲁雅克额尔合楚琥琥尔、济雅克朝克图卫征诺颜、察斯喜希昆都楞乌巴什、占布木台吉、班珠尔额尔合宰桑——出家后称丹津托音、巴图尔额尔德尼诺木齐——受戒后称毕玛里吉哩谛、萨尔札达云彻辰洪台吉，桑噶尔札伊勒登和硕齐、巴噶尔札扣肯，衮布昆都楞岱青都固尔格齐郡王。

卓特巴彻辰诺颜之子塔尔巴楚鲁木和硕齐，善巴哈坦巴图尔——出家后号称达尔玛札布陀音、察满楚琥尔——出家后号称楚琥尔喇嘛、班本墨尔根楚琥尔，绰斯希布岱青巴图尔、占布木台吉、丹布木诺颜乌巴什、索诺木彻辰岱青和硕齐、巴特玛罗卜藏岱青。察满楚琥尔之子札萨克台吉本塔尔岱青楚琥尔，其子札萨克台吉图巴，其子札萨克台吉实第，其子策旺札萨克。索诺木岱青和硕齐之子、镇国公乌巴达、镇国公托多。

诺们额真之子伊勒登都固尔格齐、朝克图伊勒都齐、岱青和硕齐、额尔德尼诺木齐、希尔根岱青、罗卜藏托音、额尔德尼岱青、玛哈迪瓦。伊勒登都固尔格齐之子伊勒登诺颜、腾格里托音、信顺札萨克亲王善巴、乌巴伦朝克图阿海。岱青和硕齐之子禅本卓力克图、德德赫依墨尔根阿海、本塔尔、博木札勒、锡固尔札、钟塔尔、剌什栋鲁布、策旺多尔济。墨尔根阿海之子辅国公旺楚克。罗卜藏托音之子札萨克台吉素达尼，其子沙尔旺札，其子札萨克台吉车布登。

策凌都剌勒诺颜之子衮布墨尔根阿海，其子郡王达尔扎，其子郡王固鲁什希。

额尔合楚琥尔之子法王班第达库图克图。

卫征诺颜之子卫征阿玉什公，其子帕克巴札布岱青阿海，其子旺札勒公。

昆都楞乌巴什之子札木延岱青和硕齐、额尔合岱青。岱青和硕齐之子札萨克台吉伊达木墨尔根阿海。额尔合岱青之子札萨克台吉纳木札勒乌巴什。

占布木台吉之子博尼达剌额尔合岱青、博密伊勒登岱青。

丹津托音之子衮吉思克额尔合台吉、素必尼宾图阿海、托音墨尔根岱青、阿剌纳朝克图、拉札布额尔德尼阿海、伊勒登朝克图阿海、布塔札布额尔合阿海、达木林札布、固鲁札布青台吉、纳木札勒卫征阿海，根敦札布。

巴图尔额尔德尼之子弼齐噶岱额尔合岱青，其子札萨克台吉丹津额尔德尼、齐巴克额尔合岱青，其子札萨克台吉丹津额尔德尼、齐巴克额尔合岱青、都剌勒诺木齐、噶尔丹卫征阿海。札萨克台吉丹津额尔德尼之子札萨克台吉锡里札布，其子札萨克台吉曼殊什利。齐巴克额尔合岱青之子辅国公巴噶苏。都剌勒台吉之子辅国公旺楚克。噶尔丹卫征阿海之子辅国公札勒。

萨尔札达云彻辰洪台吉之子色特尔岱青和硕齐、纳密克诺木齐阿海、察克巴达尔彻辰诺颜、札萨克台吉沙穆吉德、巴札尔乌巴什、索诺木朋楚克额尔德尼巴图尔、札木延额尔合岱青、绰思希布宾图岱青、色布腾诺木齐阿海、绰思吉多尔济阿海岱青、额琳沁多尔济、策旺额尔德尼阿海、丹津墨尔根阿海、拉旺萨达瓦尼、玛哈锡都瓦。彻辰诺颜之子博尼额尔合阿海，其子札萨克台吉阿里雅，其子札萨克台吉格木丕勒。

桑噶尔札伊勒登和硕齐之子都噶尔伊勒登和硕齐、多尔济额尔合伊勒登、常胜诺颜库图克图。都噶尔伊勒登和硕齐之子锡哈鲁伊勒都齐。

巴噶尔札扣肯之子纳玛斯希布岱青和硕齐、车登伊勒登朝克图、根敦伊勒登洪台吉、斯希布宾图岱青。车登伊勒登朝克图之子济纳弥达朝克图阿海。

郡王衮布博硕克图之子旺堆额尔德尼洪台吉、额琳沁伊勒登阿海、都噶尔札布岱青阿海、蒙克额尔德尼岱青、达木林墨尔根阿海、拉旺旺札勒。

巴哈赉和硕齐诺颜之子图蒙肯朝克图洪台吉，其子斡齐赉爱玛克之阿尔思郎洪台吉、拉迪纳额尔德尼、巴特玛彻辰岱青、噶尔玛珠衮占、阿萨剌勒额尔合岱青。衮占之子镇国公素岱伊勒登，其子札萨克台吉洪果尔，其子公阿努哩。

格埒森札札赉尔台吉之第四子阿敏都剌勒诺颜，其子绰尔察海哈剌札噶勒、谟罗贝玛。哈剌札噶勒无嗣。谟罗贝玛之子硕垒达赖济农。达赖济农之子麻察里伊绰登土谢图、剌布里额尔合台吉、察巴里额尔德尼乌巴什、巴巴彻辰汗、本巴达尔罕洪台吉、勒斯希布乌巴什洪台吉、贝子陀南达达赖济农、贝子车布登济农、沙剌达什哈坦巴图尔、达赖洪台吉、贝子布塔札布济农。伊勒登土谢图之子阿剌纳墨尔根洪台吉、沙济额尔合宰桑、贝子达里伊勒登洪台吉。剌布里额尔合台吉之子宰桑洪台吉，其子札萨克台吉尹札纳。巴巴彻辰汗之子诺尔布彻辰汗，其子剌布坦彻辰汗、郡王朋楚克、郡王纳木札勒。剌布坦彻辰汗之子索诺木多尔济彻辰汗、绰斯希布乌

巴什洪台吉之子车凌达什公、贝子阿南达之子札萨克台吉贡楚克、贝子丹津。贝子车布登之子贝子阿勒达尔。达赖洪台吉之子达赖洪台吉,其子车布登贝勒。

格埒森札札赉尔洪台吉之第五子塔尔尼无嗣。

格埒森札札赉尔台吉之第六子德勒登昆都楞,其子鄂巴布克诺颜、钟图岱巴图尔。鄂巴布克诺颜之子噶勒图诺颜,其子博勒布宾图,其子伊勒登诺颜,其子罗卜藏贝勒。钟图岱巴图尔之子昂噶图彻辰、达雅海墨尔根诺颜、巴图尔台吉、岱青洪台吉、俄木布楚琥尔、乌锡延伊勒登、青巴图尔。乌锡延伊勒登之子郡王色棱阿海,其子多罗诺颜拉玛札布贝勒。

格埒森札札赉尔洪台吉之第七子鄂特欢萨木贝玛,其子崆奎卓尔固勒、钟什达尔罕巴图尔、博贝和硕齐诺颜、钦达罕赛音玛济克诺颜、特木德克依朝克图,海兰楚琥尔、忽兰卫征诺颜。钦达罕玛济克诺颜之子唐古特墨尔根岱青,其子丹津岱青卓力克图,其子班札喇克查岱青卓力克图。彼等未受札萨克。

第六章　成吉思汗之子弟及其兀鲁思

一、术赤之后裔及其兀鲁思

成吉思汗之长子术赤之后裔帖兀克汗，其子苏勒坛汗，其子巴图尔汗，其子江格尔汗，其子哈萨克汗。

术赤居于托克马克、英吉沙尔、喀散必斯、特尔必斯、锡根、乌兰篾格思、特克斯、忙古思——此系术赤之兀鲁思。

二、察合台之后裔及其兀鲁思

察合台汗之子阿卜达来汗，其子阿布勒买买提汗，其子萨卜达里汗，其子巴克达里汗，其子阿巴剌汗，其子尤勒卜剌思汗，其子阿巴伊里汗，伊斯梅里继其位。

察合台封于哈密、吐鲁番、布哈拉、撒马尔罕、叶尔羌、喀什噶尔、阿克苏、库车、克里牙、策勒、乌图思、纳哈、库瓦、曲先、哈喇察利斯、安集延、密克——此等皆系察合台之兀鲁思。

三、成吉思汗诸弟之兀鲁恩

成吉思汗给予其诸弟之领地：给予合撒儿之科尔沁、劳萨津；给予别里台吉之诺密、素僧克；给予合赤温之合克台、巴勒珠台、哈喇策里克、喀尔喀，给予斡赤斤之乌尔固特、兀者、穆伊勒、穆勒森。

第七章　五色四夷及蒙古诸部

一、五色四夷之由来

或云:吐蕃金椅工有子十人,其年长五子未将财产分与其余五弟,由是,五弟出离而五色国成焉。

或云:孛儿帖赤那为青蒙古,其一为白高丽,其一为黄撒儿塔兀勒,其一为红汉人,其一为黑唐古特也。

四夷云者,谓后四者为前者之属国也。

二、六万户与四卫拉特

六万户云者,谓兀哈笃汗失国于汉人朱哥之时,弃三十万户蒙古于内地北京,唯携十万户蒙古出逃。其后,额勒伯克汗使卫拉特部绰罗斯氏浩海达裕杀其弟,纳其弟媳,由是,令浩海达裕主四万户卫拉特矣。余六万户云者,此之谓也。

左翼三万户:

为利剑之锋刃,
为盔甲之侧面,
　　乃察哈尔万户是也。
居杭爱之汗山,
为归来之哨兵,
为生命之后盾,
　　乃喀尔喀万户是也。
以蹇驴野兽为食,
以短耳旱獭为餐,
为盗贼之魁首,

为井水之开掘者，

乃乌梁罕万户是也。

右翼三万户：

为猛隼之羽翼，

为驾辇之护卫，

为刚毅之明哲，

为填膺之壮士，

为威仪之君主，

将如山之白室，

竭诚护卫者，

乃鄂尔多斯万户是也。

为羁马之系木，

为狙击之俘虏，

为蹑踪之食物，

为阿勒泰汗山。

十二通路之守护，

为山巅之石堆，

为平原之丰碑，

乃十二土默特是也。

为至圣之机缘，

即效力于先前，

为马奶之佳酿，

为奶酪之曲源，

乃庞大之永谢布是也。

永谢布加喀喇沁与阿速特为一万户。六万户云者，此之谓也。

四卫拉特云者：一为哈里雅特；一为厄鲁特，今之吉尔吉思国是也；一为和硕特、土尔扈特、准噶尔、杜尔伯特合为一部；一为巴尔虎、巴噶图特、辉特。四万户卫

拉特云者,此之谓也。

三、四卫拉特之世系

和硕特源于察合台丞相,其子车布登丞相,其子乌鲁布特穆尔,其子土干杜棱,其子博罗特布古,其子纳噶岱丞相,其子图古堆,其子那郭代丞相,其子赛谟勒呼青齐,其子库绥丞相,其子博贝密尔咱,其子哈尼诺颜洪果尔,其子图鲁拜琥顾实汗,其子吉格锡忽墨尔根汗,其子剌迪纳达赖汗。

土尔扈特源于克烈亦惕部王罕之后裔苏古逊,其子巴雅尔,其子玛噶齐蒙克依,其子贝果,其子珠勒札斡鄂尔勒克,其子和鄂尔勒克,其子书库尔岱青,其子朋楚克,其子阿玉奇。

浩海达裕乃绰罗斯氏。浩海之子巴图剌丞相,其子托欢太师,其子也先太师。其子阿剌太师,其子翁郭楚,其子布拉太师,其子库莫齐哈剌忽剌,其子库图克沁巴图尔洪台吉,其子僧格、噶尔丹博硕克图。僧格之子策旺剌布坦。

辉特源于札巴甘墨尔根之后裔。成吉思汗将女儿策策根嫁与辉特之忽都合别乞之子亦纳勒赤,将术赤之女豁雷罕嫁与亦纳勒赤之兄脱劣勒赤,其后裔为斡齐赉千户,其子素岱千户,其子额色勒拜侍卫,其子诺木达赖,其子苏勒登太师,其子绰思吉,其子阿尤台吉。

第八章　成吉思汗之诸弟及其后裔

一、合撒儿之后裔

成吉思汗之弟为诃额仑哈屯所生之合布图合撒儿。合撒儿之子恩克苏密尔台吉，其子安都沙剌噶勒札固青台吉，其子葛根合博讷克图，其子布尔海彻辰，其子沙必失列门，其子乌梁哈沁墨尔根，其子阿克萨噶勒岱诺颜。其子阿鲁克特穆尔，其子安达噶里克布哈诺颜，其子也苦、脱忽、移相哥三人。移相哥之子锡古素台巴图尔、乌讷博罗特。锡古素台之子博罗乃诺颜，其子鄂尔图鼐布延图诺颜、达尔罕满堆、屯必札雅噶齐、额色穆伦诺颜、额伯台洪果尔、蒙库布勒库诺颜、布尔海诺颜、奥茂什利等八人。

鄂尔图鼐之子伊勒登托克托博勒忽、塔尔尼赛音哈剌。伊勒登托克托博勒忽之子布齐，其子巴尔图海，其子巴雅斯哈勒，其子克图、克勒忽布克。克图之子乌巴岱楚鲁木、阿布巴图尔。阿布之子色棱达什。克勒忽之子乌巴达。塔尔尼赛音哈剌之子郎台吉、诺嫩卫征诺颜。诺嫩卫征诺颜之子塔布台彻辰楚琥尔、诺木欢诺颜，哈木克卓力克图诺颜、楚鲁忽诺颜、巴噶拜彻辰、都勒巴青台吉、班巴卫征，其女儿拜罕珠拉化生达赖喇嘛云丹嘉措。都勒巴青台吉之子斡齐尔图俄木布布古勒岱固阳、达尔玛知院。俄木布之子札木素。布古勒岱之子忽莫德。达尔玛之子讷蒙克知院。纳蒙克知院之子丹巴知院台吉。

二、别里古台之后裔

（一）

成吉思汗之一弟为忙格伦哈屯所出之布克别里古台。布克别里古台之长子满都，其长子什吉，其子诺木欢博罗，其子蒙克特古思，其子恩克特古思，其子阿古噶勒札固，其子纳布沁博罗，其子豁鲁，其子纳玛纳克察，其子卓什木，其子塔必尔，其子蒙克，其子毛里孩巴图尔卫征，其子乌察尔札萨克图，其子巴延诺颜，其子巴雅斯瑚布尔古特诺颜，其子诺密、塔尔尼、诺木图、布延图。

诺密特墨克图汗之子：满都什哈屯生阿巴海、巴巴海、塔尔尼、达赉逊、布里雅台；阿玉什阿拜生巴克图、乞塔惕二人。

阿巴海之后裔：于赛音汗处之纳木春彻辰卓力克图，于札萨克图汗处之彻辰必力克图。

巴巴海之后裔：于诺们额真处之彻辰托音、伊勒登土谢图等。

塔尔尼之后裔为哈哈忽卫征，其子哲别、哲克思图等。

达赉逊之后裔为琪根班巴齐、巴特玛、库腾卓力克图、豁吉尔必力克图、布克海固阳宰桑、布克彻海伊勒登乌巴什。布克海之子钦达木尼陀音等。

布利雅台之后裔：于赛音汗处之图鲁克森彻辰台吉、多尔济格尔、布惠、塔塔忽卫征、卓力固勒台吉等。

巴克图诺颜之后裔为敦多楚鲁木固实，其子额尔合岱青、素楚克图二人。额尔合岱青之子布克台吉。岱青和硕齐素楚克图之子札木素额尔合朝克图。

乞塔惕诺颜之子：额别岱阿拜生格日勒图乌巴什、博勒古岱额尔德尼、多尔济伊勒登。玛吉克格日勒图乌巴什之子策莫格尔固阳、阿勒达尔乌巴什、太平卫征、罗卜藏乌巴什、额尔克乌巴什、额尔德尼诺木齐。博勒古岱额尔德尼之子太平额尔德尼，其子班第岱青。多尔济伊勒登之子色棱墨尔根台吉、索诺木固阳宰桑、阿剌纳额尔德尼、巴特玛固阳宰桑。

布尔古特诺颜之次子塔尔尼之子素僧克巴图尔诺颜，其子图莫台札萨克图，其子布塔什里札萨克图彻辰济农，其子图萨噶勒巴图尔彻辰济农、纳木札干洪台吉。图萨噶勒济农之子沙克沙王，其子乌尔占克尔布郡王、德木楚克阿齐。

（二）

阿巴海之后裔为彻辰必力克图。

巴巴海之后裔为彻辰陀音等。

塔尔尼之子察素齐伊勒登。布吉岱青巴图尔、豁尔素彻辰台吉、豁勒珠都固尔格齐、哈哈忽卫征。察素齐伊勒登之子博第达剌楚鲁木。布吉岱青巴图尔之子岱青巴图尔，其子达木林。哈哈忽之子哲别、哲克思图。

达赉逊之子琪根班巴齐、巴特玛、库腾卓力克图、豁尔素彻辰台吉、豁吉尔必力克图、布克海固阳宰桑、布克彻海伊勒登乌巴什。

布里雅台之子图鲁克森彻辰台吉、多尔济格尔崆库尔、章齐台卓尔固勒台吉、布惠楚鲁忽台吉、塔塔忽额尔克木卫征、托克台彻辰和硕齐。

巴克图诺颜之阿巴岱岱总阿拜所出敦多楚鲁木固实。固实之子额尔合岱青、素楚克图。巴克图诺颜殁后……

乞塔惕诺颜之额别岱阿拜生多尔济伊勒登、格日勒图乌巴什，苏尼特阿拜生博勒古岱额尔德尼。多尔济伊勒登之子索诺木固阳宰桑、玛吉克。格日勒图乌巴什之子罗卜藏乌巴什、阿勒达尔乌巴什、太平卫征、策莫格尔固阳、额尔合乌巴什、额尔德尼诺木齐。

图鲁克森彻辰无嗣。

巴克图之后裔内有二人：朋勒克、别索克。

第九章　格埒森札及其后裔

一、格埒森札封于喀尔喀之缘由

格埒森札居于七旗之缘由：赤诺思部乌达博罗特每年捕杀野马塞驴，将肉干送给达延汗，每往，令札赉尔克鲁特部属民锡克齐主管家室焉。乌达博罗特奏曰："今臣恳请君主赐予一子。"汗许之，将吉米思根哈屯所生之长子格埒博罗特与之。越明年，乌达博罗特携格埒博罗特至汗处，奏曰："大汗之子其意也恣睢，粗鄙之喀尔喀人其性也暴烈，蒙恩之臣民此后将有受刑之虑也。"言毕，与之。及返，逢其一子名格埒森札者正在游玩，遂引之去矣。汗之近臣奏曰："汗垂恩赐子，彼竟送归，今却奈何将幼主窃之而去哉？乞追归而严惩之！"汗谕曰："彼非使役也，任其携去之！"遂未往追焉。

乌达博罗特待格森札埒若己子，为聘二女：一为乌奇叶特部蒙库齐部长之女哈通海，一为乌梁罕部满都之女蒙固依。

迎娶乌奇叶特女之时，令伊乘白驼，着狍皮马甲裙。乌达博罗特之长子托克塔呼敛毡木，造小毡帐使居之。伊挤奶，以儿媳之礼待乌达博罗特，弗入其毡帐，于毡帐外经格栅将奶递入焉。

满都之女为察哈尔所掠，伊于彼处，与一察哈尔人有私，谓曰："昔妾许与喀尔喀之乌达博罗特矣！"遂潜返喀尔喀焉。乌达博罗特将伊嫁与格埒森札，由是，格埒森札另居焉。大妣姬寝于右，小妣姬寝于左，大妣姬曰："吾岂忍见汝二人安寝耶！俱出吾之毡帐！"遂无毡帐而露宿焉。乌达博罗特使其居于己之小毡帐，与其同吃同住。大妣姬至托克塔呼毡帐处大哭曰："汝等皆与蒙固依串通一气，吾奈何与汝等离异哉！"

此即札赉尔洪台吉为喀尔喀之主之原委也。

二、格埒森札之子女

札赉尔洪台吉癸酉年生。大哈屯戊辰年生。格埒森札赉尔洪台吉之大哈屯，乌奇叶特部蒙库齐部长之女哈通海太后所出之阿什海洪台吉庚申年生，诺颜泰辛卯年生，诺诺和卫征诺颜甲午年生，阿敏都剌勒丙申年生，塔尔尼庚子年生，德勒登壬寅年生，萨木贝玛甲辰年生，明噶伦阿拜乙巳年生，伊嫁与卫固尔沁之阿哈齐，图蒙肯阿拜丙午年生，伊嫁与乌梁罕之罗卜藏。

蒙固依哈屯所出之阿勒泰阿拜与德勒登诺颜同岁，嫁与乌梁罕之阿班图。大太后母亲分封其七子：授予阿什海者乌审、札赉尔二处；授予诺颜泰者别速特、额勒济农二处；授予诺诺和卫征者克鲁特、郭尔罗斯二处；授予阿敏者豁罗古、库里叶、楚琥尔三处；授予塔尔尼者呼盖特、合答斤二处；授予德勒登者唐古特、撒尔塔兀勒二处；授予萨木者唯乌梁罕一处。

三、格埒森札之诸孙

阿什海洪台吉之哈屯，札赉尔部斡勒察齐明安之女阿勒坦彻辰哈屯所出之巴延达剌洪台吉丁未年生，图们达剌岱青庚戌年生，乌特克伊勒都齐甲寅年生。

诺颜泰之哈屯即克鲁特部巴雅斯瑚青齐之女班岱巴延哈屯所出之达赖阿拜，嫁与科尔沁部卓力克图，乌布格勒津阿拜嫁与郭尔罗斯部蒙奎，博凌罕阿拜嫁与札赉尔部茂岱，土伯特哈坦巴图尔辛亥年生，其子崆奎彻辰诺颜、巴特玛岱青哈坦巴图尔。

诺诺和卫征诺颜之哈屯即克鲁特部伯克之女额成根卓力克图哈屯所出之额别岱阿拜，嫁与诺密之子巴克图，阿巴岱赛音汗甲申年生，阿布和墨尔根诺颜丙辰年生，乞塔惕伊勒登庚寅年生，布里雅台彻辰楚琥尔辛酉年生，巴赉和硕齐诺颜与鄂特欢博迪松乙丑年生。

其小哈屯即卓力克图哈屯之侄女阿勒泰哈屯所出之察噶克沁阿拜，嫁与诺密之子布里雅台，统格阿拜嫁与翁尼特部图们札萨克图。巴赉和硕齐与博迪松鄂特欢同岁。托雷阿拜嫁与札萨克图之叔布克。

阿敏之哈屯即科尔沁部达剌之女巴布海哈屯所出之统格勒津阿拜嫁与札萨克图之叔布克。阿敏都剌勒之子绰尔察海都固尔格齐庚申年生，谟罗贝玛壬戌年生。

塔尔尼之哈屯即翁尼特部巴雅斯瑚之女都纳勒是也。塔尔尼无嗣。

德勒登之哈屯即乌梁罕部贝都荣之女满达勒哈屯所出之鄂巴布克辛酉年生,钟图岱巴图尔与彻辰楚琥尔同岁,统根阿拜嫁与卫拉特部都硅。

萨木之吉米思根哈屯所出之崆奎卓尔固勒壬戌年生,萨木察罕阿拜与钟什达尔罕巴图尔丁卯年生。

其诺颜泰哈屯所出之博贝和硕齐癸酉年生,钦达干卓力克图甲戌年生,彻彻根阿拜与特木德克依朝克图丙子年生,忽兰卫征己卯年生,海兰楚琥尔庚辰年生,统格勒津阿拜嫁与乌梁罕部博达。

四、格埒森札之曾孙

巴延达刺洪台吉之哈屯即乌梁罕部贝都荣之女博刺海阿刺斯哈屯所出之格伦齐诺沙拉己巳年生,赉瑚尔汗壬戌年生。

图们达刺岱青之哈屯即巴布赛王之女泰噶勒哈屯所出之硕垒洪台吉丁卯年生,明海岱青庚午年生,乌班岱达尔罕巴图尔甲戌年生。

乌特克伊勒都齐之哈屯即诺密之女萨木察罕所出之素巴海阿拜,嫁与札赉尔部宏库。托海阿拜嫁与札赉尔部沙乌岱。

土伯特哈坦巴图尔之哈屯即翁尼特部素僧克之女穆勒岱哈屯所出之崆奎额尔德尼彻辰戊寅年生,巴特玛岱青卓力克图丁亥年生,生四阿拜。满都海妣姬所出二阿拜。

阿巴岱赛音汗之哈屯即达刺之女都纳勒公主所出之巴哈兰阿拜,嫁与乌梁罕部豁洛齐。速勒都思之统格哈屯所出之锡布推鄂勒哲依图癸酉年生,明噶罕阿拜嫁与拜琥之子布库根杰。札赉尔部豁勒曼彻辰哈屯所出之额列克墨尔根汗戊寅年生。齐木达尔阿拜嫁与乞塔惕之子玛吉克。

阿布和墨尔根之哈屯即乌梁罕部都硅之女所出之托雷阿拜,嫁与速勒都思部库鲁克,图伦阿拜嫁与乌梁罕部玛固海,昂噶海岱青丙子年生。札赉尔部之依玛克沁哈屯所出之库库布里阿拜,嫁与库鲁克之弟奥巴海。塔塔尔部塔木岱之女翁硅哈屯所出之刺瑚里齐诺台吉甲申年生,萨木尔、刺什二阿拜,萨木尔阿拜嫁与翁尼特部巴巴海之子土伯特,刺什阿拜嫁与翁尼特部达赉逊之子布库别。

乞塔惕伊勒登之哈屯即大阿古岱之女图鲁玛罕达赖哈屯所出之塔木岱洪台吉甲戌年生。本贝阿拜嫁与巴克图之子敦多,秀才贝玛戊寅年生,锡诺依罕阿拜嫁与札赉尔部通赛。

布里雅台彻辰楚琥尔之哈屯即额尔克古特部道布之女穆勒岱哈屯所出之卓特巴彻辰台吉癸未年生,索诺木阿拜嫁与克鲁特部贝都荣之子库达勒图,萨木尔阿拜嫁与乞塔惕之子玛吉克,达尔玛雅克阿拜亦嫁与穆勒岱哈屯之侄阿剌什。

博迪松鄂特欢之阿剌克台哈屯所出之根都斯希布卫征丙申年生,策凌都剌勒诺颜戊戌年生,鲁雅克额尔合琥尔子年生。博迪松鄂特欢之蒙郭勒津哈屯所出之巴特玛楚阿拜嫁与翁牛特部索诺木,策木耶吉德阿拜嫁与翁牛特部沙格达尔,剌木桑阿拜嫁与翁牛特部土伯特之子策凌额尔合额尔德尼宰桑,萨木雅克阿拜嫁与玛吉克之子桑噶尔札。翁牛特部布里雅台之女库库赉哈屯所出之济雅克乙巳年生,札木绰阿拜嫁与额里耶克吉特部蒙郭勒,占布木己酉年生,萨尔札庚戌年生,桑噶尔札阿拜。额里耶克吉特部蒙郭勒之妹统硅哈屯所出之巴图尔与占布木同岁。统硅哈屯之侄女通古素哈屯所出之察斯喜布丁未年生,班珠尔申戌年生,巴噶尔札辛亥年生,札木思吉德阿拜,札木塔尔阿拜,穆勒岱哈屯之侄女尹达里哈屯所出之达尔玛雅克阿拜嫁与篾赉乞特部拜兴之子穆尼素,桑噶尔札庚戌年生。札赉尔部通赛之女察干达剌哈屯所生二阿拜,诺们达赉。

巴哈赉和硕齐巴图尔之哈屯即翁牛特部别尔克之女太后哈屯所出之楚鲁固勒朝克图辛巳年生。

博迪松鄂特欢之哈屯即科尔沁部图鲁之女阿剌克台哈屯所出之库库凯阿拜嫁与布利雅台之子塔塔忽。额里耶克吉特部蒙克之女蒙郭勒津哈屯所出之玛固阿拜嫁与克鲁特部库达勒图。

绰尔察海都固尔格齐之哈屯即昂古赉是也。

贝玛之固都古尔哈屯所出之独生女绰木阿拜嫁与札赉尔部楚琥尔。谟罗贝玛之哈屯即札赉尔部豁洛齐之女依玛噶海所出之贝阿拜嫁与乞塔惕之子多尔济,硕垒达赖彻辰可汗丁丑年生。

鄂巴贝玛之哈屯即札赉尔部豁勒札之女儿哈屯所出之阿哈墨尔根甲戌年生,

一女嫁与速勒都思部豁鲁海。

钟图岱青巴图尔之哈屯即翁牛特部布延图之女儿哈屯所出之昂噶图彻辰甲戌年生，达雅海墨尔根壬午年生，图特海阿拜嫁与乌梁罕部素尤萨。札赉尔部齐鲁克兴安之女儿哈屯所出之多尔济额尔合岱青辛卯年生，乌锡延伊勒登、伊尔吉克依阿拜、格日勒阿拜。翁牛特哈屯所出之素们巴图尔、苏密尔楚琥尔、朝克图额尔德尼、衮布。

崆奎卓尔固勒之子布勒贝根诺木齐、布剌海墨尔根、绰鲁克宏津。

博贝之子噶勒图、齐隆固尔。

特木德克依之子脱迪巴图尔、多尔济宾图。

海兰诺颜之子：一哈屯所出之割剌图彻辰、书库尔、楚鲁木，一哈屯所出之玛固巴图尔、玛固齐海，共五人。

五、格埒森札之玄孙

赉瑚尔汗之子乌嫩肯札萨克图汗、乌班岱萨尔札达尔玛什利、额尔合阿拜。

硕垒洪台吉之子：一哈屯所出之诺玛呼豁洛齐，一哈屯所出之布塔什里卓力克图、曼殊空利固实、巴特玛额尔德尼洪台吉、多尔济额尔合哈喇、衮布岱诺颜、桑噶尔札额尔德尼、桑依、衮布伊勒登。

明海岱青之子：一哈屯所出之昂噶海巴图尔、恩克墨尔根、剌布赛彻辰，一哈屯所出之额尔德尼、巴特玛诺木齐、乌克布、沙喇布。

乌班岱达尔罕巴图尔之子：衮楚克额尔合、策凌、沙达达、鄂博多尔济。

崆奎彻辰诺颜之子：策凌楚琥尔、豁吉格尔阿海岱青、固鲁额尔合等六人。

锡布推鄂勒哲依图之彻辰哈屯所出之鄂尔果岱诺木齐，宾图哈屯所出之库木车依楚鲁木，素布尔噶图哈屯所出之衮布札勒。

额列克墨尔根汗之子：宾图哈屯所出之衮布土谢图汗与三阿拜，松太后所出之纳穆斯希布岱青诺颜、喇嘛塔尔达尔罕诺颜，德勒格尔妣姬所出一阿拜、多尔济都固尔格齐诺颜。

昂噶海岱青之子：大哈屯所出之巴特玛什墨尔根楚琥尔、伊勒布格纳、四阿拜，小哈屯所出之索诺、额尔德尼、札木延、札木素三阿拜。

剌瑚里达诺颜之子本塔尔朝克图、本巴斯希布、班本额尔德尼、札木素朝克图、萨尔札阿海、固鲁墨尔根等六台吉,巴特玛素、多尔济木素、布木楚、森塔尔、确素木等五阿拜。

塔木岱台吉之博迪松阿拜。

卓特巴台吉之大哈屯所出之楚鲁木、哈坦、布延图、诺木齐,一哈屯所出之必力克图、青、齐诺、索诺木,一哈屯所出之巴特玛,共九子。

根都斯希布额尔德尼之子拉札布伊勒登、本巴札布齐诺、萨尔吉木宾图阿海、察木察尔额尔德尼、萨尔玛特墨尔根、札勒札布朝克图、萨尔齐扬岱青、固鲁札布额尔合八人。

策凌台吉之子班准、衮布三人。

鲁雅克额尔合楚琥尔之子班第达库图克图、乌尔固德额尔德尼岱青。

济雅克卫征之子阿玉什、阿南达、尼玛琳沁、达尔玛琳沁,共四人。

占布木台吉之子诺尔布、贝达剌、阿玛塔尔三人。

吉格达什之子色特尔额尔德尼、额木尼克诺木齐、察克巴达尔、明楚克、巴札尔、沙木济特、札木延、色布腾、策旺、都尔罕。诺古干达剌生子二人。

昆都楞乌巴什之子札木延、图巴、额琳沁、固鲁、多尔济、萨木腾、库布里、锡剌布八人。

必玛里吉里谛之子弼齐噶岱。

伊勒登和硕齐之子都噶尔、多尔济、库图克图三人。

达尔玛吉里谛之子额尔合台吉、墨尔根岱青、阿剌纳、剌札布、宾图、策布登、达木林札布七人。

班珠尔之子纳玛札布、伊勒登、根敦、宾图四人。

楚琥尔之子旺堆、额琳沁、都噶尔札布,其撒儿塔兀勒哈屯生二子,共五人。

朝克图台吉之子尼格勒森图锐,布里雅齐之女库绥妣姬所出斡齐尔和硕齐、阿剌纳额尔德尼、巴特玛彻辰、沙必纳玛阿拜、占占玛阿拜,诺古干格勒阿拜、素克苏特阿拜,乌梁罕部罗卜藏塔布韦之女剌札布妣姬所出之噶尔玛墨尔根台吉,孛尔只斤部多尔济格尔崆库尔之女策凌吉特妣姬所生之阿萨剌勒台吉、森塔里阿拜,沙必

纳玛阿拜嫁与郭尔罗斯部达赖额尔德尼诺木齐塔布韦，占占玛阿拜嫁与乌梁罕部札木错德勒格尔塔布囊。

硕垒彻辰汗之子：阿海哈屯所出之麻察里伊勒登土谢图、拉巴里额尔合台吉、察巴里额德尼乌巴什、巴巴彻辰楚琥尔、本巴等八人。

六、额列克之子孙

衮布土谢图汗之子策旺赛音汗、西第什哩贝勒、哲布尊丹巴库图克图、多尔济宾图四人。

岱青诺颜之子策凌、托音、岱青、额尔德尼四人。

达尔罕托音之子剌迪纳、俄木布、剌什、策凌、巴哈兰，共五人。

都固尔格齐之子本塔尔、剌布欣二人。

第十章　卫拉特六部之源流

四卫拉特云者,乃都蛙锁豁儿之后裔也,现有六个姓氏。

达赖泰什为杜尔伯特氏。

纳库尔卫征之父为雅代,母为阿海罕哈屯。雅代殁后,哈奈所生拜巴噶思等二人为乌奇叶特氏。赛音汗杀哈奈于库布克尔战役。

浩海达裕为绰罗斯氏。

辉特之诺颜素兰为亦纳勒赤与脱劣勒赤之后裔。

攸尤丞相为巴噶图特氏。

琪墨尔根特墨讷为克烈亦惕氏。

说明:本书译自《大黄册》(蒙文)(民族出版社 1983 年 10 月版)。译者根据原文内容加了小标题。

蒙文影印件

1r

2r

1v

3r

2v

4r
3v

5r

4v

6r

5v

7r

6v

8r
7v

9r

8v

10r

9v

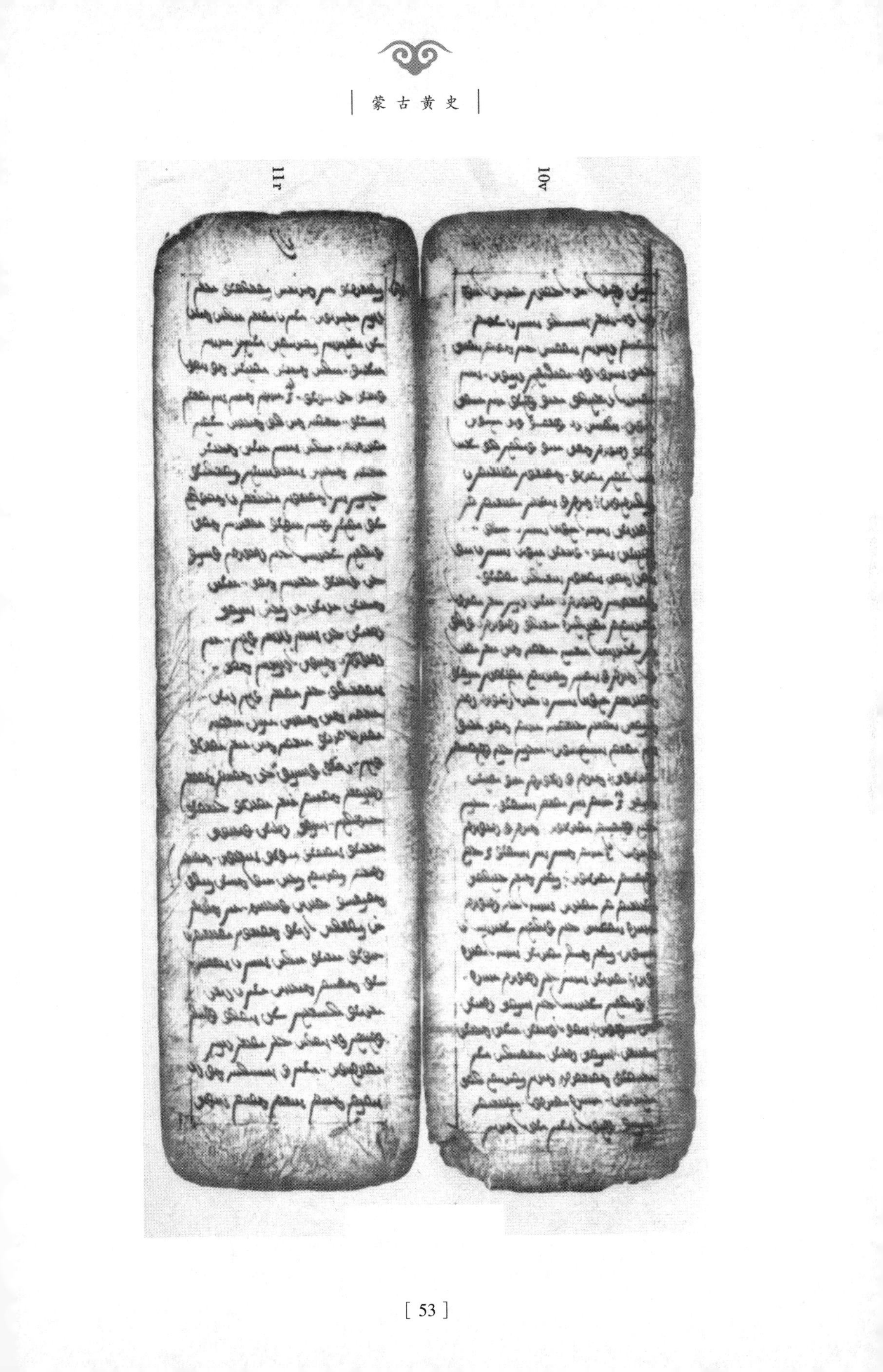

11r

10v

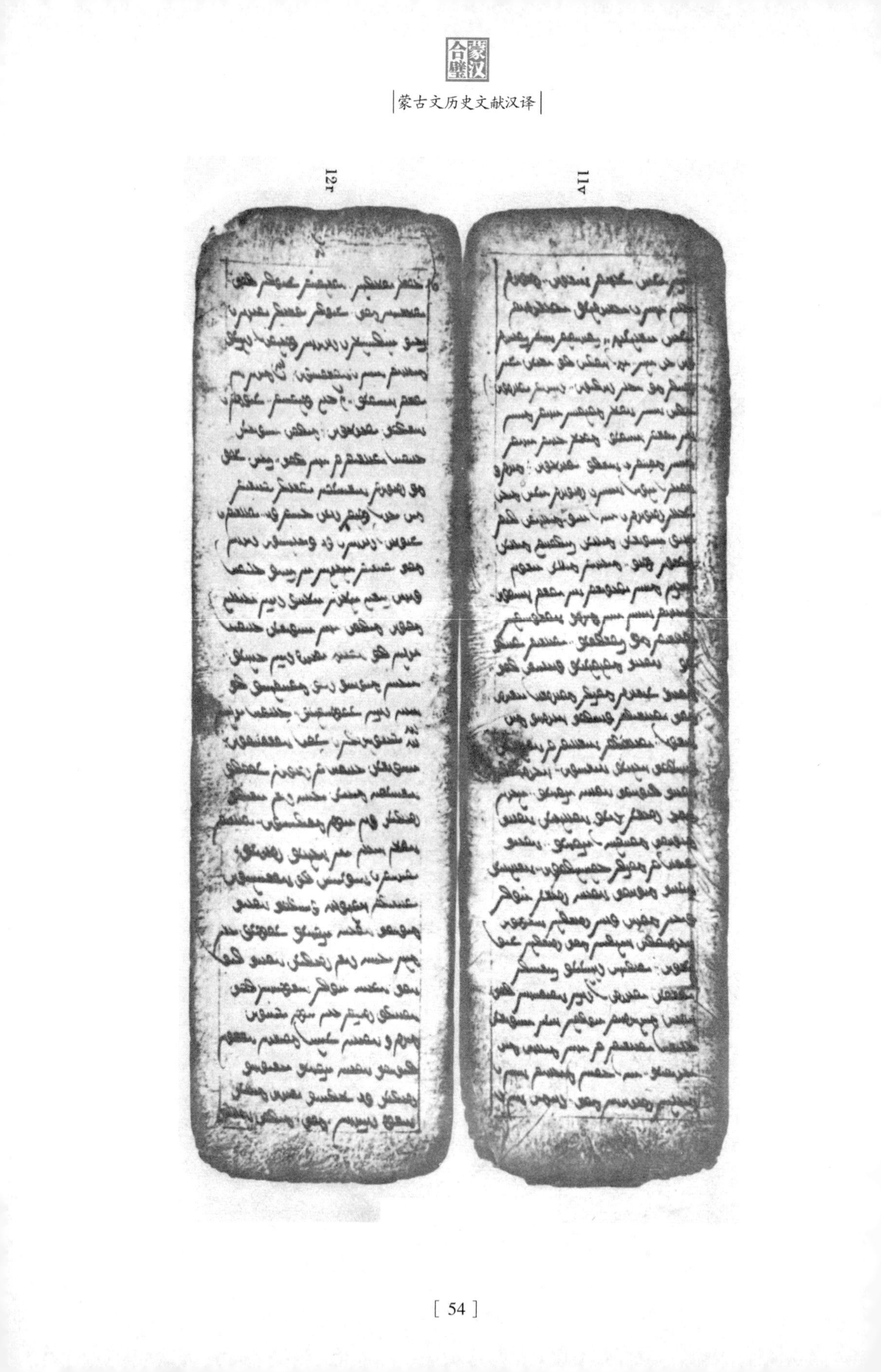

12r

11v

13r

12v

14r

13v

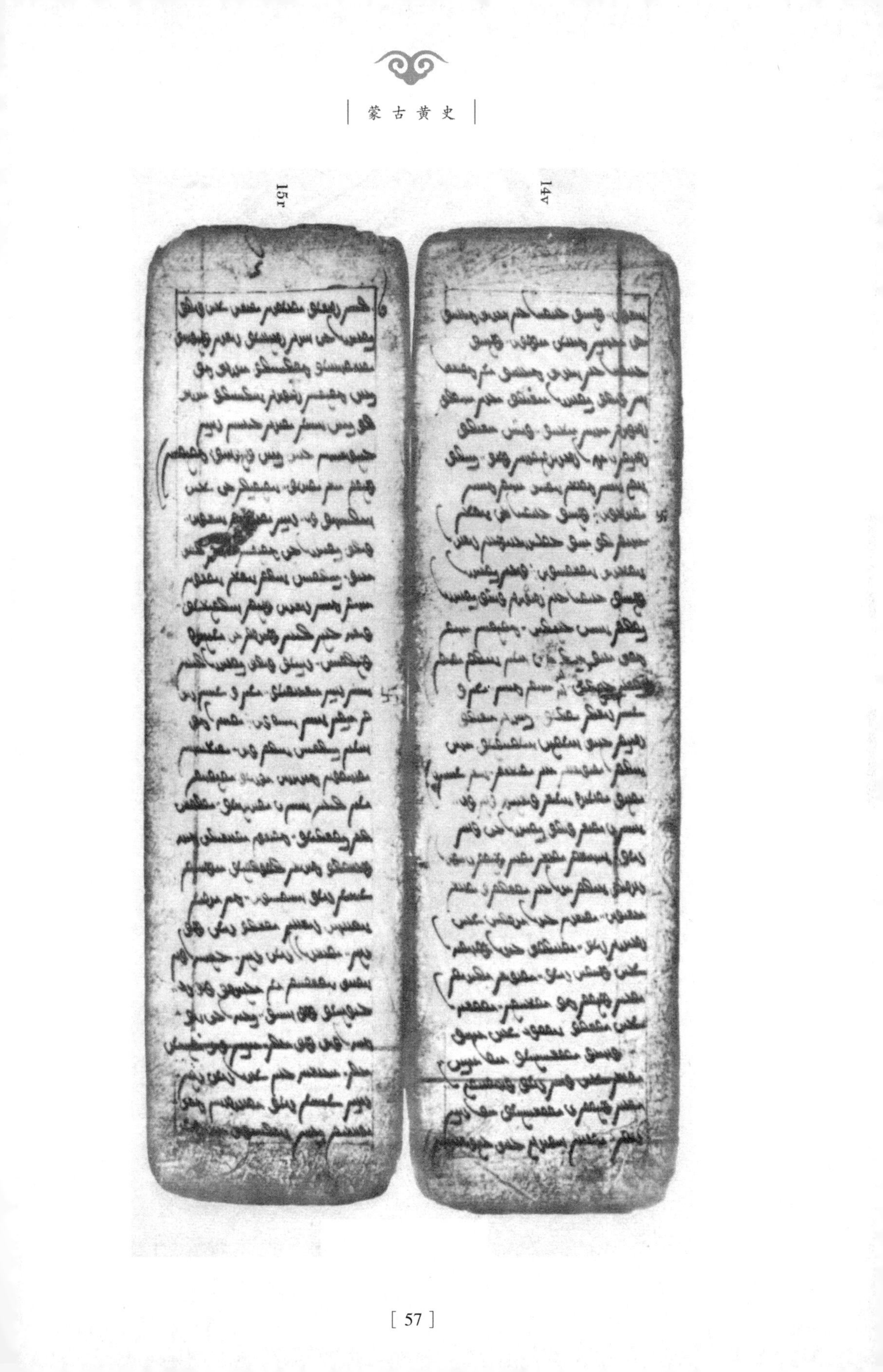

15r

14v

16r

15v

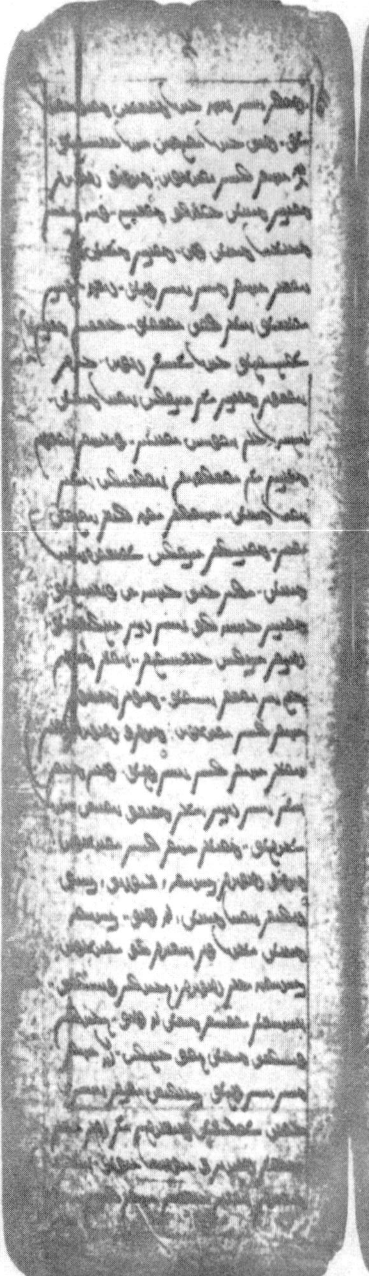

17r

16v

18r

17v

19r

18v

20r

19v

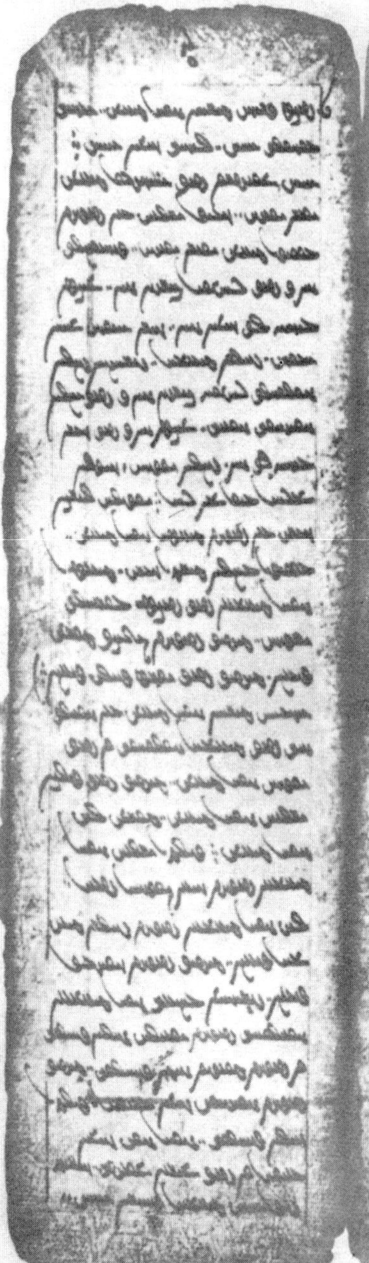

20v 21r

22r

21v

23r

22v

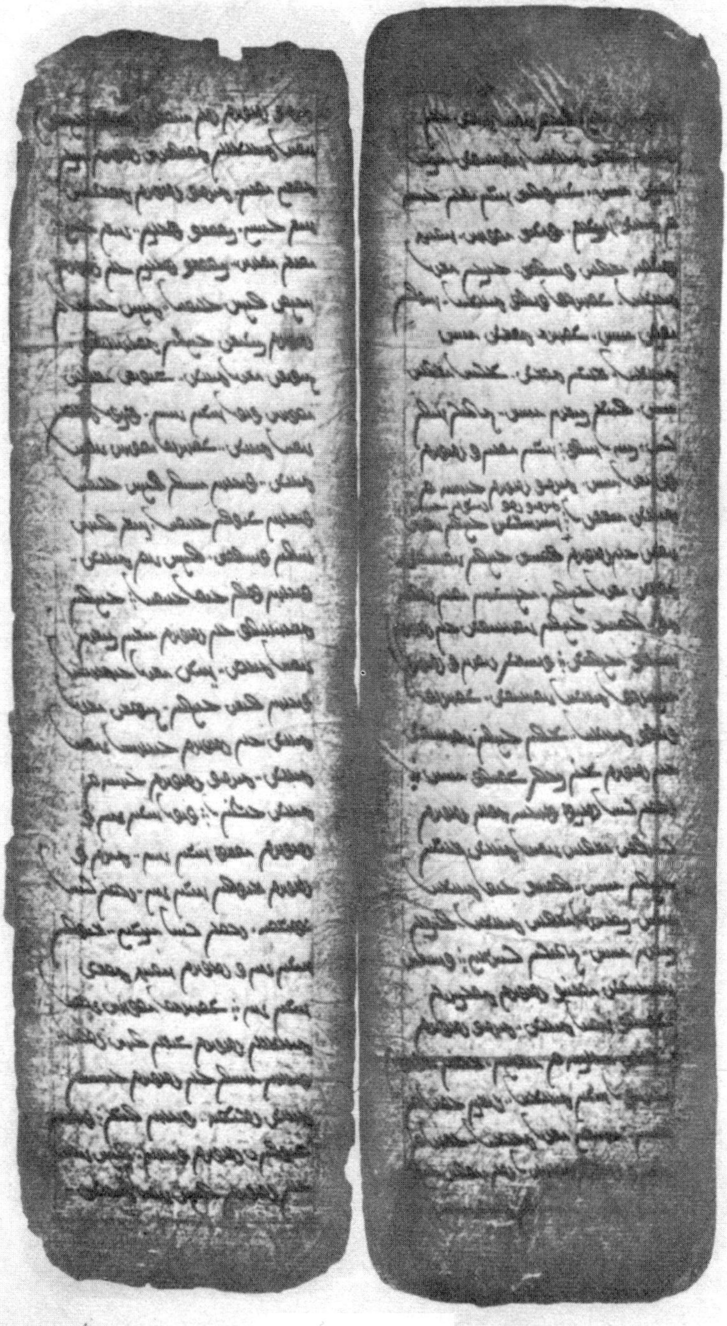

24r

23v

25r

24v

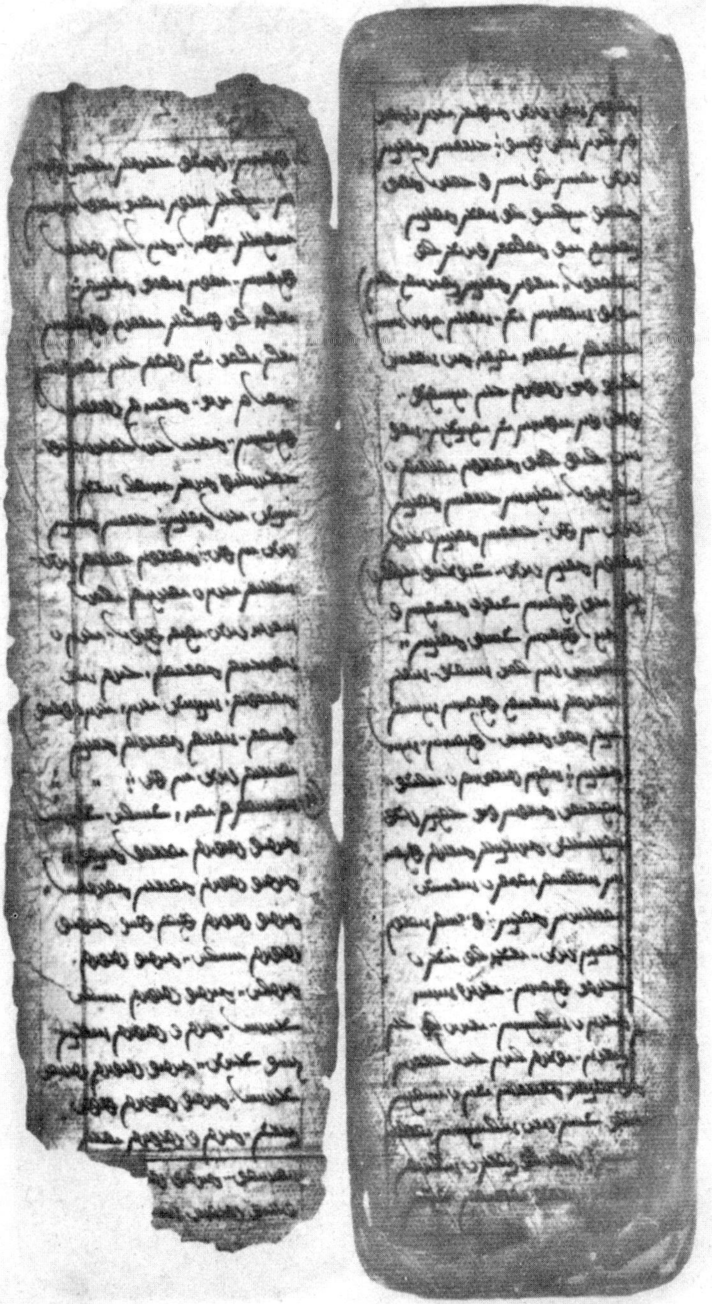

26r

25v

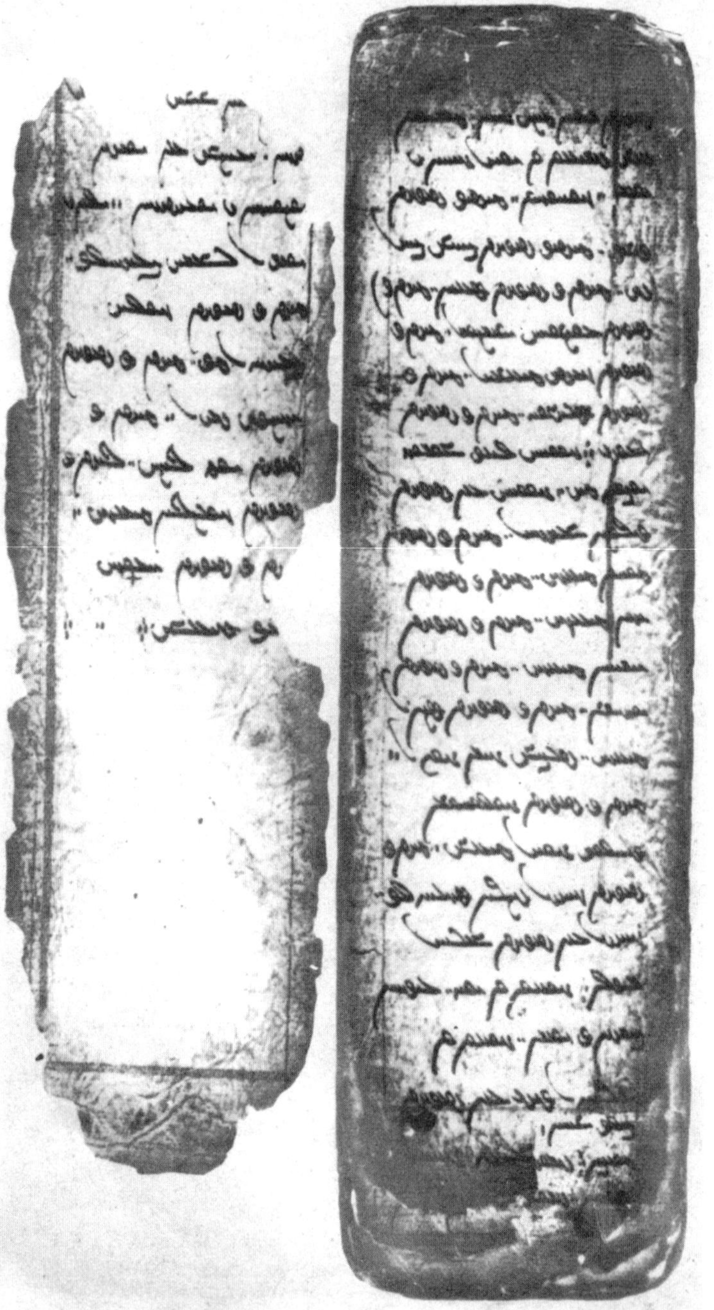